나를 살리고 조직도 살리는 21가지 전략

코칭 내 모든 어려움 한 방에 날리기

프롤로그

코칭은 사람을 만나는 일이다. 코치와 피코치가 만나 서로 얼굴을 맞대고 속 얘기를 하는 것이 코칭이다. 그러다보니 코칭을 제대로 하려면 코칭 스킬도 중요하지만 말하는 상대를 이해하는 사람 공부가 수반되어야 한다.

사람 공부라? 이 공부는 어디서 시작하고, 무엇을 배워야 하는가? 사람을 공부하는 데에 끝이 없겠지만 지금까지 살아오면서, 그리고 코칭을 통해 여러 사람을 만나면서 한 가지 깨우친 것은 '사람은 누구나 해결하고 싶은 이슈를 지니고 있다'는 것이다. 직업, 가정, 재력, 건강 등 겉으로 아무 문제가 없을 것 같은 사람도 그의 내면으로 한 발짝 들어가면 이슈가 한 두 개 정도는 나오기 마련이다.

이슈의 종류는 실로 다양하다. 타인과의 관계에서 겪는 어려움, 원활하지 못한 소통, 낮은 성과와 같은 외형적인 것은 물론 자신의 감정 조절, 성격 및 자기 관리 등 내면적인 것도 있다. 또 시기적으로 최근에 불거진 것도 있고, 아주 오래 묵은 것일 수도 있다. 어쨌든 누가 뭐라고 하든지 당사자에게는 골치 아픈 이슈인 것만은 분명하다.

코칭은 사람이 가지고 있는 이런 이슈를 해결하는데 도움을 준다. 이슈를 지니고 있는 당사자와 함께 해결책을 찾으며, 그가 실제적인 변화와 성장을 이룰 수 있도록 지원한다. 신기하게도 현재 골치 아파하고 있는 이슈에 대해 가장 잘 알고 있는 사람은 바로 그 사람이다. 왜냐하면 그 문제에 대해 세상에 그만큼 겪어 보고 절실하게 고민해 본 사람은 없기 때문이다. 이처럼 '문제의 답은 그 사람에게 있다'는 전제하에서 스스로 골치 아픈 이슈를 날려 버릴 수 있도록 도와주는 것이 코칭이다.

여러 사람들을 만나 코칭을 해 나가면서 이슈 해결에 대한 사례가 쌓였다.

묵은 미해결 숙제를 한 방에 날려 버린 경우도 있었고, 이슈를 바라보는 자신의 시각이 달라져 관점의 변화가 일어난 경우도 있었다. 때론 이슈를 목표로 전환하여 문제 해결이 아니라 달성하고 싶은 목표로 바뀐 사례도 있었다. 그러면 더 즐거운 마음으로 목표를 향해 달려 나가게 된다.

누구에게나 있을 법한 이슈들을 해결해 가는 과정을 따라가는 것은 한 편의 휴먼 다큐를 보는 것과 같다. 먼저 등장인물이 나오고, 그 인물의 성격과 고민하고 있는 현재 상황이 소개된다. 그 다음 코치의 도움을 받으면서 이슈에 대한 정확한 정의, 해결 방안 탐색하기, 찾은 방안의 구체적인 실천 계획, 실천 결과에 대한 피드백 순으로 진행된다. 다큐의 주인공은 승승장구할 때도 있지만 그렇지 못할 때도 있다.

여기 소개된 코칭 사례도 마찬가지다. 각색되지 않은 리얼한 모습 그대로 보여준다. 이미 성공한 사람들의 이야기로 소위 '그들만의 리그'가 아니라 바로 '나와 같은 사람들의 리그'가 될 수 있는 것이다. 읽어 나가는 중에 아마도 '이 정도는 나도 할 수 있겠다. 나도 이렇게 하면 되겠구나'하는 생각이 들지도 모른다.

코칭이 지향하는 변화와 성장은 해결책을 찾는 것으로 끝나지 않는다. 작은 것 하나라도 직접 실천할 때 비로소 변화와 성장의 싹이 트게 된다. 아름답게 싹을 틔우고 꽃을 피웠던 순간들을 여러 사람과 나누고 싶었다. 혹, 독자들이 이 사람이 가지고 있는 이슈와 비슷한 것을 가지고 있다면 그가 찾았던 방법을 내게 적용해도 좋을 것이다. 만일 다르다면 그가 해결 방안을 찾아가는 과정이 또한 도움을 줄 것이다. 즉, 이 책에는 이슈에 대한 해결 방안과 해결 과정이 동시에 기술되어 있다. 그물을 던져 잡은 물고기와 물고기 잡는 방법이 함께 소개되어 있는 셈이다.

제1장 「누구나 잠재력이 있다」에서는 관점 전환, 상황적 리더십, 행동의 이유 알기에 대한 사례를 소개하였다. 조직에서의 리더십이나 자신의 셀프 리더십을 키우는데 도움을 줄 것이다. 「누구든 소통하면 풀린다」는 주제의

제2장에서는 대부분의 사람들이 흔히 겪는 커뮤니케이션과 대인 관계를 다루었다. 의사소통, 갈등 관리, 대인 관계와 관련된 이슈에 관심이 있는 사람에게 유익할 것이다. 끝으로 제3장에서는 「누구인가, 나는?」이란 주제로 자기 이해에 관한 사례를 모았다. 감정 지수 높이기, 일과 사랑의 균형, 의미 있는 일 찾아보기, 내면의 성숙 등 어쩌면 개개인의 삶에 관심 있는 소재가 여기 있을지도 모른다.

'워라밸 – 일과 삶의 균형(Work and Life Balance)'이 새삼스럽게 우리의 눈길을 끄는 요즘이다. 우리 모두가 꿈꾸는 더 나은 삶, 즉 변화와 성장의 궁극은 '일과 삶의 균형'일 것 같다는 생각이 든다. 여기 소개된 21가지 사례를 살펴보면 크든 작든 이 워라밸과 연결되어 있음을 발견할 수 있다. 이 책을 손에 든 사람이 누구이든지 워라밸에 한 걸음 더 다가갈 수 있기를 바란다.

코칭에 관한 책이 벌써 이 책으로 세 번째이지만 원고를 마무리하고 나면 늘 마음 한편이 아쉽다. 더욱 정교하고 더욱 알기 쉽게 쓰고자 노력하지만, 그것은 목표일뿐 현실은 많이 뒤쳐진다. 그래도 감히 용기를 내는 것은 글의 완성도와 다른 사람에게 유익을 나누고픈 마음 중에서 후자가 조금이나마 크기 때문이다.

이 책이 나오기까지 도와주신 분들께 감사드린다. 먼저 코칭으로 만났던 한 사람 한 사람이 소중하고 고맙다. 그분들이 없었다면 코칭도 없었을 것이고, 이 책도 만들어지지 않았을 것이기 때문이다. 이 자리를 빌려 다시 한 번 그분들께 감사드린다. 생명을 주신 어머니와 늘 나의 연약함을 보듬어 주는 아내와 묵묵히 자신의 자리를 지켜 가는 믿음직한 아들에게도 고마움을 전한다.

그리고 무엇보다도 부족한 원고를 책으로 낼 수 있도록 기회를 주신 ㈜교학사 양철우 회장님과 글을 다듬고 편집하는 등 각고의 노력을 아끼지 않은 김덕영 편집위원 및 여러 관계자들에게도 깊이 감사드린다.

2018. 3. 박유찬

차례

프롤로그　　　　　　　　　　　　　　　　　　　　　　　003

1장 | 누구나 잠재력이 있다 리더십

1 관점을 바꾸어 보자　　　　　　　　　　　　　　　010
2 성향에 맞춘 리더십을 활용하자　　　　　　　　　020
3 행동의 이유를 알고 하자　　　　　　　　　　　　030
4 몸에 맞는 옷을 입자　　　　　　　　　　　　　　041
5 진행 과정을 미리 따져 보자　　　　　　　　　　051
6 하고 싶은 것을 하자　　　　　　　　　　　　　　061

2장 | 누구든 소통하면 풀린다 커뮤니케이션 및 대인 관계

1 필요한 것을 찾아 보완하자　　　　　　　　　　　076
2 변화는 나부터 시작하자　　　　　　　　　　　　086
3 소통을 배우고 익히자　　　　　　　　　　　　　098
4 한 발 떨어져서 바라보자　　　　　　　　　　　　110
5 서로 윈윈하는 무패 방법으로　　　　　　　　　　122
6 갈등 진행 과정을 알면 해결책이 보인다　　　　　134
7 긍정적 가교자가 되자　　　　　　　　　　　　　146
8 관계 개선은 결국 소통으로　　　　　　　　　　　157

| 3장 | 누구인가, 나는? 자기 이해

1 나를 알면 신세계가 열린다 — **170**
2 성취했던 경험을 재활용하자 — **180**
3 감정 지수를 높이자 — **191**
4 일과 사랑의 균형을 이루자 — **202**
5 의미 있는 일을 찾아보자 — **214**
6 내면의 성숙은 행동으로 표현된다 — **228**
7 재미있으면서 잘하는 것을 찾자 — **239**

에필로그 — **252**
참고 문헌 — **254**

1장

누구나
잠재력이 있다
리더십

01 관점을 바꾸어 보자

갈수록 자발성이 요구되는 사회 사례

　조직의 리더가 부딪히는 가장 흔한 주제는 아마도 조직원들의 동기 강화, 조직원과의 소통, 그리고 조직 내 갈등 관리 등 세 가지로 여겨진다. 조직원으로 있을 때와 조직의 리더로 있을 때의 역할과 책임은 분명히 달라진다. 일단 리더가 되면 자신이 이끌고 있는 조직에 부여된 성과를 신경 쓰지 않을 수 없다.

　우리 사회는 전과 달라 단순하지 않다. 단순한 사회에서는 해결책도 비교적 간단했을 것이다. 그래서 리더 한 사람이 가지고 있는 자신의 경험과 능력만으로도 답을 찾아 갈 수 있었을 것이다. 그리고 어쩌면 그 찾은 방법을 일사불란하게 실행해 나가는 것이 성과를 높이는 방안이 되었을 것이다.

　우리는 지금 초연결(hyper-connectivity)과 초지능(super-intelligence)을 특징으로 한 제4차 산업 혁명 시대를 살고 있다. 우리 사회가 이제는 점점 더 경제, 사회, 문화 등 우리가 접하는 모든 부분이 복잡하고 중층적으로 연결되어 가고 있다는 것이다. 4차 산업 혁명은 더 넓은 범위에 더 빠른 속도로 엄청난 영향을 끼치고 있다.

　이런 시대에서는 리더 한 사람의 경험과 판단에 의존하는 것은 바람직한 방법이 아니다. 조직원 모두의 경험이 요구되는 시점이다. 한 사람의 리더에 의해서 움직이는 조직이 아니라 조직원 전체에 의해서 움직이는 조직이 더 좋은 성과를 낼 가능성이 훨씬 높아진 것이다.

　조직원 전체가 함께 움직이려면 조직 개개인의 동기 강화, 조직원 서로의 원활한 의사소통, 조직원 간의 갈등 관리 등이 전면에 부상되는 주제가 될 수밖에 없을 것이다. 그동안 코칭 경험을 보면 가장 많이 들고 온 주제가 바로 이 세 가지 중 하나였다.

이 팀장의 경우도 예외는 아니었다. 어떻게 하면 팀원들의 동기를 강화하여 자신이 맡고 있는 팀의 성과를 높일 수 있을 것인지가 고민이었다. 자신이 팀원이었을 때 팀장이 어떻게 하면 자신이 일할 맛이 났는지를 생각하면서, 딴에는 나름 팀원들의 자발적인 동기 강화를 위해 노력하고 있는데 생각처럼 되지 않았다. 어떻게 하면 팀원들의 동기를 강화시켜 줄 수 있을까요?

관점을 바꾸어 보자 〈대안 탐색〉

사실 이 팀장은 '팀원의 자발적 동기 부여'라는 말을 사용했다. 이 팀장이 말한 동기 부여를 동기 강화로 바꾸자고 제안했다. 이렇게 한 데는 작은 의도가 있었다. '부여'의 사전적 의미는 '권리·명예·임무 따위를 지니도록 해 주거나, 사물이나 일에 가치·의의 따위를 붙여 주는' 것이다. 이에 비해 '강화'는 '세력이나 힘을 더 강하고 튼튼하게 해 주거나 수준이나 정도를 더 높일 때' 사용하는 단어다. 한마디로 부여는 어떤 사람에게 없는 것을 제 삼자가 주는 것이고, 강화는 원래 있던 것을 더 강하게 해 준다는 것이다. 즉 동기가 원래 그 사람에게 있는 것으로 보느냐 그렇지 않은 것으로 보느냐에 따라 부여와 강화로 갈릴 것이다.

언어는 그 사람의 생각이 반영된 결과물이다. 이 팀장이 '동기 부여'라고 말한 데에는 팀원들에게 없는 동기를 '어떻게 하면 자신이 줄 수 있을까?(혹, 의식하지 못한다 할지라도)'하는 생각이 들어간 말이다. 이를 '동기 강화'로 바꾸면 이제는 '어떻게 하면 팀원들이 이미 가지고 있는 동기를 더 강하게 해 줄 수 있을까?' 하는 것으로 바뀐다. 어찌 보면 단순한 언어 사용 습관의 차이 같지만, 의미를 분석해 보면 동기를 바라보는 기본적인 생각이 다름을 알 수 있다. 이렇듯 관점을 바꾸어 보면 거기서 나오는 해결책이 달라진다.

💬 주) 팀장님, 그러므로 이제는 동기 부여가 아니라 동기 강화라는 말로 바꾸겠습니다. 이렇게 바꾸고 나니까 어떠세요?

용어를 바꾼 소감을 물어보았다.

💬 주) 참 신기하네요. 부여에서 강화로 단어 하나를 바꾸었을 뿐인데, 마음의 부담이 훨씬 줄어드네요. 전에는 동기가 없어 움직이지 않는 팀원을 제가 어떻게 이끌어 가야하나 하는 생각에 머리가 아팠는데, 이제는 동기의 주체가 그들로 바뀌었으니 제가 조금만 건드려 주면 팀원들이 움직일 수 있겠구나 하는 생각이 들었습니다.

라고 답하면서 한결 문제 해결에 대한 의지를 피력했다.

나의 강점을 활용하자

💬 그럼, 이제 좀 더 편안해진 마음으로 대안을 찾아볼 수 있겠네요. 어떻게 하면 팀원들의 동기를 강화시켜 줄 수 있을까요?

이 팀장이 생각해 낸 첫 번째 방법은 자신의 강점을 활용해 보자는 것이었다. 자신에게는 남다른 관찰력과 상대에 대한 배려가 있다고 했다. 좋은 아이디어였다.

주: 코칭이 이루어지는 과정에서 💬는 코치, 💬는 피코치(코칭을 받는 사람)의 대화를 표시합니다. 앞으로 나오는 코칭 장면의 대화에서도 같은 의미로 사용됩니다.

사람들은 100% 장점만 있는 것도 아니고 반대로 단점만 있는 것도 아니다. 장점과 단점이 서로 혼합되어 있는데, 자신이 가지고 있는 장점과 단점 중 어떤 것을 더 많이 사용하느냐에 따라 성과는 달라질 수밖에 없다.

긍정 심리학을 도입한 셀리그만은 사람들이 지니고 있는 장점 중 더 자주, 더 많이 사용되는 대표 강점이 2~5가지가 있다고 주장했다. 그리고 이런 강점에는 다음과 같은 특징이 있다고 설명했다. 첫째, 자신의 진정한 모습('이게 바로 나야')이라는 느낌을 준다. 둘째, 강점을 발휘할 때 유쾌한 흥분을 느끼게 된다. 셋째, 강점을 발휘할 수 있는 새로운 방법을 지속적으로 찾게 된다. 넷째, 강점을 활용할 때는 소진되기보다는 의욕과 활기가 넘치게 된다.

이렇듯 대표 강점을 찾아내어 활용하는 것은 자기 실현에 있어서 매우 중요하다. 이러한 강점은 어떤 일에서 탁월한 결과와 성취를 이루게 만드는 역량인 동시에 그 일을 하면서 의욕과 활기를 느끼게 만들어 준다. 그래서 셀리그만은 우리에게 있는 대표 강점이 무엇인지 파악하고, 이러한 강점 중 하나를 택하여 일상 속에서 다양한 방식으로 활용해 보라고 권유한다. 그러면 행복해진다는 것이다. [『긍정 심리학』, 권석만, 188p]

이 팀장이 찾은 첫 번째 방안을 셀리그만이 주장한 긍정 심리학에 비추어 보면 해당 팀원과 팀장 본인 모두에게 좋은 것이었다. 강점을 활용함에 따라, 본인 스스로는 자신의 진정한 자아를 실현한다는 행복한 감정을 가지고 지속적으로 실천해 갈 수 있다는 것과 팀원들은 팀장이 이렇게 행동해 줌으로써 보다 자연스럽게 동기가 강화될 수 있다는 것이다.

강점인 관찰력을 어떻게 할 것인가

찾은 방안에 의미를 주는 차원에서 강점 활용에 대한 이런 효과를 설명하였다. 그런 다음 이제는 관찰력과 배려심이 구체적으로 어떻게 팀원의 동기 강화에 활용될 수 있는지에 대해 질문해 볼 차례였다.

여기서 잠깐, 활용에 앞서 스스로 관찰력과 배려심을 강점이라고 내세운 것이 궁금했다. 강점을 찾는 방법은 여러 가지가 있을 것이다. 이 팀장처럼 스스로 자신의 강점이 무엇인지 찾는 방법, 주변의 사람들에게 보여지는 모습에서 찾아내는 방법, VIA 강점 검사 등과 같은 심리 검사 도구를 이용하는 것들이 있다.

💬 남들은 어떤지 모르겠는데, 저는 사람들을 만나면 그 사람의 얼굴 표정, 분위기 등이 보이는 것 같아요. 며칠 전에도 팀원 한 사람의 얼굴 표정이 평소와 다른 것 같다는 느낌이 있어서 가볍게 다가가서 무슨 일이 있느냐고 물어봤더니, 뜻밖에도 집안에 큰일이 있다는 것을 알게 되었거든요. 그래서 그 일에 대해서 이야기할 수 있었고, 그렇게 함으로써 그 팀원과 한결 가까워지는 느낌을 받았거든요.

라고 하면서 자신이 지니고 있는 강점에 대한 경험을 설명했다.

그러면서 그는,

💬 제가 가지고 있는 이 관찰력을 가지고 좀 더 세심하게 팀원들을 살펴볼 생각입니다. 무심코 봐도 보이겠지만, 제가 더 관심을 가지고 보면 이전에 보이지 않던 것도 보이겠지요. 며칠 전에 팀원에게서 보였던 가정의 큰일뿐만 아니라, 업무에 임하는 태도와 생각 등 작은 것까지도 보이겠지요.

라고 말했다.

💬 네, 그러겠네요. 이렇게 팀원의 상황을 파악한 다음에는 어떻게 하실 건가요?

드디어 실행을 묻는 질문에 도달했다.

감정 읽어주기와 생각 읽어주기를 적용하기로 했다. 이미 지니고 있는 관찰력을 더욱 섬세하게 활용할 수 있는 방안이었다. 상대의 관찰을 통해 직관적으로 느껴지는 상대의 감정을 그대로 표현해 주는 것이었다. 혹시 읽어주는 감정이 맞지 않아도 상관없다는 설명도 빠뜨리지 않았다. 예를 들어, 옆 팀과 업무 협의가 원만하게 이루어지 않아서 답답해 할 것 같다(읽혀진 감정)고 표현해 주었는데, 사실 해당 직원은 답답함 보다는 억울함을 느꼈다고 해도 괜찮다. 왜냐하면 답답함으로 표현해 주는 감정에 "아니요 저는 억울함(실제 감정)을 느꼈거든요."라고 정정하면서 나올 것이기 때문이다. 그러면서 자신의 감정도 제대로 읽어주지 못하는 것에 서운함을 갖기보다는 '아, 이 사람이 지금 내 마음을 이해해 주려고 노력하고 있구나'하는 마음이 들어 좋은 점수를 주게 된다. 생각을 읽어주는 것도 감정 읽어주기와 같은 맥락으로 이해하면 된다.

하고 싶은 말을 질문으로 돌려주자

두 번째로 찾아낸 방안은 팀원에게 하고 싶은 이야기를 가능한 자제하고 질문을 활용하기로 했다. 리더인 팀장의 입장에서 팀원이 해온 업무 결과를 보면 눈에 차지 않는다. 팀원이었을 때는 보이지 않던 것이 팀을 책임진 책임자로서 바라볼 때는 왜 이렇게 잘 보이는지 모르겠다는 말도 종종 한다. 이는 앞에서도 언급한 리더로서 책임감과 관점의 차이에서 기인된 것이다.

어쨌든 팀원이 일차적으로 수행한 일에 대해 팀장으로서 지적하지 않을 수 없는 상황에 자주 부딪힌다. 이렇게 되면 듣는 팀원의 입장에서는 이 말들이 좋게 들리지 않고 잔소리로 들릴 수 있다. 마치 부모가 자녀의 못마땅한 행동에 끊임없이 이렇게 해라 저렇게 해라고 말해대는 것처럼.

그런데 자녀 대부분은 부모의 잔소리로 변화되지 않는다. 그럼에도 왜 부모들은 자녀에 대한 잔소리를 끊지 못할까? 어느 정신과 교수는 이것은 부모 자신의 조바심 때문이라고 설명했다. 공감이 가는 대목이다. 부모가 자녀를 바라볼 때 불안하고 조바심이 일어나므로 이를 참지 못하고 끊임없이 자녀에게 잔소리를 해대는 것이다. 이런 잔소리는 행동의 변화도 가져오지 못하면서 부모와 자녀와의 관계만 나빠지게 만든다. 아무짝에도 소용없는 잔소리인 것이다.

그렇다면 잔소리 대신에 우리는 무엇을 할 수 있을까? 이에 대한 나름의 답이 질문하기이다. 자녀에게 하고 싶은 말을 하는 대신에(이것이 바로 잔소리이므로) 자녀의 생각을 묻는 질문을 하는 것이다.

이를 팀원에게 그대로 적용하면 된다. 팀원의 행동에 일일이 지적하고 개선 사항을 언급하는 대신에, 팀원의 생각을 먼저 물어보는 것이다. 그러면 사람은 다 생각이 있으므로 그 질문에 대한 자신의 생각을 이야기할 것이다. 그 대답 속에는 팀장이 말하고자 하는 방책이 있을 수 있다. 운 좋게도 바로 그것을 팀원이 이야기한다면, 바로 그것이라며 맞장구를 쳐주기만 하면 된다. 리더나 부모가 시킨 것을 하려고 하면, 저항감이 생겨서 하고 싶지 않다. 사람의 본성이 그렇다. 그런데 그것을 자신의 입으로 언급한 것은 하고 싶은 마음이 생긴다. 잔소리 대신 질문으로 바꿔 보는 것은 이런 효과를 준다.

개별적인 배려 행동으로

팀원 개개인에 대한 개별적인 배려 행동을 하기로 한 것도 대안 중의 하나였다. 팀원 각자는 자신의 인격을 가진 존재이다. 팀을 전체로 묶어서 배려하는 것보다는 각자 처한 상황과 위치에 맞는 배려가 더 진한 감동으로 다가갈 것은 당연했다. 우리가 흔히 사용하는 카톡이나 문자 메시지에서 전체에게 보내는 것 같은 메시지를 보면 의례적인 것으로 보인다.

팀원 모두가 고생하여 어떤 프로젝트를 완수한 다음 모두에게 일괄적으로 '팀원들의 수고 덕분에 이 일을 잘 마무리 할 수 있었다.'고 메시지를 보내는 방안에 대해 한 번 생각해 보자. 이 또한 안 보내는 것보다는 낫겠지만 메시지를 받는 입장에서는 별 감응이 없다. 그런데 이를 팀원 개개인이 그 프로젝트에 기여한 부분, 그가 수고한 내용, 그가 처한 상황 등을 개별적으로 언급한 메시지를 받는다면 어떤 기분이 들겠는가? 두 말할 나위 없이 한 사람의 온전한 인격체로 존중받는 기분이 들 것이다.

맞벌이 직원에게 실천했더니 실행 결과 및 피드백

💬 팀장님이 이미 가지고 있는 강점인 관찰력과 배려를 가지고 팀원들을 자발적으로 동기 강화하기로 한 것은 어떻게 했는지요?

실행 결과를 묻는 질문에 그는,

💬 역시 제가 잘할 수 있는 것을 찾아서 하니까, 부담 없이 할 수 있었습니다. 이제 막 첫 걸음을 뗀 상태라서 팀원의 자발적 동기 강화라는 목표에는 아직 멀었지만 금세 이룰 수 있겠다는 자신감이 생겼습니다.

라고 대답했다.

강점 활용은 사용하는 사람의 자아실현에 도움을 주면서도 상대방에게도 효과적일 것이라는 긍정 심리학의 이론적 주장이 그대로 적용되고 있다는 말을 들을 수 있어서 흐뭇했다.

💬 어떻게 적용했기에 팀장님께서 이렇게 이야기하는지 궁금합니다.

하면서 실행 내용에 대한 구체적인 설명을 요청했다.

이 팀장의 말은 이러했다. 팀에 맞벌이 하는 직원이 있었다. 요즘에는 맞벌이 하는 것이 특별한 것이 아니기에 별로 신경 쓰지 않았다. 그런데 좀 더 세심하게 보겠다는 마음으로 팀원들을 바라보니 그 직원이 힘들겠다는 생각이 들어왔다. 거기에다가 아이를 출근하면서 맡기고 퇴근할 때는 그 직원이 데리고 가는 눈치였다. 팀에 갑자기 바쁜 일이 떨어져 예기치 않게 야근이라도 할 상황이면 안절부절 못했다.

그 직원이 눈에 띄어 개별적으로 차를 마시면서 대화를 나누었다. 제일 먼저 우리가 찾았던 감정 읽기를 실천했다. 요즘 팀에 갑자기 바쁜 일이 종종 생겨서 무척 힘들겠다고 했다. 특히 다른 직원보다도 자녀가 어려서 아직 손이 많이 갈 터인데, 바쁜 상황이라서 말도 하지 못해서 몸은 물론 마음도 불편했겠다고 표현해 주었다. 팀장으로서 도와주고 싶은데 어떻게 하면 좋겠느냐고 혹시, 어떤 대안이 있으면 말해달라고 요청했다. 팀장이 답을 제시한 대신 질문으로 생각을 물어보고 있었다.

듣고 보니, 자신의 강점을 활용하여 관찰하기, 관찰한 감정 읽어주기, 잔소리 대신 질문하기 등 세 가지 방법이 한 번에 적용되고 있었다. 그랬더니, 그 직원은 사실 그동안 팀장한테 어떤 식으로 얘기해야 하는지 고민이 많았고, 더 이상 이 팀에 있을 수 없을 것 같아 다른 팀으로 옮겨야 되겠구나 하는 생각까지 하고 있었는데 팀장이 먼저 자신의 상황을 알아채고서 이야기해 주는 것에 너무 고마운 마음이 들었다고 했단다. 그러면서 자신이 감당해야 할 업무를 보다 분명하게 하여, 꼭 직장에서만 하는 것이 아니라 퇴근 시간은 지키면서 그 일만 어떤 식으로든 완수할 수 있게 해 주면 좋겠다는 방안도 제시했다고 한다.

괜찮은 방안이라고 생각되어 그렇게 하자고 했단다. 팀원의 얼굴이 펴지고 일할 맛이 난 것은 당연했다. 별것 아닌 것 같은데 팀원의 문제를 긍정적인 방향으로 해결해 준 것 같아 저절로 뿌듯한 마음이 들었단다.

💬 정말 그러고도 남았겠네요.

이 팀장이 원하는 팀원의 동기가 자발적으로 강화되는 순간이었다.

 코칭 요약

주제:「팀원의 자발적 동기 강화」

대안

1. 관점을 바꾸어 보기
   - 동기 부여를 → 동기 강화로
   - 내가 팀원에게 없는 동기를 준다는 관점에서 이미 팀원에게 있는 동기를 조금 강화해 준다는 관점으로 전환
2. 나의 강점 활용하기
   - (관찰력) • 팀원의 감정과 생각 읽어주기
   - • 하고 싶은 말을 질문으로 돌려주기
   - (배려) • 팀원 개개인을 개별적으로 배려하기

 참고 이론(문헌)

강점 활용

- 사람들은 여러 가지 강점 중에 개인의 특성을 잘 반영하여 흔히 사용되는 강점들이 있음. 셀리그만(Seligman, 2002)은 이를 대표 강점이라 칭하며 2~5가지가 있다고 주장하였음.
  ① 강점은 자신의 진정한 본연의 모습이라는 느낌을 줌.
  ② 강점이 발휘될 때 유쾌한 흥분감을 느끼게 됨.
  ③ 강점을 발휘할 수 있는 새로운 방법을 지속적으로 찾게 됨.
  ③ 강점을 사용하고자 하는 내재적 동기를 지니게 되는 등의 특성이 있음.

『긍정 심리학』, 권석만, 학지사, 188p~189p 참조

02 성향에 맞춘 리더십을 발휘하자

요즘 팀원들은 그때와 달라 사례

💬 요즘 팀원들은 도무지 이해가 안 됩니다.

어떤 주제로 코칭 받기를 원하는지 물어보는 질문에 정 팀장은 팀원들에 대한 불만부터 털어놓았다. 예전에는 윗사람이 시키면 자신의 마음에 들지 않아도 일단 시킨 대로 했는데, 요즘 젊은 직원들은 전혀 움직이지 않는다고 했다. 혹시 맡은 일에 대해 능력이 부족하면, 엉덩이를 오래 붙이고 앉아서 시간으로라도 해결해 보려고 노력했는데 지금 팀원들을 보면 이것도 아닌 것 같다고 했다.

'세상이 예전과 달리 변해서, 이제는 윗사람이 까라하면 까는 그런 시대는 이미 지났습니다.'라는 말을 해주고 싶은 마음이 굴뚝같았지만 코칭은 처음부터 직면시키는 것이 아니기에 공감으로 시작했다.

💬 네, 그러시군요. 팀원들의 행동이 팀장님 마음 같지 않아서 힘든 것 같습니다.

그러자 그는, 이제야 자신을 이해해 주는 사람을 만났다는 듯이 팀원의 행태에 대한 어려움을 더 쏟아 놓았다. 여러 이야기 중 핵심적인 사항은 '팀원 모두가 출중하기를 기대하지는 않는데, 그중에서도 특히 한 두 직원의 태도가 팀 전체에 부정적인 영향을 준다. 요즘 팀원들이 어떤 생각으로 조직 생활을 하는지 모르겠다. 능력이 안 되면, 열심 있는 태도라도 보여야

하지 않는가?' 하는 것들이었다.

특히 요즘엔 일만 생각하면 머리가 지끈지끈 아프다고 했다. 간혹 새벽에 잠이 깨면 '오늘은 또 어떻게 하루를 보낼까' 하는 생각 때문에 쉽사리 잠들지 못한다고 했다. 업무 수행에 대한 스트레스가 상당하다는 느낌을 받았다. 어떻게 하면 이것을 해결할 수 있을까 하고 고민하던 차에 마침 일대일로 개별 맞춤식 문제 해결에 도움을 주는 코칭이 있다고 하기에 신청했다고 한다.

내가 생각하는 '효율'은 대안 탐색

정 팀장의 바람은 「효율적인 팀 업무 수행」이었다. '효율적'이라는 말은 일종의 가치 단어이다. 정직, 열심, 용기, 아름다움과 같이 사람들이 지향하는 가치가 담겨있는 말이다. 가치 단어는 일반적인 말과 달리 사용하는 사람의 주관적인 판단이 상당히 관여되어 있다.

예를 들어보면 이런 현상이 보다 확실하게 보일 것이다. '용기'라는 단어는 사용하는 사람에 따라 어떻게 다른 가치(의미)로 사용되는지 살펴보자. 어린이는 '용기'를 '친구에게 당당하게 자기가 하고 싶은 것을 말하는 의미'로 사용한다. 청년은 '마음에 드는 이성에게 사랑을 고백할 수 있는 뜻'으로 사용하고, 중년의 성인은 '용기란 자신의 잘못을 상대에게 솔직하게 고백할 수 있는 것'이라고 말할 수 있다. 이런 관점에서 정 팀장이 말하고 있는 '효율적'이라는 말에는 어떤 주관적인 가치(의미)를 담고 있는지 확인해 볼 필요가 있었다.

💬 투여한 노력에 비해 나오는 성과물이 높은 것을 의미하는 것입니다. 팀원이 모두 함께 일하느라 고생했는데 거기서 나오는 결과가 좋지 않으면 효율적이지 못하다고 생각합니다.

그는 효율적이라는 말의 의미를 이렇게 설명했다. 그러면서 자신도 결론적으로 일만 하면서 시간을 보내고 싶지 않다고 했다. 조직에서 요구하는 최선의 것을 하면서 개인적인 웰빙도 누리고 싶다고 했다. 그러므로 주어진 시간에 인력을 적절하게 활용하여 빠른 시간 내에 성과를 달성하고 싶다는 것이었다.

문제 속에 답이 있을 수 있기 때문에 '팀원 전체가 모두 출중하지는 않다.'라는 것에 초점을 맞추어 보았다. 조직에는 그 조직의 규모와 관계없이 여러 기질과 성향의 사람이 섞여있다. 각자 얼굴의 생김새가 다르듯이 기질이 다른 사람들을 한 가지 리더십으로 이끌어 간다는 것은 애초부터 무리가 따른다. 어떤 사람에게는 맞는 리더십이 다른 사람에게는 적합하지 않는 리더십으로 보일 수 있다. 팀원 각자의 성향에 맞는 리더십을 발휘하는 것이 필요했다.

성향에 맞춘 리더십을 활용하자

💬 팀장님과 같은 경우에는 팀원의 성향에 맞춘 리더십, 즉 상황적 리더십이 어울릴 것 같은데 한 번 들어보실래요?

늘 그렇듯이 대안 제시에 앞서 피코치의 의사를 먼저 확인한 다음 간단하게 설명하였다. 리더십의 상황적 접근법은 블랜차드(Blanchard, 1985)의해 개발된 리더십의 한 유형이다. 그는 리더십 유형(leadership style)과 하위자의 발달 수준(development level)을 서로 연결시켜 네 가지 리더십 유형으로 설명하였다.

먼저 하위자의 발달을 주어진 과업이나 활동을 완성하는 데 필요한 유능성(능력)과 헌신성(태도)을 가지고 있는 정도에 따라 네 단계로 구분하였다. 구체적으로 D1은 유능성은 낮고 헌신성은 높다. 이 사람들은 주어진 과업이 생소하고 그 업무의 수행 방법을 정확히 알지 못하고 있다. D2는 약간의 유능성은 가지고 있으나 헌신성은 낮은 사람들이다. D3는 중간 정도의 유능성이 있으나 아직도 헌신성은 낮은 종업원들이다. 마직막으로 D4 최고 수준에 있는 종업원들로서 유능성과 헌신성이 모두 높다.

블랜차드의 리더십 유형

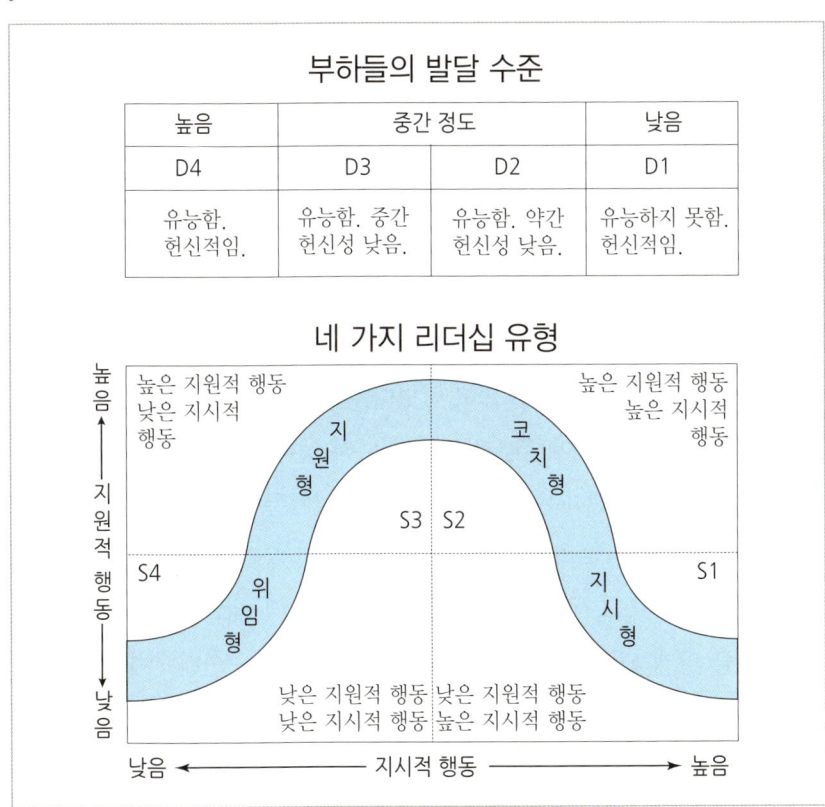

이같이 네 단계로 구분된 종업원의 유형에 맞는 리더십을 발휘하는 것이 필요하다. 즉 유능성이 낮고 헌신성이 높은 D1의 종업원에게는 '높은 지시적-낮은 지원적 행동 유형'인 지시적 리더십 유형(S1)을 활용한다. 약간의 유능성이 있으나 헌신성이 낮은 종업원들인 D2 직원들에게는 지시와 지원적 행동이 모두 높은 '코치형 리더십(S2)'이, 중간 정도의 유능성은 있으나 헌신성이 낮은 D3 종업원들에게는 높은 지원적 행동 및 낮은 지시적 행동인 '지원형 리더십(S3)'필요하다. 끝으로 유능성과 헌신성이 모두 높은 D4 단계의 종업원들에게는 지원과 지시를 모두 낮게 유지하는 '위임형 리더십(S4)'이 필요하다.

[『리더십의 이론과 실제』, 경문사 124p 참조]

💬 상황적 리더십을 들어보니 어떤 생각이 드시나요?

라고 질문하면서 선택 여부를 확인하였다.

💬 사람의 성향, 그러니까 그 사람이 가지고 있는 능력과 태도에 따라 다르게 리더십을 활용하라는 것이네요. 그런데 저는 지금까지 모든 팀원들을 한 가지 방법으로 대해 왔으니 삐걱거릴 수밖에 없었구나 하는 생각이 듭니다.

라고 말하며 정확히 핵심을 뚫고 있었다.

우리 주변에는 각종 이론과 원칙들이 널려 있다. 인터넷의 강력한 검색 기능이 있어 찾아보겠다는 의지만 있다면 무엇이든 쉽게 찾을 수 있다. 그러나 어떤 이론을 알고 있다고 해서 바로 그것이 우리에게 도움을 주는 것은 아니다. 관련된 그 이론을 실제 상황에 적용할 때 비로소 효과를 얻을 수 있다. 방금 알게 된 상황적 리더십도 아직은 교과서나 인터넷에 있는 문자적 설명에 지나지 않는다. 이것을 거기서 꺼내 와서 우리 삶에 적용해 나가는 절차가 남아있다. '구슬이 서 말이라도 꿰어야 보배다.'라는 말이 있듯이 아무리 훌륭한 이론이 있다 해도 내 삶에 적용되지 않는다면 무용지물이다.

이론을 실제 현장에 적용하려면

💬 어떻게 해 볼 수 있을까요?

상황적 리더십을 구체적으로 적용하기 위한 방법을 찾아보는 질문을 던졌다. 그러자 그는

💬 먼저 팀원들의 성향이 어떤지 파악하는 것이 필요하겠네요.

라고 답했다.

그랬다. 일단 팀원 개개인의 유능성과 헌신성의 정도를 파악할 필요가 있었다. 다음으로 이렇게 파악한 결과를 바탕으로 이론에서 설명한대로 어떤 리더십을 발휘할 것인지를 선택하기로 했다. 일주일에 한 번씩 만나는 코칭 스케줄을 감안하여 처음 한 주간은 팀원들의 성향 파악에 주력하기로 했다.

다음 단계에서는 지시형, 지원형, 코치형, 위임형을 가능한 한 주에 한 가지 리더십을 실천해 보기로 했다. 이렇게 진행된다면 그는 '아는 것'과 실제 '실천하는 것'의 차이를 경험할 수 있을 것이다.

정 팀장이 겪고 있는 문제의 핵심은 팀의 고참 직원이었다. 팀장이 파악한 성향은 업무 능력은 있어 보이는데 태도는 불성실하다고 했다. 어쩌면 당연한 흐름 같았다. 대체적으로 조직에 오래 있을수록 유능성은 높아지는데 비해, 적절한 지원과 인정을 받지 못하면 조직에 대한 헌신성은 낮아진다.

신입 직원은 대체로 그 반대다. 조직에 처음 발을 들여 놓았기 때문에 헌신성은 높다. 무엇이든지 시키기만 한다면 충성을 다하겠다는 마음이다. 실제로도 그렇게 행동한다. 대신 유능성은 떨어질 수밖에 없다. 아직 업무 경험이 일천하기 때문이다. 그 고참 직원도 대개의 사람들이 밟아가는 전철을 그대로 따라가고 있었다.

💬 그 직원에게는 어떤 리더십을 발휘하는 것이 가장 좋을까요?

💬 이 직원은 유능성은 높은데 비해 헌신성이 낮으므로 높은 지원적 행동이 요구되는 '지원형 리더십'이 적절할 것 같네요.

직원의 성향이 파악되었고, 성향에 따른 리더십 유형이 선택되었다. 이제 최종적으로 해당 리더십의 구체적인 행동을 찾아볼 단계에 도달했다. 지원형이란 말 그대로 지시적인 행동은 줄이고 지원형 행동을 늘려가는 것이다. 업무 수행에 관한 소소한 절차, 처리 시한, 처리 방법 등에 지시하는 말은 최대한 자제하는 것이다. 왜냐하면 이미 그 직원은 팀장이 말하기 전에 그 정도의 내용은 경험적으로 다 알고 있기 때문이다. 그런데도 팀장으로부터 시시콜콜 세세하게 업무 지시를 받는다면 자발성이 떨어지는 것은 불을 보듯 당연한 결과일 것이다. 대신 업무 수행 내용에 대해 잘하고 있다, 믿음이 간다, 훌륭하다는 말 등을 듣는다면, 이 직원의 자발성은 자연스럽게 올라갈 것이다.

가끔 코칭 장면에서 실제 상황을 가정하고 직접 말하는 연습을 하기도 한다. 우리는 머릿속으로 생각하고 있으면 그 말을 입 밖으로 낼 수 있다고 생각한다. 그런데 과연 그럴까? 생각만큼 녹록치 않다. 이는 짧지 않은 코칭 경험을 통해 체득한 것이다. 어떤 대안을 찾은 다음 일주일 동안 실천하기로 하고서 다음 주에 만나 실행 결과를 물어보면 하지 못한 경우가 종종 있다. 어려운 것도 아니다. 단지 입을 열어 말만 하면 되는 것이다. 그런데 하지 못하는 이유는 평소 그 말을 해 보지 않아서 안 나오는 것이다. 그래서 아무리 쉬운 말이라 할지라도 때론 직접 한 두 번 코칭 장면에서 직접 해보게 할 필요가 있겠구나 하는 생각이 들었다. 그러면 어떤 피코치들은 '아니 우리가 초등학생도 아닌데 이렇게까지 해야 하는가?' 하는 태도로 바라볼 때가 있다.

문득 정 팀장의 지원형 말을 하는 것이 이런 난관에 부딪힐 수도 있다는 생각이 들어 쉬운 것이지만 직접 해보도록 요청했다. 그는 떨떠름한 표정이었다.

💬 방금 전에 하기로 한, '잘한다', '훌륭하다'는 말을 직접 해 보는 것이 중요합니다.

라면서 연습의 중요성을 강조했다.

💬 지금 이렇게만 하면 정말 좋겠네요. '지금 하는 것을 보니까 믿음이 갑니다. 아주 훌륭합니다.' 뭐 이런 식으로 말하면 되지 않을까요.

어쨌든 그는 이렇게 지원형 말을 직접 자신의 입으로 표현해 보았다. 이제 팀의 업무 현장에서 어떻게 실행될지 그 귀추가 궁금해진다.

개별 맞춤형 리더십이 좋다 실행 결과 및 피드백

상황적 리더십을 실제 현장에서 실행한 정 팀장은 눈에 띄는 변화를 겪었다. 먼저 팀원 개개인의 성향을 파악하면서 전에는 팀원에게서 보이지 않던 것들을 발견하는 힘이 생겼다. 팀원의 유능성과 헌신성의 수준 파악은 어렵지 않게 할 수 있었다. 전에는 이런 부분을 알지 못했을 뿐이지, 팀원과 밀착되어 있으므로 생각만 있다면 금세 파악할 수 있는 사항이었다. 인상적인 것은 능력과 태도를 파악하기 위한 팀원에 대한 관심의 증가는 팀원에 대한 애정의 증가를 덤으로 가져다주었다는 것이다. 요즘 직원들은 도무지 이해가 가지 않는다고 불만을 털어 놓았던 정 팀장의 눈에 팀원들의 행동이 그럴 수도 있겠구나 하는 마음이 들기 시작했다고 한다. 작지만 의미 있는 변화의 시작이었다.

정 팀장이 힘들어 했던, 능력이 있는데 태도가 좋지 않았던 고참 직원과의 관계도 좋아졌다. 코칭을 받기 전에는 팀장 딴에는 리더십을 발휘해 보겠다고 세부적으로 업무 지시를 하고, 그 지시에 미치지 못하면 더 엄격하게 책임을 물었다. '세부적인 지시 ⇒ 낮은 자발성 ⇒ 낮은 성과 ⇒ 더 세부적인 지시'와 같은 악순환의 고리에 갇혀 있었던 것이다. 그런데 코칭을 통해 그는 악순환에서 선순환의 고리로 갈아 탈 수 있었다. 즉 '지원적 태도 ⇒ 자발성 유도 ⇒ 성과 창출 ⇒ 더 높은 지원적 태도'라는 선순환으로 옮겨 갔다.

팀장과 고참 직원의 관계가 좋아지자 팀의 전체 분위기도 활기가 생겼다고 좋아했다. 새내기 팀원과의 관계도 중요하지만, 팀의 주축을 이루고 있는 직원과의 관계는 팀에 미치는 영향이 더 크다. 이런 점에서 볼 때 고참 직원과의 관계 개선은 팀에게 분명 플러스로 작용되었을 것이다.

정 팀장이 상황적 리더십을 현장에 적용하면서 얻은 유익은 그 이론이 주장하는 본래의 성과(팀원의 개개인의 유능성과 헌신성 – 팀장의 지원형, 지시형, 코칭형 및 위임형 리더십)는 물론, 부수적인 성과(팀원에 대한 애정의 증가, 전체 팀 분위기 개선) 또한 쉽게 얻을 수 없는 것들이었다.

💡 코칭 요약

주제:「효율적인 팀 업무 수행」

대안

- 팀원 성향에 맞는 리더십 발휘하기
  - 능력과 태도 등 팀원 성향 파악하기
  - 지시형, 지원형, 코칭형, 위임형 등 상황적 리더십 선택하기
  - 지원형 리더십의 구체적 행동 연습하기

> **참고 이론(문헌)**

상황적 리더십
- 리더는 그의 행동 유형을 하위자의 유능성과 헌신성 정도에 적합시켜야 한다는 것으로 블랜차드(Blanchard, 1985)에 의해 개발되었다.
- 리더십 유형과 하위자의 발달 수준에 따른 네 가지 리더십 유형을 제시
  ① 지시형 리더십 : 높은 지시적 행동, 낮은 지원적 행동
  ② 코치형 리더십 : 높은 지시적 행동, 높은 지원적 행동
  ③ 지원형 리더십 : 높은 지원적 행동, 낮은 지시적 행동
  ④ 위임형 리더십 : 낮은 지원적 행동, 낮은 지시적 행동

『리더십의 이론과 실제』, Peter G. Northouse, 경문사, 122p~126p 참조

03 행동의 이유를 알고 하자

리더보다는 스텝이기를 원하는 직원 사례

소위 70년대 학번부터 80년대 학번까지를 일컫는 7080세대란 말이 있다. 대체로 우리 사회의 중추를 이룬 중년의 사람들이다. 이 세대는 우리 사회의 여러 분야에 큰 영향을 끼쳤다. 그들이 젊었을 때 유행했던 노래는 다시 중년의 향수와 추억을 자극하는 문화로 자리 잡고 있다. 이들 세대를 겨냥한 '응답하라 시리즈'가 대중적인 인기를 몰고 오기도 했다.

대중 문화적인 측면에서 향수를 자극하는 7080세대가 조직에서 근무하면 어떤 의미일까? 짐작하겠지만 결코 산뜻하고 깔끔한 이미지를 주지 못한다. 뭔가 요즘 시대의 트렌드를 따라가지 못하는 사람을 지칭하는 것 같다.

김 팀장은 전형적인 7080세대 사람 같았다. 나이뿐 아니라 그가 가지고 있는 생각과 그에게서 풍기는 분위기도 그랬다. 그는 그가 학교에서 배웠던 대로 조직에서 착실하게 근무하고, 좋은 성과를 내어 사람들이 원하는 승진을 했다. 팀의 리더인 팀장을 맡았다. 그런데 이때부터 뭔가 삐걱거리기 시작했다.

그의 말이었다.

💬 저는 팀장이 아니고 그냥 승진만 하는 자리가 있으면 거기에 따르고 싶습니다. 그냥 내가 하고 싶은 일만 하면서 나아가고 싶은데, 팀원을 이끄는 팀장의 역할은 정말 제 취향이 아닌 것 같습니다.

그는 자신의 일은 모범적으로 하는 사람이었지만, 팀장으로 리더십을 발휘하는 것은 힘들어 했다.

코칭에 들어가기 전에 주제를 선정하는데 참고하기 위해 코칭 리더십에 대해 사전 설문을 하는 경우가 있다. 김 팀장은 설문을 하고 싶다고 해서 본인과 팀원들을 대상으로 설문해 보았다. 설문 결과가 특이했다. 자신이 생각하는 리더십과 팀원들이 생각하는 리더십이 다르게 나왔다. 본인은 그런대로 잘 한다고 생각했는데 팀원들의 생각은 많이 달랐다는 의미였다.

💬 아니, 어떻게 팀원들의 저에 대한 생각이 이렇게 다를 수 있지요?

설문 결과를 바라본 김 팀장의 첫 반응은 이랬다. 어떻게 김 팀장의 리더십을 풀어 갈 수 있을까?

나의 코칭 리더십 수준은 대안 탐색

사전에 설문한 코칭 리더십은 4가지 영역으로 구성되어 있다. 리더가 부하를 인간으로서 얼마나 존중하는 지를 나타내는 '존중', 부하의 성장과 발전을 위한 목표를 제시하고 업무와 관련하여 구체적이고 건설적인 피드백을 하는 정도를 나타내는 '목표 제시와 피드백', 부하 직원의 의견을 고려하여 의사 결정을 하는 정도인 '관점 변화', 그리고 부하 직원의 성장과 발전을 지향하는 잠재적인 능력을 가진 존재로 봐 주느냐를 나타내는 '성장에 대한 믿음'이다. [『코칭 심리 워크북』, 이희경, 학지사, 98p 참조]

김 팀장이 스스로 자신을 진단한 결과는 4가지 영역 모두 비교적 높았다. 그 중에서도 존중과 성장에 대한 믿음이 높았고, 상대적으로 관점 변화는 낮았다. 그런데 팀원들이 김 팀장을 바라보는 리더십은 달랐다. 같은 질문 항목을 다만 입장만 바꾸어서 물어보는 방식이다. 이를테면 '나는 부하 직원의 강점과 우수성을 인정한다.'를 부하 직원의 입장에서는, '나의 강점과 우수성을 인정한다.'는 식으로 구성되어 있다. 진단 결과 존중과 성장에 대한 믿음이 상당히 낮았다. 팀장은 부하 직원을 인정한다고 하는데, 받아들이는 팀원의 입장은 그렇지 않다는 것이다.

이 팀장과 같은 사례는 종종 일어난다. 사람은 본질적으로 자신과 타인을 바라보는데 다른 관점을 사용하기 때문이다. 이런 현상을 심리학자인 로스는 기본적 귀인 오류로 설명하고 있다. 어떤 현상에 대해 사람들은 그것을 설명할 수 있는 원인을 찾고자 한다. 타인의 행동은 주로 그 사람의 특성이라고 생각하고, 자신의 행동은 처한 상황에서 기인한 것이라고 하는 생각의 차이에서 오는 것이다.

예를 들어 지각한 사람이 있다고 하자. 만일 자신이 지각했다면 자신의 행동을 꽉 막힌 도로 사정 때문에 할 수 없이 늦었다고 생각하면서 상황에 귀인 할 것이다. 그런데 팀원이 지각하면, 원래 게을러서 그런 것이라고 상황이 아닌 그 사람의 특성에 귀인한다. 이런 관점의 차이는 설문 조사 결과도 당연히 달라질 것이다. '매사 부지런하고 성실한 사람이다'라는 질문에 팀장은 '예'라고 대답할 것이다. 이를 바라보는 팀원은 같은 질문에 '아니요'라고 대답할 가능성이 높다.

코칭 리더십 진단 결과는 첫째 자신이 생각하는 자신의 리더십 모습을 볼 수 있고, 둘째 타인이 자신을 바라보는 리더십의 모습과 비교할 수 있다. 그리고 셋째, 이런 과정을 통해 구체적인 코칭 목표를 도출해 낼 수 있다.

💬 존중과 성장에 대한 믿음에서 팀장님 본인과 팀원들이 바라보는 팀장님의 모습이 서로 다르게 나왔습니다. 어떤 생각이 드시는지요. 그리고 이것을 참고해서 코칭 목표를 삼고 싶은 것이 있다면 무엇이 있는지요?

앞서 언급한 대로 김 팀장의 처음 느낌은 당혹감이었다. '아니, 이럴 수가'하는 반응이었다. 자신의 입장에서 나름 팀원을 존중하고 믿어주고 있는데, 팀원들은 그렇게 생각하고 있지 않다는 사실에 적잖은 충격을 받은 것 같았다. 사람들은 대체로 자신과 타인을 바라볼 때 기본적인 귀인 오류가 작동되어 이런 결과를 가져올 수 있다는 설명을 듣고서, 처음의 당혹감은 점차 그럴 수도 있겠다는 이해와 수용으로 바뀌어 간다.

그리고 최종적인 코칭 목표를 조율하였다. '내가 하는 만큼 팀원에게 그대로 전달되는 리더십을 실현하는 것'이 그의 목표였다. 제대로 된 코칭 리더십의 실현인 셈이다.

코칭 리더십에 도움이 되는 스킬 : 질문

코칭 리더십은 마치 팀장이 코치가 된 것처럼 팀원을 피코치로 여기고 이끌어 주는 리더십의 일종이라고 말할 수 있다. 코칭 리더십을 제대로 발휘하기 위해서는 코칭의 핵심 스킬을 익힐 필요가 있다. 신뢰 관계의 형성, 경청, 질문, 피드백과 같은 기법들이다.

김 팀장은 특히 질문과 피드백 스킬에 관심을 보이며 이것을 팀원과의 관계에서 적용해 보기로 했다. 질문 스킬은 코칭에서 경청과 더불어 두 기둥이라 할 만큼 중요하다. 사람이 가지고 있는 잠재 능력을 밖으로 이끌어 줄 수 있는 스킬이 바로 질문이다.

미국의 유명한 질문 전문가이자 경영 컨설턴트인 도로시 리즈가 자신의 책『질문의 7가지 힘』에서 질문이 우리에게 주는 유익한 점 7가지를 제시했다. 즉, '질문하면 답이 나온다. 질문은 생각을 자극한다. 질문을 하면 정보를 얻는다. 질문을 하면 통제가 된다. 질문은 마음을 연다. 질문은 귀를 기울이게 한다. 질문에 답하면 스스로 설득이 된다.' 등이다.

질문이 가져다주는 효과 중 코칭과 연결해 보면 생각을 자극하는 것과, 답이 나오는 것, 스스로 설득이 되는 것이 아닐까 싶다. 코칭을 통해서 얻고자 하는 효과와 매우 유사하기 때문이다. 문제에 대한 해결 방안을 찾아내서(생각해서), 그것을 실천하는 것(설득되어 실천할 수 있으므로)과 상통하기 때문에 하는 말이다.

질문의 효과가 큰 만큼 제대로 된 질문을 하는 것이 중요하다. 이 대목에서 우리는 과연 어떤 질문이 바람직한 질문인지를 생각해 볼 필요가 있다. 질문이라고 해서 마구잡이식으로 질문을 던지면, 원하던 효과는 얻지 못하고 단지 질문을 위한 질문에 그칠 가능성도 있다.

질문과 생각은 바늘과 실처럼 뗄레야 뗄 수 없는 밀접한 관계에 있다. 질문 없는 생각을 찾아보기 힘들다. 질문을 어떻게 하느냐에 따라 생각의 흐름이 바뀐다.

이것을 보여주는 유명한 예화가 있다. 담배와 기도에 대해 유대인 두 명이 논쟁이 붙었다. 한 명은 기도하는 중에 담배는 안 된다고 했고, 다른 한 명은 가능하다고 했다. 결론을 얻지 못하자, 이 문제를 유대인의 랍비에게 가서 물어보기로 했다. "랍비님 기도하는 중에 담배를 피면 되나요?"라고 질문했다. 그러자 랍비는, "형제님 기도는 거룩한 것인데 담배는 안 되지요."라고 대답했다. 이 말을 듣는 다른 사람은 똑 같은 랍비에게 가서 이번에는, "랍비님 담배 피는 중에 기도해도 되나요?"라고 물었다. 그러자 랍비는, "기도는 형제와 신과 개인적인 관계인데 무엇을 하고 있든지 할 수 있지요."라고 대답했다. 이 예화가 우리에게 주는 메시지는 분명하다. 어떻게 질문하느냐에 따라 우리 생각의 흐름이 달라질 수 있다는 것이다. 그러므로 애초부터 신중한 질문을 하는 것이 정말 중요한 것이다.

일반적으로 권하는 바람직한 질문은 대체로 다음과 같다. 첫째는 열린 질문을 사용하는 것이다. 열린 질문이란 예, 아니오 식의 대답을 요구하는 닫힌 질문의 반대말이다. "그것에 대해 어떻게 생각하나요?", "해결 방안에는 무엇이 있겠습니까?"와 같은 질문이다. 열린 질문을 받으면 사람들은 일단 그 질문에 답을 찾고자 자신의 경험과 배운 지식을 동원하여 생각을 하게 된다. 사고의 확산이 일어나는 것이다.

두 번째는 미래형 질문을 던지는 것이다. 질문의 문장 속에 미래형 단어가 들어가 있는 질문이다. "앞으로는 어떻게 할 생각입니까?", "5년 뒤의 모습은 어떤 모습인가요?"와 같은 질문이다. 이런 질문을 받으면 우리 시선이 미래를 바라본다. 변화와 성장이라는 미래 지향적인 코칭의 효과를 달성하기에 안성맞춤인 질문이다.

세 번째는 긍정형 질문을 던지는 것이다. 미래형 단어가 들어가면 미래형 질문이 되듯이 긍정형 단어가 들어가면 긍정형 질문이 된다. "어떻게 하면 더 잘 할 수 있을까요?", "이 프로젝트에서 당신이 잘한 점은 무엇인가요?"와 같은 질문이다.

이제 독자 여러분도 질문이 주는 효과가 짐작될 것이다. 긍정형 질문은 우리에게 생각을 긍정적으로 하게 해준다. 반대로 부정형 질문을 받으면 부정적 생각에 머물게 된다. '무엇이 잘못되었지?'라는 질문은 부정형 질문인데, 이런 질문을 받으면 그 질문에 답을 하기 위해서 부정적인 생각을 하게 된다. 그런데 이것을 "무엇을 개선하면 잘 할 수 있을까?"라고 바꾸어서 질문한다면 같은 현상에서도 우리는 얼마든지 긍정적인 요소를 발견할 수 있을 것이다. 단지 질문 하나 바꾸었을 뿐인데, 그 사람의 생각이 부정에서 긍정으로 바뀌게 할 수 있는 것이다.

네 번째는 학습형 질문을 사용하는 것이다. 이는 심판형 질문과 반대되는 개념으로, 어떤 일을 경험하고 난 다음에 그 일을 통해서 스스로 배운 것을 정리해 보도록 하는데 매우 유익한 질문이다. 사람들은 교과서나 강의를 통해 배우는 것보다 직접 자신이 경험한 것에서 평생 지속되는 삶의 지혜를 건져 올릴 수 있다. 어쩌면 성공한 것이 아니라 실패한 것을 통해 보석을 발견할 수도 있다. 이런 기회를 우리는 대체로 심판형 질문을 던져 망쳐버리기 일쑤다.

"도대체 어떻게 된 것이야?", "왜 그랬어, 무엇 때문에 성과가 그것 밖에 안 돼?" 등등 자신도 모르게 심판형 질문을 쏟아내기 쉽다. 그런데 이것을,

"이번 일을 통해 배운 것이 무엇입니까?", "같은 일을 또 한다면 앞으로는 어떻게 할 생각입니까?" 등 학습형으로 바꾸어 질문할 수만 있다면, 질문을 받는 상대는 심판받는다는 것보다는 학습하는 기분으로 자신의 실패 경험을 정리할 수 있을 것이다.

코칭 리더십에 도움이 되는 스킬 : 피드백

다음으로 피드백 스킬을 소개했다. 어디까지나 코칭인 만큼 일방적으로 설명하는 대신 일대일 대화 형식으로 소개해 나가는 것이 좋다고 생각한다. 소개하고자 하는 대상에 대해 상대가 이미 알고 있을 수도 있고, 또 나름의 생각이 있을 수 있으므로 그것을 물어보는 것이 좋다. 그래서 만일 상당 수준 인지하고 있는 것이라면 다시 설명할 필요 없이 그 사실만 재차 확인해 주면 된다. 그러면 상대방은 자신이 인정받는다는 느낌을 받을 수 있어서 좋다. 누구나 사람에게는 인정에 대한 욕구가 있는데, 소개하는 과정에서 이것을 이룰 수 있다면 일석이조인 셈이다. 혹여나 상대가 그것에 대해 잘 모르고 있다고 해도 걱정할 필요는 없다. 왜냐면 질문하는 것 자체가 상대에게 주의 집중을 기울이게 하고, 또 자신의 생각을 우선순위에 놓고 있다는 느낌을 무의식중에 받을 수 있기 때문이다.

이런 관점에서,

💬 평소 피드백에 대해 들어보셨을 텐데, 피드백이 무엇이라고 생각하세요?

라는 질문으로 피드백에 대한 김 팀장의 생각을 물어보았다. 대개 이런 질문을 받으면 사람들은 한 두 가지라도 꼭 말하는 습성이 있다.

💬 글쎄요. 피드백은 상대의 행동에 대해 자신의 느낌을 말하는 것이 아닌가요?

라고 대답했다. 상식적인 수준에서 알고 있는 정도였다. 여기에서 출발하여 피드백에 대해 좀 더 깊이 있게 소개해 가면 된다.

피드백의 중요성, 목적, 내용, 종류 등에 대해 차례로 설명해 주었다. 먼저 피드백은 인간관계의 근본으로 '사람을 움직이는 힘'이라고 표현할 수 있다. 음식, 물, 공기 다음으로 사람이 살아가는데 절대적으로 필요한 제4영양소라고 일컬을 만큼 중요하다. 사람은 사회적 동물로 적절한 피드백을 받지 못하면 극심한 소외감에 시달리기 때문이다. 이런 피드백을 하는 목적은 상대의 행동 중에서 바람직한 것은 강화시켜주고, 바람직하지 못한 것은 소멸하도록 하는 것이다.

피드백 내용에는 피드백하고자 하는 상대의 구체적인 행동, 그 행동으로 인한 결과, 결과를 바라보는 자신의 느낌 등이 포함된다. 피드백의 종류에는 행동의 반복을 지향하는 지지적 피드백, 행동의 소멸을 기대하는 학대적 피드백, 행동의 변화를 요구하는 교정적 피드백, 별다른 반응을 이끌어내지 못하는 무의미한 피드백 등 네 가지가 있다.

피드백을 하기 가장 좋은 시기는 상대의 행동이 일어난 즉시 하는 것이 가장 좋다. 다음에는 상대방이 요청해 올 때 하는 것도 좋다. [『피드백 이야기』, 리처드 윌리엄스, 토네이도 참조]

코칭 리더십을 위한 질문과 피드백 스킬을 설명한 다음, 이 스킬을 현장에서 어떻게 적용할 것인지를 확인하는 것은 빼 놓을 수 없는 과정이다. 만일 이런 확인 절차가 없다면 그냥 일방적으로 좋은 강연을 들은 것으로 끝나 버릴 수 있기 때문이다.

💬 팀장님은 이제 질문과 피드백 스킬을 팀원을 리드하는데 어떻게 활용할 생각인지요?

행동의 이유를 알고 하자 〔실행 결과 및 피드백〕

질문과 피드백 스킬을 팀원들에게 직접 적용해 본 결과는 매우 고무적이었다. 먼저 김 팀장은 자신이 스스로 질문과 피드백이 어떤 점에서 중요한지, 왜 이것을 실천해야 하는지에 대한 목적과 이유에 대한 자각을 분명히 하는 것이 좋았다고 했다. 그러면서 그는 자신이 좋아하는 테니스 게임에 비유해서 설명했다.

💬 테니스 칠 때 포핸드 스트로크를 강하게 뿌릴 때가 있잖아요. 스트로크를 잘한다는 것은 스킬이 좋다는 것이죠. 강한 스트로크, 즉 좋은 스킬만으로 포인트를 딸 때도 있지만, 내가 왜 이 스토로크를 하는지 생각을 하면서 치면 승리할 확률이 높겠지요. 길고 강하게 밀면서 들어가면 네트를 점령할 수 있고, 네트 점령은 곧 점수하고 연결이 되기 때문이죠.

💬 질문이나 피드백을 할 때 생각 없이 스킬만 발휘하지 않고 생각을 하면서 하는 것이 더 좋았다는 것이네요.

하면서 김 팀장의 행동을 지지해 주었다. 구체적으로 어떤 생각을 했는지 확인해 주는 것이 바람직한 행동의 반복이 일어날 것 같아서,

💬 어떤 생각을 하면서 질문이나 피드백을 했는지 궁금합니다.

라고 질문했다.

이 질문을 통해 우리 팀원의 생각을 자극해 준다는 생각을 한 것이 주효했다고 한다. 팀의 일을 팀장 혼자서 생각하는 것과 팀원 모두가 함께 생각하는 것의 차이는 시간이 흐를수록 점점 커질 것이다. 팀장의 능력이 아무리 뛰어나다고 할지라도 혼자의 생각이 다수의 생각을 뛰어넘기는 쉽지 않을 것이다. 이뿐인가, 팀원 각자 자신의 생각을 제시하고, 그 생각이 업무 수행 과정에 반영된다면 팀원의 자발성과 참여 의지는 자연스럽게 올라갈

것이다.

그리고 피드백도 행동이 일어난 즉시, 피드백을 하는 목적, 즉 바람직한 행동의 반복, 바람직하지 못한 행동의 교정이나 소멸을 의식하면서 한 것이 좋았단다. 그런 생각을 하면서 피드백을 하니까 자신의 피드백의 결과가 어떻게 일어날 것인지에 대한 결과도 자연스럽게 관심이 가게 되었다고 한다. 전에는 질문이나 피드백을 하고서 그것으로 '내가 할 일은 다 했다.'라는 심정이었는데, 이제는 그 후의 영향에도 눈길이 간 것이었다. 이 질문에 팀원이 어떤 생각을 할지, 피드백 후에 팀원의 행동이 어떻게 변화할지 바라보는 것이 재미있기도 하고 한편 신기하기도 했다고 한다. 김 팀장의 행동을 통해 오히려 내가 한 수 배운 것 같았다. 생각하면서 행동(질문과 피드백) 하는 것의 중요성에 대해서……

 코칭 요약

주제:「코칭 리더십」
대안
1. 코칭리더십 설문 결과 디브리핑
   - 제대로 된 코칭 리더십 발휘를 목표로 도출
2. 코칭 리더십에 도움이 되는 코칭의 핵심 스킬 익히기
   - 질문 스킬 : 열린, 미래형, 긍정형, 학습형 질문하기
   - 피드백 스킬 : 피드백의 내용, 목표 등을 이해하고 실행하기
     * 코칭 리더십을 위한 질문과 피드백 스킬을 활용하는 이유와 목적을 분명히 알고서 실천함.

참고 이론(문헌)

'코칭 리더십 진단 테스트' 활용
- 존중, 목표 제시와 피드백, 관점 변화, 성장에 대한 믿음 등 4가지 코칭 리더십 영역에 대한 24개 설문지로 자기 진단 및 타인용이 있음.

  『코칭 심리 워크북』, 이희경, 학지사, 96P 및 104p 참조

귀인
- 행동이나 사건의 원인을 귀속시키는 과정인 귀인은 지각자에게 세계를 파악하고 통제하는 느낌을 가져다 줌.
- 행동에 대응하는 심적 속성을 행위자가 지닌 특성으로 여기는 대응 추리 과정은 매우 집요하게 나타나는 근본 귀인 오류라는 편향(Ross,1977)으로 불림.

  『사회 심리학의 이해』, 한규석, 학지사, 128P~131p 참조

효과적인 질문법
- 코칭 과정에서 자각과 책임감을 생성시키는 데에는 열린 질문이 훨씬 더 효과적임.
- 자각과 책임감을 생성시키는 가장 효과적인 질문은 양을 정하거나 사실 자료를 수집하는 단어, 즉 누가, 언제, 무엇을, 얼마나 등과 같은 의문사로 시작

  『성과 향상을 위한 코칭 리더십』, 존 휘트모어, 70p~79p 참조

피드백
- 어떤 원인에 의해서 결과가 나타날 때 그 결과가 다시 원인에 영향을 주어서 전체 과정을 조절하는 것을 '피드백'(또는 되먹임)이라고 함.
- 피드백은 바람직한 행동은 강화하고 그렇지 않은 행동은 소멸시키기 위한 목적을 가지고 있음.
- 피드백은 지지적, 교정적, 학대적, 무의미한 피드백 등 네 종류가 있음.

  『피드백 이야기』, Richard Willams, 토네이도, 43p 및 84p 참조

04 몸에 맞는 옷을 입자

형님처럼 따뜻한 리더십을 〔사례〕

팀원에서 팀장으로의 승진은 조직 생활에서 가장 큰 변화를 가져온다. 조직에 들어와서부터 계속 팔로워로서 지내다가 처음으로 리더의 역할을 맡는 것이다. 그동안은 윗사람이 지시하는 일을 하는 것이 주축이었다면 이제는 자신이 부하 직원에게 지시를 하는 위치로 탈바꿈을 한 것이다. 업무 성과에 대해 평가를 받는 자리에서 팀원 개개인의 업무 성과를 평가하는 자리로 바뀐 것이다.

이런 팀장의 연륜이 쌓여 가면 그간 팀장 경험에서 우러난 리더십에 대한 나름의 시각이 형성되는 것 같다. 초보 팀장 시절에는 대체로 환상이 뒷받침된 의욕이 넘친다. 오랜 팀원 생활을 거치면서 보아온 팀장의 모습을 되새기면서, 진면 또는 반면교사로 삼는다. 자신의 마음에 맞는 팀장을 만나면, '나는 팀장이 되면 바로 이 팀장처럼 해야지.'하고 다짐한다. 그러다가 맞지 않는 팀장을 만나면, '저 팀장과 같이는 되지 말아야지.'하고 생각한다.

그런데 사람은 기계가 아닌 이상 생각처럼 움직이지 않는다. 진면 교사로 삼겠다고 생각한 팀장이 했던 모습을 자신이 팀장이 되어 그대로 실행해 보아도 팀원들이 잘 따라오지 않을 때가 많다. 물론 반면교사로 삼았던 교훈도 마찬가지다.

이런 시행착오는 팀장 리더십에 대해 다시 생각해 보는 계기를 가져다준다. 사람을 이끄는 리더십은 교과서에 나와 있는 대로 한다고 해서 되는 것이 아니라는 점을 실감한 것이다. 그래서 팀장 경험이 쌓여갈수록 자신에게 가장 잘 맞는 자신만의 리더십을 만들어 가고자 한다.

이 팀장은 곧 부장으로 승진을 앞두고 있는, 팀장 경력이 오래된 사람이었다. 그의 얼굴에는 팀장으로서 이런 저런 역할을 다 해봤는데, 별로 달라진 게 없다는 표정이었다. 팀장 역할에 대한 달관과 체념 사이에서 줄다리기를 하는 사람처럼 보였다.

그래도 현실적으로 팀장을 맡고 있는 그였기에 그가 원하는 팀장 리더십은 있었다. 형님 리더십과 같은 따뜻한 리더십을 실천하고 싶다고 했다. 그동안 이만큼 조직에 몸담고 일해 오다 보니 서로를 돌보아 줄 수 있는 '따뜻함'이 가장 최선이겠다는 생각이 든다고 했다.

몸에 맞는 옷을 입자 `대안 탐색`

따뜻함을 줄 수 있는 리더십 실현이 이 팀장의 목표였다. 목표 달성을 위한 구체적인 대안을 찾아볼 차례다.

💬 <u>팀원들에게 따뜻함을 줄 수 있는 방법으로 팀장님에게 가장 맞는 방법은 무엇이 있을까요?</u>

기성복 매장에 나온 옷이 아니라 이 팀장의 몸에 가장 어울리는 맞춤형 옷을 찾아보는 질문이었다.

이 질문에 그는 '칭찬과 격려'가 자신에게 가장 잘 어울리는 방법이라고 대답했다. 세부 행동계획을 수립하기 전에 현재 모습을 살펴볼 필요가 있다. 칭찬과 격려에 대한 이 팀장의 모습은 낮은 수준이었다. '칭찬, 이것 꼭 말로 표현해야 하나 표정만 보면 알지'하고 우기는 극단적인 수준은 아니었지만, '칭찬하려고 하면 쑥스러워서 그만 입을 다물 때가 많다.'고 했다. 어렸을 때부터 지금까지 칭찬이라는 것을 별로 들어보지 않아서 자신도 칭찬을 잘 못하는 것 같다고 했다. 맞는 말이다. 사랑도 받아본 사람이 남을 사랑하기 쉽듯이 칭찬도 많이 받아본 사람이 남을 칭찬하기가 더 쉽다.

💬 칭찬을 어떻게 해 볼 생각이세요?

칭찬 행동에 대해 얼마나 할 것인지, 어떤 모습으로 할 것인지 등 양과 질적 수준을 물었다. 칭찬을 얼마나 할 것인가 하는 양적인 수준은 어렵지 않게 결정할 수 있었다. 일주일에 각 팀원에게 한 번 이상 칭찬하기로 정했다. 다음은 질적 수준을 결정할 차례였다.

칭찬 수준을 정하는 것은 어려워했다. "칭찬, 그것 그냥하면 되는 것 아닌가요?"라는 생각으로 칭찬 수준에 대해서는 지금껏 한 번도 생각해 보지 않았다는 표정이었다.

💬 혹시 저를 팀원이라고 가정하고 칭찬 한 번 해보겠어요?

라면서 직접 한 번 해 볼 것을 요청했다.

💬 잘 했습니다. 좋습니다. 수고했습니다.

이 팀장이 말한 칭찬의 말은 여기에서 크게 벗어나지 않았다. 직접 해 보려고 하니 잘 안 된다는 눈치였다. 또 자신이 알고 있는 칭찬의 말이 이것뿐인가 하는 생각에 당혹해 하는 것 같았다. 그런데 실상 칭찬에 대하여 대부분 사람들은 이 팀장과 같은 생각을 가지고 있을 것이라고 여겨진다. 왜냐면 우리는 '칭찬'은 귀에 딱지가 앉을 정도로 자주 들어서 칭찬에 대해 아주 잘 알고 있는 것으로 착각을 하고 있기 때문이다. 안다고 하는 것에도 수준이 있다. 한두 번 어디서 들은 것도 아는 것이고, 속속들이 그 내용을 훤히 알고 있음은 물론 실행과 결과에 대한 평가까지 할 수 있는 것도 아는 것이다. 이처럼 알고 있다는 말이 지칭하는 범위는 매우 넓다. 그래서 우리는 본인도 모르게 완전히 알지 못하면서도 안다고 여기는 경우가 많다. 지금 이 팀장이 칭찬에 대해 아주 잘 알고 있다고 착각하는 것처럼…….

그러므로 때때로 스스로 알고 있다고 여기는 것을 세심하게 점검할 필요가 있다. 상대가 이해할 수 있도록 자신의 말로 설명할 수 있고, 그것을 온전하게 실천해 낼 수 있는지 자문자답해 보는 것이 하나의 점검 방법이 될 것이다.

우선 이 팀장은 짐작했듯이 칭찬의 말을 다양하게 학습할 필요가 있었다. 혹자는 실력은 곧 표현력이라고 주장하기도 한다. 그 주장에 의하면, 칭찬 실력은 칭찬의 표현력에 달려 있다고 말할 수 있다. 칭찬의 말을 많이 알고 있는 사람이 칭찬을 다양하고 풍성하게 할 수 있다는 것이다.

오래 전에 방영되었던 칭찬에 관한 TV 프로그램이 생각난다. 엄마와 자녀가 출연하여, 자녀가 한 행동에 대해 칭찬해 보라고 하는 장면이 등장했다. 자녀들은 그림을 그리기도 하고, 블록으로 자동차나 집을 만들기도 했다. 대부분의 엄마들은, '우리 아들 잘한다. 착하다. 잘 그렸다.' 등과 같은 말이 전부였다. 진행자가 엄마에게 '그것이 칭찬의 전부예요? 더 해보세요.'라고 권하자, '더 이상 칭찬할 말이 없는데, 칭찬하기가 쉽지 않네요.'라면서 난감해 했다.

그러자 칭찬에 대한 전문가가 이렇게 설명했다. '잘했다. 착하다.'라고 말하는 대신 지금 자녀가 하고 있는 행동을 그대로 읽어주는 것 자체가 훌륭한 칭찬이 될 수 있다고 설명하면서 한 번 이런 관점에서 연습해 보라고 했다. 그러자, 눈치 빠른 엄마들은 바로 '산을 그리고 있네, 산에 소나무도 그렸구나.' '빨간색 블록으로 집을 만들었네.'라고 말했다. 바로 이것이 칭찬이라는 것이다.

두 번째로는 그것을 본 본인의 느낌을 표현해 주는 것이 칭찬이 된다는 것이다. '소나무가 심겨진 산이 그려진 것을 보니 시원한 느낌이 든다. 네가 만든 빨간색 블록 집을 보니 거기서 살고 싶다.'고 하는 것이 훌륭한 칭찬이 될 수 있다는 것이 생각나서 소개해 주었다.

더 수준 높은 칭찬은

이 팀장은 이제야 어떻게 칭찬하는 것이 좋은지 알겠다는 표정이었다. 칭찬에 대해 이야기한 김에 한걸음 더 들어가기로 했다. 칭찬의 단계를 밟아보기로 한 것이다.

칭찬의 1단계는 눈에 보이는 행동을 칭찬하는 단계다. 주어진 프로젝트를 늦은 시간까지 열심히 하는 팀원을 보았다고 하자. 1단계 칭찬은 "이 시간까지 열심히 하네요. 수고가 많네요." 등이 될 것이다.

2단계 칭찬은 그 사람의 태도를 칭찬해 주는 것이다. 즉, "늦은 시간까지 열심히 하는 것을 보니 참 성실한 사람이네요." 다음 가장 고차원인 3단계 칭찬은 그 사람의 행동과 태도를 넘어 존재까지 칭찬 해 주는 것이다. "우리 홍길동 팀원(열심이 일하고 있는 당사자)은 우리 팀에 없어서는 안 될 필수 요원입니다. 매사 이렇게 열심히 해 주어서 고맙게 생각합니다."정도가 될 것이다.

그렇다고 무조건 고차원인 3단계 칭찬을 하는 것은 오히려 칭찬의 효과를 떨어뜨릴 수 있다. 칭찬하고자 하는 상대방의 행동이 3단계 칭찬을 할 만하다고 생각될 때에 이 칭찬을 한다면, 그 효과는 기대 이상일 것이다. 자신의 존재를 인정해주는 리더가 평소와는 완전히 다르게 보일 것이다. 없던 충성심이 생기고, 저 사람 말이라면 무엇이든지 다 하고 싶다는 생각마저 들지도 모른다. 왜냐하면 사람의 본성이 그렇기 때문이다.

내적 동기를 강화해 주자

　다음으로 이 팀장이 원하는 따뜻한 리더십과 조화를 이루는 데 적절한 내적 동기에 대해 다루었다. 사람을 움직이게 하는 동기는 그것이 자신의 안으로부터 오느냐 밖에서 주어지느냐에 따라 내적 동기 및 외적 동기로 나뉜다. 칭찬, 격려, 인정, 지지와 같은 것들이 내적 동기를 유발하고, 보상과 처벌은 외적 동기를 유발하는 대표 주자이다.

　조직의 리더들은 손쉽게 할 수 있고, 결과도 바로 확인할 수 있는 외적 동기를 선호하는 경향이 있다. 그러면서 자신이 가지고 있는 포지션 파워를 통한 보상과 처벌이 팀원의 동기를 강화하는데 가장 좋은 재료라고 생각한다. 물론 이것이 전적으로 틀린 것은 아니다. 다만 여기에는 몇 가지 고려해야 할 사항이 빠져 있다.

　첫째, 보상과 처벌과 같은 외적 동기는 단기적으로 사람을 움직이게 하지만, 장기적인 관점에서는 내적 동기보다 효과적이지 못하다는 것과, 둘째, 외적 동기는 비자발적으로 사람을 이끌며 내적 동기는 자발적으로 이끌어 준다는 것이 누락되어 있다.

　이것까지 감안해서 포괄적으로 바라본다면 우리는 어떤 동기 수단을 사용하는 것이 가장 바람직한 것인지 보다 정확하게 판단할 수 있을 것이다.

　Ryan과 Deci가 설명한 동기의 유형에 따른 자기 결정 지속성을 소개하였다. 그들은 비자기 결정의 극단에 있는 무동기에서부터 외적 동기를 거쳐 자기 결정 행동을 하는 내적 동기 과정을 일목요연하게 보여 주었다. 무동기는 행동이 전혀 없는 상태이고, 외적 동기는 외부의 보상을 받거나 벌을 피하기 위해 어떤 수행이나 활동을 하는 상태이다. 그리고 내적 동기는 흥미, 즐거움, 내적 만족 등에 따라 완전한 자기 결정으로 행동하는 상태이다.

　흥미로운 것은 외적 동기를 다시 자율성이나 자유 의지가 어느 정도 포함되었는지에 따라 네 가지 유형으로 나누었다.

　준수, 외적 보상과 처벌에 따라 움직이는 극단에 있는 '외적 조절

(external regulation)', 자기 통제와 자기 참여, 내적 보상과 처벌에 따라 조절되는 '내사화된 조절(introjected regulation)', 개인적 중요성, 의식의 가치에 의해 조절되는 '확인된 조절(identified regulation)', 일치, 알아차림 및 자기의 통합에 의해 조절되는 '내재적 조절 (integrated regulation)' 등이다. [『성격 심리학』, Marianne Miserandino, 시그마프레스 발간, 294p 참조]

이론은 우리가 일상에서 접하는 구체적인 사례를 들어 접목시켜 보면 이해하기 쉽다. 건강을 위해 운동하는 것을 예로 들어보자. 운동에 대한 관심이나 의도 등 아무런 동기가 없는 상태가 '무동기' 상태이다.

이 사람이 건강 검진을 받은 결과 의사로부터 운동을 해야 한다는 처방을 받았다. 그럼 '운동하지 않으면 몸이 더 나빠지겠구나(처벌), 의사 말을 따라야지(준수)' 등의 생각을 하게 된다. 외적 동기의 가장 첫 번째인 '외적 조절' 상태에 들어선 것이다.

처벌을 피하기 위해 마지못해 하는 운동이지만 조금씩 운동을 해 가자, 이제는 '운동 시간을 지켜야겠다(자기 통제), 이것도 하지 못하면 말이 안 되지(내적 보상과 처벌)'하는 수준으로 변화했다면 두 번째인 '내사화된 조절' 상태에 이른 것이다.

좀 더 운동을 계속해 나가자, '이 운동이 내게 맞네(개인적 중요성), 운동하니까 몸이 좀 좋아지는 것 같다(의식의 가치)'로 발전했다면 세 번째인 '확인된 조절'에 도달한 것이다. 이쯤 되면 점점 운동의 맛을 느껴서 하게 될 것이다. 계속 운동을 해 나가면, '원래 나는 운동이 맞는 사람이었구나(일치, 알아차림)' 네 번째 단계인 '내재적 조절'에 이른다.

의사의 지시에 의해(외적 동기)에 의해 비자발적으로 시작된 운동이 점차 자신 내면의 흥미와 만족에 의해 자발적으로 운동하는(내적 동기) 단계로 발전해 가는 모습을 보여주고 있다.

앞서 이 팀장이 따뜻한 리더십을 위해서 팀원을 칭찬하기로 한 것(양적 및 질적 수준을 끌어 올려서)에 칭찬이 가져다주는 내적 동기 효과(자발성 증진)를 인지하면서 실천한다면 더 좋겠다는 생각이 들었다.

💬 내적 동기에 대한 이론적인 설명을 들으니 어떤 생각이 드나요?

💬 단순히 칭찬하는 것이 좋다고 하는 것은 아주 낮은 수준이었구나, 하는 생각이 듭니다. 코칭을 통해서 칭찬의 수준과 단계에 대해 새롭게 알게 되었고, 또 칭찬이 팀원들을 어떻게 움직여 나갈 수 있는지 이해했으니까, 이제는 분명한 목적의식을 가지고 해볼 수 있겠다는 생각이 듭니다.

이 팀장의 답변이었다.

칭찬은 또 다른 칭찬을 낳는다. `실행 결과 및 피드백`

새로운 이해와 시각을 가지고 칭찬하기로 한 이 팀장의 실행 결과가 자못 궁금했다. 그는 일단 팀원을 일주일에 개별적으로 한 번 이상 칭찬하기로 한 외형적으로 드러나는 양적인 수준은 채웠다고 했다. 다만 칭찬 내용을 풍성하게 하는 질적인 수준은 잘하고 있는지 모르겠다고 했다.

코칭이 진행되는 과정에서, 특히 대안의 실행 여부를 확인하는 과정에서 칭찬은 절대적이라고도 해도 과언이 아니다. 여기서 절대적이라 표현한 것은 피코치가 어떤 결과를 가져올지라도 칭찬부터 시작해야 한다는 것이다. 만일 실천하지 못했을 때에는, "실행 대안이 있었는지 기억은 하고 있나요?"라고 되묻고서, "기억만 하고 있는 것도 좋은 태도이며, 다음에는 잘할 것으로 기대한다."고 칭찬할 수 있다.

이 팀장에게도 일주일에 한 번 이상 팀원을 칭찬한 것은 대단히 잘한 것이라고 격려를 아끼지 않았다. 그러면서 어떻게 이렇게 할 수 있었는지, 잘

한 점은 무엇인지, 부족한 점은 무엇인지, 앞으로는 어떻게 해 나갈 것인지에 대해 질문하였다. 스스로 실행한 결과를 반추해 봄으로써 더욱 성장해 나갈 수 있도록 도와주기 위한 방법이었다.

코칭 중에 자신이 스스로 따뜻한 리더십을 위해 칭찬하기로 선택하였고, 코치와의 약속을 했기 때문에 잊지 않고 실천할 수 있었다고 한다. 더욱 생생하게 표현하자면, 일주일 뒤에 코치를 만나면 실행 여부를 물어볼 것인데 그 때 할 말이 있어야 하지 않겠느냐는 심정이었다고 한다.

자신이 팀원에게 하는 칭찬의 말이 다양하고 풍성해진 것이 잘한 점이라고 했다. 팀원이 하고 있는 행동을 구체적으로 묘사해 주고, 그에 따른 본인의 느낌을 표현하는 것도 칭찬이 될 수 있다고 배운 것이 매우 유효했다고 한다.

부족한 점은 칭찬의 단계가 높은 두 번째 단계(태도 칭찬) 및 세 번째 단계(존재 칭찬)까지는 아직 이르지 못한 점이라고 했다. 아직까지는 태도와 존재까지 언급하는 것은 뭔가 쑥스럽다는 생각이 들어서 하지 못했다고 했다. 그러면서 자연스럽게 앞으로는 이 부분을 더욱 개발해 나가겠다고 했다.

💬 오늘 안 되던 것이 내일 해야겠다고 생각하는 것으로 잘 될까요?

이 팀장의 실행 의지가 얼마나 되는지 확인하고픈 마음에서 생각을 흔들어 보는 질문을 던졌다. 대부분 따뜻한 지지와 격려를 보내던 코치의 피드백이 갑자기 차가운 이성으로 바뀌었다. 이 질문을 어떻게 대응할 것인지, 즉 단계를 높인 칭찬을 하겠다는 실천 계획을 어떻게 그릴 것인지 궁금했다.

💬 이 또한 연습이 필요하겠지요. 그래서 팀원보다는 조금 편한 가족들을 대상으로 높은 수준의 칭찬을 해볼까 합니다.

라고 대답했다. 역시 피코치들은 자신의 내면에 문제 해결 능력을 가지고 있다는 것을 이 답변을 통해 다시 한 번 확인하는 순간이었다.

코칭 요약

주제: 「따뜻한 리더십」

대안

1. 팀원들을 칭찬하고 격려하기(자신에게 가장 어울리는 방법)
   - 칭찬하는 현재 나의 모습 파악
   - 칭찬의 표현력 증진하기
     * 하는 일 읽어주기
     * 나의 감정 표현 등
   - 수준 높은 칭찬하기
     * 2 단계(태도) 및 3 단계(존재) 칭찬
2. 내적 동기 강화해 주기
   - 칭찬이 팀원의 내적 동기를 강화시켜 준다는 것 인식하기

참고 이론(문헌)

동기의 유형 : 내재적 동기 및 외재적 동기
- 내재적 동기와 내재적 조절은 만족이나 즐거움처럼 활동 자체의 내재적 이유들로 활동에 참여할 때 일어남.
- 자기 결정의 지속성은 조절 유형, 인과성 소재, 일치 과정과 더불어 동기 유형들로 나타남.
- 무동기(무조절) → 외재적 동기(외재적 조절, 내사화된 조절, 확인된 조절, 내재적 조절) → 내재적 동기(내재적 조절)순

『성격 심리학』, Marianne Miserandino, 시그마프레스 발간, 294p 참조

05 진행 과정을 미리 따져 보자

똑게는 되지 못할망정 멍게라도 `사례`

한때 우리 사회에는 '똑부 보다는 멍게 밑에서 일하는 것이 훨씬 좋다.'는 말이 회자되었다. 여기서 말하는 '똑부'는 '똑똑하면서 부지런하기까지 한 상사'이고 '멍게'는 '멍청하면서 게으른 상사'를 지칭한다. 능력을 나타내는 '똑똑함과 멍청함', 태도를 지칭하는 '부지런함과 게으름' 이것을 조합하면 4가지 유형이 나온다. 즉 똑부, 똑게, 멍부, 멍게이다. 독자 여러분은 네 가지 상사 중 어떤 유형과 일하고 싶겠는가?

상사가 아주 똑똑하지만 적당히 게으르면(똑게), 부하 입장에서는 상사의 그 게으름 틈에서 숨 쉴 수 있는 여지가 있다. 그런데 멍청하면서 부지런하다면(멍부), 부하 직원이 하는 일마다 간섭할 것이고 그 간섭 또한 올바르지 않을 경우가 많을 것이다. 그래서 대체로 똑게가 가장 낫고 멍부가 제일 힘든 타입이라고 말한다.

비슷한 이야기 중에 조직에서 멍부와 같은 상사를 '사원 같은 부장'이라고 비꼬아 부르기도 한다. 부장의 직위에 있으면 그에 걸맞은 역할을 해야 하는데, 마치 사원 같이 부하 직원이 한 일을 시시콜콜 점검하고 다니는 사람을 지칭하는 말이다. 만일 상사가 이런 사람이라면 어떤 일이 벌어지겠는가? 그 밑에서 일하는 직원은 자신이 스스로 업무 수행을 한다는 생각을 일찍이 포기하고 상사가 시키는 것만 할 것이다. 왜냐하면 상사의 잦은 지시가 부하 직원의 자발성을 소멸시켜 버렸기 때문이다.

민 팀장은 '똑게는 되지 못할망정 멍게'는 되고 싶다고 했다. 그는 자신을 소개하면서 적극적이고 활발한 사람이라고 했다. 운동, 예술 등 여러 분야에 흥미를 가지고 있을 뿐만 아니라 조예도 상당히 깊었다. 그런데 오랜 조직 생활을 거치면서 점점 소극적이고 수동적인 사람으로 변하는 것 같다고 했다. 그 원인 중의 하나가 빈번하고 세밀한 상사의 업무 지시 때문이 아니었나 하는 생각이 든다고 했다.

자신이 만난 리더들은 하나같이 꼼꼼하게 지시하는 사람들이었다고 한다. 그 사람들 밑에서 일하다 보니 내가 해야 할 영역이 별로 없고, 또 하고 싶은 마음도 생기지 않는 것을 경험했다고 한다.

그래서 민 팀장은 멍게가 되기 위해서 부하 직원에 대한 '권한 위임'을 코칭 목표로 정했다.

제대로 된 권한 위임 계획이 필요하다 대안 탐색

민 팀장의 코칭 목표인 권한 위임의 사전적 정의는 '업무와 그 수행에 필요한 권한을 넘겨주고 결과에 대한 책임 의식을 불어 넣는 과정'이라고 표현하고 있다. 이런 권한 위임은 조직에서 구성원에게 동기를 강화시켜 주고, 주인 의식과 열정, 책임 의식, 자긍심을 심어 주기에 적절한 대안이 될 수 있다. 뿐만 아니라 권한 위임을 실행하는 상사에게는 업무 수행 시간을 절약하게 해 주어, 자신의 직위에 알맞은 주요 업무에 더 집중할 수 있게 해 주는 장점도 있다. 바람대로 이 권한 위임이 실현될 수 있다면 팀원의 자발성을 키워주면서 자신의 업무 부담도 줄어드는 '누이 좋고 매부 좋은' 결과를 가져올 수 있을 것이다.

제대로 실현하기 위해서는 제대로 된 계획이 필요했다. 어떻게 권한 위임을 실현해 나갈 것인지 질문했다. 오늘부터 팀원들에게 권한을 위임해야겠다는 생각만으로 계획 없이 추진하는 것으로는 목표를 이루기 어렵다.

먼저 어떤 직원에게 위임할 것인지 생각해야 하고, 두 번째로는 그 직원에게 어떤 업무를 위임할 것인지 정할 필요가 있었다. 그리고 가능하다면 권한을 위임받은 직원의 업무 수행 결과, 바라는 대로 처리했을 때와 그렇지 않았을 때 어떻게 대처할 것인지도 미리 생각해 두는 것이 필요했다.

이제 이것들을 하나씩 풀어가 볼 차례다. 먼저 어떤 팀원에게 위임하고 싶은지 생각해 보기를 권했다. 현재 팀원들의 각자 위치가 다르다. 같은 팀원이라 할지라도 일반 사원, 책임자(대리, 과장) 등 직위가 다르고, 팀에 전입해 들어온 시기가 다르다. 이뿐인가, 사람이 본성적으로 가지고 있는 업무에 임하는 태도도 다르고 업무 능력도 다양하다.

💬 막상 권한 위임을 하려고 하니까 생각해야할 것이 제법 많네요. 저는 그냥 권한 위임이 좋은 것이니까 제가 가지고 있는 권한을 딱 떼어서 주면 된다고 생각했었는데, 제 생각이 참 단순했네요.

구체적인 실행 계획을 세워가는 초입에서 민 팀장이 처음으로 보인 반응이었다.

💬 그렇지요. 권한 위임이 지니고 있는 효과를 최대한 얻기 위해서는 제대로 된 실행계획이 필요합니다.

다시 한 번 실행 계획의 취지를 설명하면서 진도를 밟아 나갔다.

'사전에 팀원의 능력과 자질 파악하기'를 권한 위임의 첫 걸음으로 정했다. 이것이 파악되어야 어떤 업무를 그 팀원에게 위임해 줄 것인지 결정할 수 있기 때문이었다. 다음으로는 현재 팀에서 하고 있는 전체 업무를 파악하여 과연 어떤 업무가 위임하기에 적당한지 생각해 보기로 했다.

조직에는 업무의 경중에 따라 어느 직책에 있는 사람이 최종적인 의사 결정 권한을 가지고 있는지를 정한 '전결 권한' 규정이 있다. 지금 민 팀장이 목표로 정한 권한 위임도 전결 권한 범위 내에서 이루어져야 한다. 규정에 정한 범위를 넘어서는 위임은 실질적으로 실행하기 곤란하다.

그렇다면 이런 의문이 들지도 모른다. 업무에 따라 누가 의사 결정을 하는지 미리 다 정해 놓았다면 권한을 위임한다는 것이 무슨 의미가 있느냐는 생각 말이다. 그런데 실제 근무 현장에서 업무 수행 과정을 들여다보면 전결 권한 규정대로 지켜지지 않는다. 대리 전결 사항인데 팀장이 챙기고, 팀장의 권한인데 부장이 간섭하는 경우가 허다하다. 앞서 얘기한 '똑부'는 바로 이런 전결 권한을 무시한 채 부하 직원의 일까지 시시콜콜 따지는 상사를 두고 하는 말이다. 규정에 정한 전결 권한대로 지키기만 해도 권한 위임을 피부로 실감할 수 있을 정도가 된다. 그러므로 팀장 입장에서 팀원에게 권한을 위임한다는 것은 전결 권한 규정에서 팀장 전결 사항 중 어떤 업무를 위임할 것인지를 생각해 본다는 것이다.

포괄적으로 정해진 팀장의 전결 권한 범위 내에서 위임 대상 업무를 골라내기로 했다. 예를 들어 일천만 원 이하 예산 사업에 대한 전결권이 팀장에게 있다고 하면 팀에서 하는 사업 중 일천만 원 이하에 해당되는 사업은 여러 가지가 있을 것이다. 그중에 어떤 사업은 금액의 다과에 상관없이 중요한 것도 있고, 덜 중요한 것도 있을 것이다. 사업의 성격을 누구보다도 잘 아는 팀장의 입장에서 처음으로 권한 위임을 시도하는 만큼 중요도가 낮은 것을 대상으로 시작해 보기로 했다. 매년 계속적으로 해 왔던 업무이면서 복잡하지 않고 단순한 업무를 대상으로 정했다.

진행 과정을 미리 따져보자

이제 세부 실행 계획의 마지막 단계에 진입했다. 업무를 위임했을 때, 권한 위임의 진행 과정에 따라 어떻게 대처할 것인지를 생각해 놓는 단계였다. 사실 이 부분은 반드시 필요한 것은 아니다. 일종의 충분조건인 셈이다. 앞서 생각한 어떤 팀원에게 어떤 업무를 위임할 것인지를 결정하는 것

(필요 사항)만으로도 권한 위임이 실행될 수 있다. 그런데 대처 방식까지 생각해 둔다면(충분 사항), 훨씬 나은 형태의 권한 위임을 할 수 있을 것이다.

권한 위임을 받은 팀원의 수행 결과가 기대한 대로 진행되는 경우에는 팀원과 팀장 모두 만족할 것이므로 특별한 대처가 필요하지 않을 것이다. 만족스러운 수행 결과에 대한 칭찬과 인정과 같은 지지적 피드백을 주면 충분하다. 이왕에 좋은 경험을 한 팀원의 자긍심을 높여줄 요량이라면, 위임받은 업무의 수행 비결, 수행 소감 등을 물어보면서 공감해 주면 될 것이다.

문제는 팀원의 수행 결과가 예상한 대로 나오지 않고, 업무 진행 과정이 매끄럽지 못할 때 어떻게 할 것인지가 중요하다. 조직의 일은 학생처럼 실험적으로 하는 일이 없다. 매일 분명한 결과가 나오고, 그 결과에 영향을 받는 실제적인 일이다. 그래서 권한을 위임하겠다는 생각을 가지고 막상 한 두 번 위임 해봤다가 생각만큼 돌아가지 않을 때에는 금세 위임을 철회하는 경우가 종종 있다. 그러므로 권한 위임의 성패 여부가 바로 이것을 어떻게 다루느냐에 달려 있다고 해도 과언이 아닐 것이다.

권한 위임을 하는 이유와 범위 등에 대해 사전에 충분히 설명하고, 팀원의 의견을 물어보기로 했다. 권한 위임이 좋다고 해서 팀장이 팀원에게 일방적으로 통보하는 것은 역효과를 불러올 수도 있다. 이런 측면에서 볼 때 민 팀장의 이런 생각은 타당한 방안이었다. 팀원은 팀장의 제안(팀장 입장에서 팀원의 능력과 성향을 파악하여 정한 위임 업무)에 자신이 할 수 있다고 생각하는 범위 내에서 동의할 것이다. 그리고 권한 위임을 하고자 하는 팀장의 설명을 들으면서 자신이 이 일을 왜 하는지, 어떤 태도로 해야 하는지 등을 자연스럽게 결정하게 될 것이다.

일을 맡긴 후에는 중간 중간에 체크하고, 보고하는 과정도 갖기로 했다. 일반적인 업무 진행 과정에서도 리더와 팔로워 간의 수시 보고 체계는 매우 중요하다. 하물며 아직 경험이 일천한 팀원에게 권한을 위임하여 처음으로 진행하는 업무라면 수시 보고는 더욱더 중요하다. 하지만 이 중간 체크와

보고가 자칫 간섭이나 질책으로 변질되지 않도록 조심할 필요가 있다. 어디까지나 팀원이 일정대로 업무 수행해 나갈 수 있도록 도와주는 차원이어야 한다.

"어디까지 진행되었는지 한 번 볼까요?", "다음 달 말까지 마쳐야 하는데, 오늘까지 진척 상황은 어떻게 되나요?", "진행하는데 어려움은 없나요?", 혹은 "혹시 내 도움이 필요한 것은 없나요?" 등과 같은 질문으로 접근하는 것이 좋을 것이다.

업무 결과에 대한 책임은 팀장이 지기로 했다. 권한 위임을 하는 팀장으로서 당연히 가져야할 태도이지만 쉽게 수용되지 않을 수도 있다. 전결 규정에서 정한 팀장의 결정 사항을 팀장의 책임 하에 팀원에게 위임해 주었으므로 문헌적으로 결과에 대한 책임 또한 팀장이 지는 것은 당연하다. 그런데 규정에서 정한 책임 외에 실제적으로 팀원에게 책임을 전가하거나, 실패에 따른 질책을 한다면 당초 기대했던 권한 위임 효과를 얻지 못함은 물론 관계 악화를 초래하고 향후 권한 위임에도 악영향을 미칠 것이다. 그러므로 책임을 진다는 말은 팀장이 수행 결과에 대해 외부에 책임을 지는 문헌적인 책임과 함께 팀원과의 개별적인 관계에서의 책임까지도 맡겠다는 것이다. 이런 태도를 가지면, 위임 받아 업무를 진행하는 팀원에 대한 애정이 한결 높아질 것이다. 마치 자신의 분신처럼. 그리고 업무를 수행하는 과정에서 팀원에게 전하는 피드백의 말과 분위기도 달라질 것이다.

권한 위임은 부하 직원 육성에도 유익하다

민 팀장은 코칭을 통해 자신이 세운 권한 위임의 세부 실천 계획을 세워가는 도중에 한 가지를 더 추가했다. '부하 직원의 육성'이었다. 권한 위임이 성공적으로 실현된다면 부하 직원의 능력이 개발될 것으로 본 것이다.

리더십 역량 중의 하나인 팀원의 육성이 저절로 이루어지는 셈이다.

💬 참 좋은 생각입니다. 권한 위임을 부하 직원의 육성과 어떻게 연결시켜 나갈 생각인지요?

민 팀장의 제안에 자신의 생각을 정리해 나갈 수 있는 기회를 부여하였다.

'부하 직원의 육성'하면 업무와 관련된 조직 내 연수 프로그램의 참가나 외부 전문 연수 기관에 파견 등을 떠올린다. 연수 참가는 능력을 개발하는 차원에서 부하 직원의 육성에 효과적이지만, 이것만이 전부는 아닐 것이다. 바로 지금 업무를 수행하는 현장에서 부하 직원의 업무 능력이 발전될 수 있도록 세밀하게 도와주는 것이 더 효과적일 수 있다. 역으로 외부 연수에 참가하여 훌륭한 기법을 배워왔다고 해도, 그것을 현장에서 적용할 기회를 얻지 못한다면 그것은 어디까지나 머릿속에 있는 지식일 뿐 활용할 수 있는 능력이라고 말하기는 어렵다.

위임받은 팀원이 업무 진행 과정을 수시로 보고할 때를 '팀원 육성 시간'으로 활용하겠다고 했다. 팀장이 해당 업무에 대해 이미 갖고 있는 업무 노하우 및 관련 지식과 경험을 전수하는 시간으로 삼겠다는 것이었다. 팀원 입장에서 생각해보면 지금 자신이 맞닥뜨려서 진행하고 있는 일에 대해 알려주는 것만큼 생생한 연수는 없을 것이다. 풀리지 않는 문제 해결에 대한 고민을 하고 있던 터에 들려주는 조언이고, 바로 문을 나서면 적용할 수 있는 비결이기 때문에 팀장의 한마디 한마디가 귀에 쏙쏙 들어올 것이다.

다음으로 팀원이 자신이 위임받아 진행하는 업무의 매뉴얼을 작성하도록 하겠다고 했다. 매뉴얼을 작성하게 되면 두 가지 유익이 있을 것이다. 하나는 팀원이 스스로 업무를 수행하는 과정에서 배운 것을 정리한다는 점에서 좋고, 두 번째는 기록으로 남겨 전체 팀원이나 혹은 향후에 그 업무를 수행할 사람에게 소중한 학습 자료로 활용할 수 있다는 장점이 있다. 여기에다가 기록하는 것 자체가 우리에게 주는 유익도 덤으로 얻을 것이다. 생각하고 있던 것을 기록하게 되면, 그 생각이 보다 분명해 지면서 체계가 잡혀간다. 또 생각의 확산이 일어나 더욱 발전된 수준의 사고도 할 수 있게 된다. 혹자는 이러한 기록의 장점을 다윈의 유명한 '적자생존'을 '기록하는 자만이 살아남는다.'는 뜻으로 변환하여 재미있게 이야기하기도 한다.

권한 위임을 통해 한층 성숙해진 팀장 　실행 결과 및 피드백　

팀원에게 권한을 위임하기로 한 민 팀장의 세부적인 실행 계획은 다음과 같았다. 첫째 팀원 개개인의 현재 능력과 자질 및 위치(직위)를 파악하여 권한 위임 대상자를 선정하고, 둘째 현재 팀장 전결 업무 중 어떤 것을 위임할 것인지를 결정하고, 셋째 위임받는 팀원의 업무 수행 결과에 따라 어떻게 대처할 것인지 방안을 미리 마련하는 것이었다. 대처 방안에는 업무 진행이 기대대로 진행되지 않을 것에 대비해서 사전에 팀원에게 충분히 설명하기, 중간보고 적극적으로 활용하기, 업무 수행 결과에 대해 실제적으로 책임지기 등을 실행하기로 했다. 여기에 부수적으로 팀원의 능력 개발을 위해 중간보고 시 적절하게 조언하기, 팀원 스스로 업무 진행 매뉴얼 기록하기 등을 추가하였다.

실행 결과에 대해 묻자 민 팀장은

💬 세부 계획이 짜임새 있게 마련된 만큼 실행하는데 별다른 어려움은 없었습니다. 특히 도움이 된 것은 팀원의 수행 정도에 따라 내가 어떻게 대처할 것인지를 미리 생각해 둔 것이 좋았습니다. 만일 대처 방안을 마련해 두지 않았다면, 권한 위임을 포기하고 말았을지도 모릅니다.

라고 전반적인 소감을 피력하였다.

그러면서 그는 권한 위임을 실제적으로 진행하다 보니 팀장으로서 상당한 인내심을 가지고 기다려 주어야겠다는 생각이 들었다고 한다. 팀장은 이미 업무를 처리해 본 경험이 있고, 잘 아는 업무이므로 이 정도 설명하면 충분히 이해하고 처리하겠지 하는 생각이 있었다는 것이다. 또 시기적인 측면에서도 예상 속도를 따라오지 못하고 지지부진한 모습을 보였다고 한다. 업무 수행 중에 하는 중간보고 역시 흡족하지 않을 때가 종종 있었다고 한다.

💬 그럴 때가 바로 권한 위임을 진행해 가는 위기로 보이는데, 어떻게 극복했는지요?

이 질문에 대한 그의 답변은 명품이었다. 그는 어머니가 자녀를 다독이듯이 자신을 스스로 타일렀다고 한다. '아직은 팀원이 하고 있는 일은 하나부터 열까지 만족스러운 구석이 없을 것이다. 애초에 이미 이것을 염두에 두고 시작한 것이다. 지금 답답한 시간을 거친 뒤에야 권한 위임의 효과가 나타날 것이다. 처음부터 베테랑 운전자가 되는 것은 아니다. 누구나 초보 시절을 거친 다음에야 베테랑이 될 수 있다. 나도 그랬는데, 지금 우리 팀원도 마찬가지다.' 라는 말을 하면서.

민 팀장의 답변을 들으면서 나는 제대로 된 권한 위임을 해 나가는 과정에서 필연적으로 겪는 장애를 통해 사람에 대한 이해가 깊어지고 있다는 느낌을 받았다. 민 팀장 자신은 아는지 모르겠다. 요 몇 주간 코칭을 받는 중에 한층 성숙해 가고 있다는 것을…….

코칭 요약

주제: 「권한 위임」

대안

1. 권한 위임의 구체적 실행 계획 세우기
   - 권한 위임 대상 직원 선정(사전에 팀원의 능력, 자질 파악하기)
   - 권한 위임 대상 업무 선정
   - 위임받은 팀원의 수행 과정에 따른 대처 전략세우기
2. 부하 직원 육성하기
   - 권한 위임을 통한 부하 직원의 육성
   - 수행 결과가 담긴 업무 진행 매뉴얼 작성 및 팀 내 공유

06 하고 싶은 것을 하자

리더십 vs 팔로워십 사례

　조직의 성과를 위해 우리는 리더십을 가장 많이 입에 올린다. 조직의 성과는 조직의 외부 환경보다 내부의 구성원을 이끄는 리더십에 더 영향을 받는다고 생각한다. 리더십을 어떻게 발휘하느냐에 따라 조직원의 동기가 달라질 것이고, 조직원의 동기는 성과 향상과 직결되기 때문일 것이다.

　그런데 이처럼 중요한 리더십의 다른 측면에는 팔로워십이 있다는 것을 종종 놓치는 것 같다. 리더십은 혼자 이루는 것이 아니다. 상대가 있기 마련이다. 리더십의 핵심 개념은 공동의 목표를 달성하는 것과 그 목표를 달성하기 위해 상대에게 미치는 영향력이라고 한다.

　리더십의 영향을 받는 상대는 누구인가? 팔로워들이다. 이들이 리더를 어떻게 바라보고, 어떻게 따라갈지를 정하는 것이 바로 팔로워십이다. 한 사람이 조직에서 리더십을 제대로 발휘하기 위해서는 그 리더십에 따라오는 좋은 팔로워십이 있어야 할 것이다.

　극단적인 예이긴 하지만, 만일 아무리 훌륭한 리더십을 갖추고 있더라도 즉, 다른 조직에서는 좋은 성과를 발휘하는 리더십이라 할지라도 그에 대응한 팔로워십이 형편없다면 리더십을 제대로 발휘할 수 없을 것이다. 마치 바늘과 실처럼 리더십과 팔로워십은 뗄레야 뗄 수 없는 밀접한 관계가 있다.

그리고 조직에서 리더와 팔로워 중 누가 더 많은가? 당연히 팔로워이다. 숫자적으로 많다는 것이 중요성을 판가름하는 잣대가 되지는 않겠지만, 그래도 팔로워의 힘을 무시할 수 없는 근거는 될 것이다. 이런 관점에서 볼 때 리더보다 훨씬 많은 수의 팔로워들이 자신의 리더에게 어떻게 반응하는 것이 좋은지를 아는 것은 매우 중요하다.

신 과장은 팔로워십에 관심이 많았다. 자신의 팀장을 도와 팀의 성과를 내는데 기여하고 싶다고 했다. 그리고 팀장, 부장 등 자신의 윗사람들이 주위에서 평판이 좋은 리더가 되는 데에도 일조하고 싶었다. 윗사람들이 자신을 비롯한 팀원을 이끌어 주었으면 하는, 원하는 리더십의 모형이 있었다. 그러나 가만히 앉아서 윗사람들이 그렇게 변하기를 바라는 것은 쉽지 않을 것 같았다. 그보다는 팔로워이지만 자신의 입장에서 할 수 있는 것이 무엇인지 알고, 그것을 찾아 실천하고자 했다.

하고 싶은 것을 하자 `대안 탐색`

💬 과장님의 관심 사항인 팔로워십이라는 주제는 독특하네요.

그가 내놓은 주제에 대한 나의 첫 반응이었다. 대부분의 사람들은 현재 자신이 가지고 있는 문제를 해결하거나 원하는 것을 달성하기 위한 것을 코칭 주제로 내놓는데 신 과장은 달랐던 것이다. 팀장과 부장 등 자신의 윗사람을 어떻게 도울 것인지에 대해 일차적인 관심이 있다는 것이 인상적이었다.

💬 윗사람이 잘되어야 나도 좋은 것 아닌가요? 만일 윗사람이 엉망으로 부하직원을 대하면 그 결과는 형편없겠죠. 제가 팔로워십에 관심을 갖는 것은 일차적으로는 윗사람을 위하는 것이지만, 결국에는 제 자신을 위하는 길이라고 생각하고 있습니다.

신 과장은 자신이 팔로워십에 관심을 갖는 나름의 이유가 분명했다.

팔로워십을 떠올리면 적극적인 느낌보다는 수동적인 느낌이 든다. 리더가 앞서서 이끄는 것에 그저 저항하지 않고 따라가면 될 것 같다는 생각이 들어서일 것이다. 그런데 신 과장은 지금 이 팔로워십을 자발적으로 실행하고자 했다. 그 안에 내재해 있는 자발성이 충분히 발휘될 수 있도록 코칭 하는 것이 좋겠다는 생각이 들었다.

💬 과장님은 어떤 것을 할 때 가장 신이 나나요?

사람들은 자신이 스스로 결정한 일을 할 때 가장 동기가 강화되고 성과도 크게 낼 수 있다는 '자기 결정 이론'에 이를 수 있도록 질문해 보았다. 내가 원하는 방향으로 잘 굴러갈지는 미지수이지만 일단 생각의 물꼬를 이렇게 텄다.

💬 그냥, 내가 하고 싶은 것이죠.

💬 그렇죠. 과장님이 하고 싶은 것을 할 때 가장 재미있게 일하죠. 그럼 '하고 싶은 것'이라는 말 속에는 어떤 의미들이 담겨 있을까요?

💬 하고 싶은 것에 담겨 있는 의미라? 그런 것까지는 생각해 보지 않았는데요.

💬 그렇죠. 평소에 이런 생각하지 않죠. 그런데 코칭 시간이니까 평소와 달리 한 번 생각해 보라는 것입니다.

질문에 난감해 하면서도 한두 가지 생각들을 표현했다. 남이 시키지 않고 내가 결정한 것, 재미있는 것, 그것을 통해 만족감 또는 성취감을 얻는 것 등이 그가 생각해낸 것들이었다.

💬 지금 과장님이 생각한 것을 이론적으로 뒷받침해 주는 것이 있습니다. 한 번 들어보시겠어요?

전문적 안내를 위한 연결 문장을 말한 뒤 동기 강화에 관한 '자기 결정 이론'(Deci & Ryan)를 간단하게 소개했다. 자기 결정 이론은 인간은 누구나 자율적으로 하고자 하는 욕구가 있다고 보는 이론으로 자율성이 핵심이 된다. 자율성이 어느 정도이냐에 따라 행동이 달라진다는 것이다.

이 이론에 따르면 인간이 역량과 기능을 잘 발휘하려면 자율성, 유능성, 관계성 등 세 가지 심리적 욕구를 충족시켜야 한다고 한다. 이것은 태어나면서부터 가지고 있는 보편적 특성이다.

자율성 욕구는 외부 통제, 간섭 없이 스스로 행동을 자율적으로 선택, 결정하는 것이고, 유능성 욕구는 과제를 효과적으로 통제하며 성공적으로 수행하는 능력에 대한 것이며, 관계성 욕구는 의미 있는 타자와 관계를 맺고자 하는 것이다.

💬 과장님께서 찾아낸 '하고 싶은 것'의 의미와 '자기 결정 이론'을 어떻게 연결해 볼 수 있을까요?

찾아낸 의미에 이론적 근거가 뒷받침된다면 보다 확실한 동기 강화가 될 수 있겠다는 기대를 가지고 질문한 것이었다.

💬 내가 스스로 결정하는 것이라는 것은 자율성의 욕구와 바로 연결되고, 성취감은 유능성의 욕구와 연결되네요. 다만 관계성은 없네요. 그래도 제가 찾아낸 것이 이론과 연결된다는 것이 신기합니다. 내가 하고 싶은 것을 할 때 왜 가장 신이 나고, 결과도 좋은지 이유를 알 것 같습니다.

자율성 욕구를 충족시키는 방안은

💬 그럼, 이번에는 지금 찾아낸 그 세 가지 의미의 관점에서 팔로워십의 대안을 찾아보면 어떨까요? 이렇게 한다면 그 팔로워십의 대안은 팀장님이 하고 싶은 것이 되어 재미있게 할 수 있고, 성과도 낼 수 있을 것입니다.

이 제안에 신 과장은 흡족해하였다.

💬 먼저 자율성 욕구와 연결된 방안에는 어떤 것들이 있을까요?

코칭의 기본 전제는 피코치가 원하는 것을 스스로 선택하게 한다. 그러므로 굳이 자율성을 언급하지 않는다 할지라도 자율성의 욕구는 채워지는 방향으로 진행한다. 하지만 시작 단계부터 앞으로 자신이 실행할 대안을 자율성과 연결된 것을 찾는다면 이론적으로 뒷받침이 되어 실행력이 더 높아질지도 모른다.

구체적으로 먼저 팔로워십을 증진하기 위해 기존의 하고 있는 것 중에서 더 증가시킬 행동을 찾아보기로 했다. 신 과장은 윗사람의 말을 듣는 것, 자신의 의견 부드럽게 말하기, 유머를 사용하여 밝은 분위기 만들기 등은 이미 하고 있다고 했다. 이것을 위의 질문 프레임에 맞추어 증가시킬 부분이 무엇인지 찾는 것이 첫 번째 대안이 될 수 있다.

💬 윗사람 말을 듣는 것에 더욱 추가해야 할 부분이 있다면 무엇이 있을까요?

그는 단지 말만 듣는 것이 아니라, 수용하고 이해하는 자세를 추가하면 좋겠다고 했다.

💬 같은 방법으로 의견 부드럽게 말하기에는 무엇이 추가되면 더 좋을까요?

여기에는 상대의 감정을 상하지 않고 내 의견을 전달하는 어떤 스킬, 또는 제시한 의견에 대한 보다 설득력 있는 근거 등을 덧붙일 수 있다면 좋겠다고 했다. 유머를 사용하는 것에는 앞뒤 맥락을 살펴서 눈치 있게 사용하기를 추가했다. 그러면서 자신은 좋은 의도를 가지고 사용했던 유머가 본의 아니게 오해를 불러일으킨 적도 있었다고 했다. 가능한 공적인 자리에서는 유머 사용을 절제하고 사적인 자리에서 사용하기로 했고, 유머를 대하는 상대의 성향과 그때그때의 분위기를 살펴서 적절하게 활용하기로 했다.

유능성 욕구를 충족시키는 방안은

다음에는 유능성과 연결된 방안을 찾을 차례였다. 유능성 욕구를 충족시키기 위해서는 약간 도전적인 과제를 찾는 것이 필요했다.

💬 팔로워십 증진을 위해 무엇을 새롭게 시작해 볼 수 있을까요?

라는 질문을 던졌다.

지금까지 실천해 보지 않았지만, 약간 도전적인 과제로 신 과장은 '윗사람을 칭찬하기'를 생각해 냈다. 칭찬은 윗사람이 아랫사람에게 하는 것이 당연하다는 것에서 벗어나 자신도 해보고 싶다고 했다. 칭찬은 지위고하를 막론하고 좋아할 것이라는 믿음이 있었다. 다만, 아랫사람의 입장에서 칭찬을 하는 만큼 신중하게 접근할 필요가 있었다. 구체적인 사실에 입각한 칭찬, 너무 과하지 않은 칭찬, 진실함이 묻어난 칭찬을 하여 자칫 자신의 칭찬이 아부로 비쳐지지 않도록 하는 것이 중요했다. 괜찮은 방법이라고 생각되었다. 윗사람 칭찬하기를 지금 생각한 방법대로 할 수만 있다면 팔로워십 증진과 함께 신 과장 스스로 '하니까 된다'는 유능성의 욕구도 채워질 것이다.

💬 한 가지만 더 찾아본다면 또 뭐가 있을까요?

긍정적인 사고 확산이 일어나고 있는 시점에 조금 더 나갈 수 있도록 밀어 보았다. 한참을 생각한 끝에 그는 '자신의 팔로워십을 점검해 보기'를 방안으로 내세웠다. 이 방안을 실행하기 위해서는 정리해 두어야 할 부분이 있었다. 먼저 점검할 팔로워십을 무엇으로 볼 것인지에 관한 것과, 어떻게 점검할 것인지에 대한 것이었다.

💬 과장님이 생각한 방안을 실천하기 위해서는 먼저 점검해야 할 팔로워십이 무엇인지에 대한 정의가 있어야 할 것 같습니다. 팔로워십이 무엇이라고 생각하고 있는지요?

💬 팔로워십은 그냥 리더십에 맞추어 따라가는 것이 아닌가요?

질문에 대한 그의 답변이었다.

💬 팔로워십에는 크게 공헌력과 비판력이 있습니다. 리더의 지시나 조직의 결정을 받아들여 수행하는 의식이나 행동은 공헌력이고, 리더의 지시나 조직의 결정 사항을 자기 나름대로 이해한 뒤 필요하다고 생각되면 의견을 말하거나 대안을 제시하는 것을 비판력이라고 합니다. 팔로워십은 이 두 가지 요소가 적절하게 균형을 맞추어 나갈 때 제대로 발휘된다고 할 수 있을 것입니다.

라고 간단하게 설명하였다.

💬 저의 공헌력과 비판력이 어떤지를 점검하면 되겠네요.

💬 네, 그렇습니다. 다음에는 이것을 어떻게 점검할 것인지만 생각하면 곧바로 실천할 수 있겠습니다.

자기 점검과 타인에게서 피드백 받아보기를 생각해 냈다. 자기 점검은 스스로 자신을 살펴보는 것이므로 하고자 하는 의지만 있다면 별 어려움 없이 실행할 수 있을 것이다. 그런데 타인에게서 피드백을 받기로 한 것은 누군가가 동원되어야 가능하다. 그래서 한 번 더 질문했다.

💬 여기서 타인이라고 하는 것은 누구를 염두에 두고 하는 것입니까?

코칭은 이토록 철저히 점검한다. 왜냐하면 피코치가 생각한 대안이 탁상공론으로 그치지 않고 현장에서 실행되려면 예상되는 장애물을 다 치워 주어야 하기 때문이다. 이렇게 눈에 보이는 장애물을 모두 걷어 내도 예상치 않은 일이 발행하여 실행하지 못하는 경우가 상당하다.

💬 윗사람에게 저의 팔로워십에 대한 피드백을 받는 것이 가장 확실하겠지만, 그것이 어려울 것이므로 처음에는 가볍게 입사 동기들에게 물어보는 것부터 시작하겠습니다.

아무리 입사 동기생이 허물없고 친하다고 해서 뜬금없이 자신의 팔로워십에 대해 어떻게 보느냐고 물어보면 난감해 할 것이다. 그러므로 사전에 언질을 주고, 자신의 행동 중 어떤 것을 주로 보았으면 좋은지 등을 설명하기로 했다.

관계성 욕구를 충족시키는 방안은

이제 마지막으로 관계성 욕구와 연결된 방안을 찾으면 자기 결정에 입각한 팔로워십 대안은 완성되었다. 여기서 관계성 욕구는 의미 있는 타자와 관계를 맺고 싶은 욕구이다. 신 과장이 팔로워십을 발휘하고자 하는 대상이 바로 자신의 팀장이고 부장이다. 어쩌면 이미 의미 있는 타자로 연결되어 있는 것이다. 만일 그 사람들이 일회성으로 만났다가 헤어지는 사람이라면 그가 잘되기를 바라는 마음도 일어나지 않을 것이다. 관계가 이미 형성되어 있으므로 좋은 리더와 팔로워로서 연결되고 싶은 욕구가 있는 것이다.

팔로워십을 증진하기 위한 구체적인 방법을 찾은 셈이었다. 신 과장과 나는(피코치와 코치) 대안 찾기는 이쯤에서 종결하고, 찾은 방법을 실행해 나가는데 도움이 되는 자세나 태도에 대해 더 생각해 보기로 했다. 일종의 팔로워십의 한계일 수도 있을 것이다.

'할 수 있는 것과 없는 것을 구분하고, 할 수 있는 것에 집중하기'로 한 것이 가장 큰 소득이었다. 조직의 의사 결정권은 조직의 리더에게 있다. 팀에서 의사 결정은 팀장이 하고, 부서에서 의사 결정은 부장이 한다. 팔로워에게는 어쨌든 의사 결정권이 없다. 그러므로 의사 결정권이 없다는 현실을 인식하고 최종 결정은 리더에게 맡기는 자세가 필요했다. 다만 이 과정에서 헌신력과 비판력을 충분히 발휘하여 자신의 리더가 좀 더 올바른 결정을 할 수 있도록 돕는 것이다.

목표를 가능한 작게 잡아 실천하기로 한 것도 좋았다. 리더의 변화는 조직에 미치는 영향이 크다. 리더가 차지하는 위치와 파워가 있기 때문이다. 그러나 팔로워가 조직이나 리더에 미치는 영향은 작다. 자신 한 사람의 변화에 그칠지도 모른다. 현실적으로 인정할 수밖에 없는 제약 조건인 것이다. 그래서 실천하는 단계에 이 같은 현실 조건을 인식하고 목표를 될수록 작게 잡기로 했다.

도전적인 과제 실천에서 배운 것은 `실행 결과 및 피드백`

신 과장이 달성하기를 원하는 팔로워십 증진 방안은 자율성, 유능성, 관계성 등 세 가지 기본적인 심리 욕구에 근거하여 찾아보았다. 그런 만큼 어떻게 실행했는지 그 결과가 궁금하였다.

　자율성의 관점에서 찾아본 '수용하고 이해하는 자세로 윗사람의 말 듣기', '자신의 의견 부드럽게 말하기(말하기 스킬과 설득력 있는 근거 덧붙이기)', '상대와 분위기를 살펴서 유머 활용하기' 등은 기존에 해오던 것에 약간의 스킬과 태도를 추가한 것으로 별다른 어려움 없이 실천하였다.

　유능성의 관점에서 찾아본 '윗사람 칭찬하기'의 실행이 관건이었다. 평소에 해보지 않았던 행동이었고, 평소 능력보다 높게 잡은 도전적 방안이었다. 신 과장은 "역시 새로운 것을 처음 시도하는 것은 쉽지 않았다."고 했다. 코치로서 그의 실행 소감에 공감하면서, 그래도 시도한 것에 의미를 두고 칭찬과 격려를 아끼지 않았다.

💬 직접 실천해 봄으로써 얻는 것이 있다면 무엇이 있나요?

　경험에서 배운 것이 최고의 학습이기에 스스로 무엇을 배웠는지 정리할 기회를 주었다. 그는 칭찬 거리가 분명하지 않으면 하지 말아야겠다는 것, 칭찬할 말을 어설피 준비하는 것이 아니라 확실하게 준비하고 연습하는 것, 장황하게 말할 것이 아니라 간단하게 가능한 한 문장으로 하는 것이 좋다는 것 등을 이야기했다. 신 과장이 자신이 직접 칭찬을 해봤으나 잘 되지 않는 사례를 통해 제법 많은 것을 배웠다. 이것이 실천이 우리에게 주는 유익인 것이다. 잘한 실천 사례에서는 성공의 경험이, 잘못한 실천 사례에서는 학습의 기회가 생긴다.

💬 벌써 칭찬 전문가가 된 것 같습니다. 그럼 이렇게 잘 안된 경험에서 느낀 것을 토대로 다음에는 어떻게 하실 생각인가요?

　배운 원리를 적용하여 미래 자신의 행동을 보정할 수 있는 질문을 하는 것으로 피드백을 마무리했다.

코칭 요약

주제:「팔로워십」

대안

1. 팔로워십을 이루고자 하는 것을 이론적 근거로 강화해 주기
    - 자기 결정 이론 활용(하고 싶은 일을 하자)
2. 자율성 욕구를 충족시키는 대안 탐색
    - 윗사람 말 듣기에 수용, 이해 자세 추가하기
    - 말하기에 상대 감정 상하지 않게 전달하는 법 등을 추가하기
3. 유능성 욕구를 충족시키는 대안 탐색
    - 윗사람 칭찬하기
    - 자신의 팔로워십 점검하기
4. 관계성 욕구를 충족시키는 대안 탐색
    - 의미 있는 관계를 의식하면서 지속적으로 실천하기

참고 이론(문헌)

자기 결정 이론
- 자기 결정 이론에 따르면 기본적이고 보편적인 심리적 욕구 세 가지는 자율성(autonomy), 유능성(competence), 관계성(relatedness)이다. (Deci & Ryan)
- 자율성: 반드시 해야만 한다는 식으로 압박받거나 강요당하지 않는 대신에 무엇을 추구해야 할지 자유롭게 선택할 수 있다고 느껴야 함.
- 유능성: 너무 쉽지도 또 너무 어렵지도 않은 과제를 추구하고 통달함으로써 유능성을 느끼고 싶어함.
- 관계성: 또래나 상사와 같이 주위의 사람들과 의미 있는 관계를 맺고자 하는 욕구가 있음.

『성격 심리학』, Marianne Miserandino, 시그마프레스, 278p 참조

팔로워십
- 리더십에 반대되는 말로서 추종자 정신, 추종력 등을 가리킨다. 즉 조직 구성원이 사회적 역할과 조직 목적 달성에 필요한 역량을 구비하고, 조직의 권위와 규범에 따라 주어진 과업과 임무를 달성하기 위하여 바람직한 자세와 역할을 하는 제반 활동 과정을 의미한다.
- 공헌력: 리더의 지시나 조직의 결정을 받아들여 수행하는 의식이나 행동
- 비판력: 리더의 지시나 조직의 결정 사항을 자기 나름대로 이해한 뒤 필요하다고 생각되면 의견을 말하거나 대안을 제시하는 의식과 행동

『조직을 성공으로 이끄는 리더십 & 팔로워십』, 요시다 덴세, 멘토르, 111p 참조

2장

누구나
소통하면 풀린다
커뮤니케이션 및 대인 관계

01 필요한 것을 찾아 보완하자

팀원과 의사소통이 안돼요 `사례`

코칭 룸에 들어오는 조 팀장의 인상은 부드러워 보였다. 얼굴선은 각이 나지 않고 동그랬으며, 잔잔한 웃음기를 띠고 있었다. 말의 빠르기나 목소리 톤도 적당했다. 입고 있는 옷의 색상도(물론 대부분의 직장인이 그렇지만) 진한 회색빛이 감도는 싱글 정장이었다. 메모할 수첩을 펼쳐 놓고 손에 필기구를 들고서, 마치 '무슨 말이든 하십시오. 저는 기록할 준비가 되어 있습니다.'하는 자세로 앉아 있었다. 한마디로 머리부터 발끝까지 성실한 '모범생' 스타일이었다.

문득 어디 하나 거리낄게 없어 보이는 이 팀장이 겪는 문제는 무엇일지 궁금해졌다. 흔히 겉으로 완벽해 보이는 사람일수록 내면에 쌓아놓은 억압이 많을 수 있는데, 혹 그런 문제일까? 아니면 지금 외면의 모습처럼 대체적으로 잘하고 있는데, 더 큰 목표를 이루고 싶은 것일까? 이런저런 생각을 하고 있는데, 조 팀장이 꺼낸 이슈는 의외의 것이었다.

조 팀장은 팀원과 말이 통하지 않는다고 하소연했다. 조 팀장이 맡고 있는 팀의 구성 인원은 다양했다. 성별, 연령, 직급, 출신지, 학력 등 실로 다양한 직원이 함께 섞여 있었다. 이중에서도 특히 젊은 직원과의 의사소통이 쉽지 않다고 했다. 딴에는 업무 수행 과정에서 팀원을 차별하지 않고 동등하게 대하려 노력하고 있었다. 업무 분장, 팀 내 회의, 업무 결과 보고 및 피드백 등 모든 상황에서 각별한 주의를 기울이고 있었다. 그럼에도 불구하고 원활한 의사소통이 이루어지지 않고 있어서 답답하다고 했다.

💬 요즘 젊은 사람들의 생각은 저희 같은 연배들의 생각과 참 많이 다른 것 같습니다.

라고 했다. 점심을 먹자고 해도, "선약이 있다, 다른 할 일이 있다."고 하면서 팀장과 잘 먹지 않으려고 한다고 했다.

💬 우리가 신입이었을 때는 팀장이 점심하자고 하면, 선약이 있어도 그리 중요한 것이 아니면 취소하고 따라갈 정도였는데...

하면서 말끝을 흐렸다.

팀원들 모두와 시원스럽게 말이 통하는 관계를 만들고 싶은 마음은 굴뚝같은데, 바람처럼 되지 않는다고 했다. "제가 의사소통의 스킬이 없어서 그런지, 제가 팀을 이끌고 가려는 방향이 틀려서 그런 것인지 잘 모르겠습니다."라면서 의사소통의 어려움을 호소했다.

내게 정말 필요한 것은 무엇인가 　대안 탐색

조 팀장이 겪고 있는 커뮤니케이션 문제는 조직에서 일해 본 사람이라면 누구나 겪는 문제다. 정도의 차이는 있을지언정 어느 조직, 어느 부서에서나 있는 것이라고 여겨진다.

커뮤니케이션에 관한한 만족한 수준은 과연 어디일까 싶다. 부족하면 채우고 싶고, 잘하고 있어도 더 향상된 수준을 원하는 것이 커뮤니케이션일 것이다. 어쩌면 사람과 사람 사이의 완전한 소통은 원하기는 하나 이루어질 수 없는 하나의 이상일지도 모른다. 왜냐면 내가 완전히 타인이 될 수 없고, 타인 또한 내가 될 수 없기 때문이다. 그러므로 우리가 흔히 말하는 '역지사지' 입장에서 생각하고 이해한다는 것도 그 수준에 도달하려고 노력하는 것일 뿐 애초부터 완전히 도달하기는 어려운 것일지도 모른다. 그렇다고 원활한 의사소통을 위해 노력도 하기 전에 김을 뺄 생각은 전혀 없다. 언제나 노력은 아름다운 것이며, 이렇게 시도함으로 인해 의사소통 수준을 향상해 나갈 수 있기 때문이다.

자신에게 가장 적절한 맞춤형 대안을 찾기 위해서는 현재 자신의 상황을 객관적으로 보는 것이 필요하다. 앞서 개괄적으로 말한 커뮤니케이션에 대한 구체적인 모습을 얘기해 보도록 요청했다. 그러자 그는 역시 젊은 팀원들과의 소통의 애로 사항에 대해 먼저 얘기했다.

💬 요즘 젊은 직원들에게는 어떻게 이야기해야 할지 잘 모르겠습니다. 모든 팀원들에게 똑같이 이야기하는데도 뭔가 채워지지 않아서 부족한 느낌입니다.

그러면서 그는 예전에는 윗사람이 일단 이야기하면 받아들이고 보는 입장이었는데 이제는 그렇지 않다고 했다. 살아온 시대가 달라서 그런지 벌써 구세대가 된 느낌이라고 했다. 게다가 본인의 내성적 성향까지 의사소통의 한계를 짓는 데 한몫했다.

💬 팀장님은 사랑하는데 기술과 마음 중 어느 것이 중요하다고 생각하세요?

조금은 뜬금없는 질문을 던졌다.

💬 기술과 마음이라, 글쎄요 기술과 마음 다 중요한 것 아닌가요?

역시 공부 잘한 모범생다운 대답을 했다.

정설은 아니지만 지금까지 겪어온 경험을 바탕으로 나름 정리해 본다면 다음과 같이 할 수 있을 것이다. 사랑이든, 의사소통이든, 눈에 보이지 않는 어떤 것을 상대에게 전하는 데에는 마음이 중요하다. 하고자 하는 진정성이 있어야 상대에게 전달될 수 있기 때문이다. 그런데 또 이런 진정성만 가지고 있다고 해도 충분하지 못하다. 자신은 마음을 다해서 사랑을 표현한다고 하는데 상대는 이것을 사랑으로 받아들이지 못한다면 허사가 되고 만다. 진정한 마음에 사랑을 표현하는 스킬이 접목되면 그제야 비로소 사랑의 마음이 전해질 것이다. 그러므로 '사랑(또는 의사소통) = 진정한 마음 + 제대로 된 스킬'이라는 공식이 성립된다고 본다.

💬 팀장님은 이런 관점에서 볼 때 무엇이 더 필요하다고 보세요. 마음인가요, 아니면 스킬인가요?

💬 저는 스킬이 필요하다고 생각합니다.

지금보다 더 향상된 팀원과의 의사소통을 위해 무엇을 필요로 하는 지가 좀 더 분명해졌다. 커뮤니케이션 스킬이었다. 조 팀장과 달리 때로는 소통하려고 하는 마음을 끌어올리는 데 주력해야할 경우도 있다. 예를 들어 팀원들의 행태가 보기가 싫어서 말하고 싶지 않는 상태라든지, 어떤 팀원과 감정적으로 틀어져서 대화를 꺼리는 상황 등은 여기에 해당할 것이다.

여기까지 코칭 대화에서 얻은 결론은 '젊은 직원과의 원활한 커뮤니케이션을 위한 스킬이 필요하다'는 것이었다. 객관적이고 구체적인 현실 인식이 되었으니, 이제 대안을 찾을 차례다.

커뮤니케이션에 필요한 스킬 : 듣기

스킬을 원하고 있으니, 피코치가 스스로 대안을 찾아가도록 하는 것(코칭의 일반적인 과정)보다는 코치가 '전문적 안내' 형식으로 먼저 소개하고 그 중에 하나를 선택하여 실행토록 하는 것이 좋을 것 같았다.

커뮤니케이션 과정을 간단히 분석하면 '듣기'와 '말하기'로 이루어져 있다. 잘 듣고, 정확히 말할 수만 있다면 커뮤니케이션은 어렵지 않다. 그런데 이것이 생각처럼 잘 되지 않는다. 그래서 커뮤니케이션 어렵다. 먼저 '듣기'에 대해 생각해 보자. 모든 커뮤니케이션의 기본이 되는 듣기가 생각만큼 쉽지 않다. 잘 들어야 상대의 생각을 알 수 있을 텐데 그렇지 못하다. 잘 듣지 못하는 이유는 듣는 동안에 우리는 딴 생각을 하기 때문이다. 온전히 지금 내 앞에서 말하는 사람의 말을 따라 가지 못한다. 마치 자신의 마음을 백지로 만들고 상대에게 펜을 주어 글을 쓰게 하는 것처럼 받아들이려고 노력한다면 딴 생각을 내려놓는 데에 도움이 될 것이다.

그런데 대부분은 백지가 아닌, 이미 그림이 그려져 있고 글이 쓰여 있는 종이를 내민다. 지금까지 자신이 살아오면서 경험한 것과 여기저기서 배우고 들은 것이 있다. 그래서 상대의 말을 들으면 자신의 경험이나 생각과 비교하고 해석하게 된다. 맞으면 고개가 끄덕여지고, 만일 틀리다면 어떻게든 말을 끊고 들어가서 바로 잡아주고 싶다는 생각이 든다.

여기에는 또 말하는 속도와 생각하는 속도의 차이가 있어서 발생한다고 설명하는 학자도 있다. 대체로 사람들은 1분에 약 100단어 정도의 속도로 말하는데 비해, 생각은 5~6배가 많은 500~600단어의 속도로 돌아간다고 한다. 생각이 훨씬 빨리 돌아가므로 먼저 생각하고 판단한다는 것이다. 온전히 듣기만 하는 것이 아니라 듣는 중에도 우리 머릿속에서는 끊임없이 딴 생각을 한다는 것이다. 잘 듣기 위해서는 이렇게 딴 생각을 하지 않는 것이 필요하다. 이론적으로 가능하지만 실제로 딴 생각을 하지 않고 온전히 집중해서 듣기란 정말 어렵다. 만일 누군가 이런 경지에 이른다면 그는 듣기의 달인 수준을 넘어 성인 수준에 이른 사람일 것이다.

그렇다고 방법이 없는 것은 아니다. 어려운 만큼 시도해 볼만한 가치가 있지 않겠는가 하는 일종의 도전 의욕도 생긴다. 쉼 없이 떠오르는 딴 생각들(비교, 판단, 해석, 검증과 같은)을 괄호로 묶는 작업을 하라는 것이다. 완전히 백지로 만들 수 없으니까, 그 생각에 지배당하지 않고 괄호로 묶여서 유보하거나 흘려 보내 버리라는 뜻으로 해석된다. 그러면 지금 내 앞에 있는 사람의 말에 나의 생각이 좀 더 가까이 다가갈 수 있을 것이다.

이렇게 잘 들은 다음에는 들은 내용을 자신의 입으로 표현해 주는 것이 필요하다. 일종의 적극적 경청인 셈이다. 우리는 흔히 듣기(경청)하면 그냥 귀로만 듣는 것이 전부인 것으로 아는데 그렇지 않다. 귀를 사용하는 것은 일차적인 것이고 귀 이외에 눈과 입 등 몸 전체가 듣는 도구로 사용된다. 상대가 말할 때 눈을 맞추는 것도 빼 놓을 수 없는 경청 기법 중의 하나이다. 눈을 보지 않으면 집중하기가 쉽지 않다.

이제 막 연애 감정이 싹튼 남녀를 상상해 보라. 시종일관 서로의 눈을 쳐다보면서 말한다. 그만큼 연인의 마음을 놓치지 않겠다는 무언의 표현이다. 그런데 세월이 흘러 사랑의 감정이 식으면(꼭 그렇지는 않겠지만) 자신도 모르게 상대의 눈을 보지 않은 채 말하게 된다. 듣는데 입을 사용하는 것도 마찬가지다. 잘 듣고 있으면 저절로 입에서 맞장구가 나온다. '아하, 정말, 진짜, 그랬구나.' 등과 같은 말들이 나오기 마련이다.

적극적 경청은 여기서 이야기한 간단한 맞장구를 넘어서 상대의 말을 자신이 다시 표현해 주는 것을 말한다. 경청을 제대로 하고자 하는 의지와 다시 표현해 주는 스킬이 필요한 대목이다.

'반영적 경청 반응을 할 때는 말하는 사람이 의미하는 것을 추측하게 되는데 이것이 반응의 핵심이다. 사람은 말하기 전에 상대에게 전달하고자 하는 어떤 의미를 가지고 있다. 이 의미는 말이라는 것으로 부호화되어 표현되지만 보통 불완전하게 표현된다. 사람들은 자기들이 가지고 있는 의미를 말 속에 항상 다 담아내지 못한다. 듣는 사람은 표현된 말을 정확하게 듣고 그 말 속에 담겨있는 의미를 해독해야 한다. 이것은 의사소통이 잘못될 수 있는 세 단계, 즉 부호화 단계, 듣기 단계, 해독 단계가 있음을 의미한다. 반영적 경청자는 말하는 사람이 의도했던 본래의 의미가 무엇인가를 합리적으로 추측하고 이렇게 추측한 것을 진술문 형태로 말하는 것이다.' 『동기강화 상담』, 신성만 역, 시그마프레스 발간, 96p 참조]라고 설명하고 있다.

여기서 핵심은 두 가지다. 듣는 사람이 말하는 사람의 말하고자 하는 의미를 추측해 본다는 것과 추측한 것을 진술문 형태로 만들어 표현한다는 것이다. 지금 상대가 불편함에 대해 말하는 것으로 추측된다면(이것은 맞을 수도 있고, 틀릴 수도 있다.), "불편함을 느끼시는 군요(진술문)."라고 말하는 것이다. 만일 외로워 보인다면, "외로움을 타는 군요."라고 말하면 된다. 이런 반영적 경청은 훈련이 필요하다.

사람들의 말의 의미가 무엇인지 추측해 보는 훈련, 추측한 것을 주저하지 않고 표현해 보는 훈련이 필요하다. 좀 더 세련된 반영은 상대가 사용한 말과 의미가 비슷한 새로운 단어를 대신하여 사용하거나 아니면 상대가 말하지 않는 의미까지도 추측해 내는 것이다. 이렇게 할 수만 있다면, 상대는 아마도 '어쩌면 이렇게 내 말을 잘 알아들을 수가 있나, 나보다 내 마음을 더 잘 아는 것 같다'는 감탄을 할지도 모른다. 반영적 경청이 상대에게 주는 최고의 효과일 것이다.

반영적 경청에서 정서를 반영할 때는 낮은 강도로 표현하는 것이 안전하다고 한다. 예를 들어 상대가 "다른 부서 직원이 우리 팀의 잘못을 이야기하면 그냥 싫어요."라는 말에 대한 반영으로 "타 부서 직원 때문에 [정말 화가] 나셨군요."라고 하는 것과 "그 직원 때문에 [약간 속이] 상했군요."라고 반영하는 경우로 나눌 수 있다. 전자는 높은 강도로 반영해 준 것이고, 후자는 낮은 강도로 표현한 것이다. 부정적인 감정을 높은 강도로 반영해주면, 상대도 자칫 정말 내가 그렇게 되었나 하는 생각에 빠질 수 있다. 그러므로 대체로 부정적인 감정일 때는 수준을 낮추어서 반영하는 것이 좋다. 반대로 긍정적인 감정일 때는 때때로 높은 강도로 반영하는 것이 그 긍정 감정의 효과를 지속하게 하는데 도움이 될 것이다.

조 팀장이 의사소통에 어려움을 겪고 있는 대상인 젊은 직원과 다른 여타 직원에 대한 커뮤니케이션은 별도의 구분이 필요하지 않았다. 모두 반영적 경청의 올바른 실천으로 대화의 물꼬를 틀 수 있었다. 내용보다는 감정에 대한 반영이 필요한 대상으로 여겨졌다.

💬 커뮤니케이션의 기본인 경청, 그중에서도 가장 일반적인 반영적 경청에 대한 스킬에 대해 설명했습니다. 설명을 듣고 나니 어떤 생각이 드시나요?

선택과 결정권을 피코치에게 양보하는 질문을 했다.

💬 상대의 말을 잘 듣는다는 것에 대해 새삼 다시 생각해 보게 되었습니다. 듣는 것은 그냥 들으면 되었지 하고 지나쳤는데, 잘 듣는다는 것이 정말 어렵구나 하는 생각이 들었고, 잘 듣기 위해 제가 노력을 많이 해야 되겠다는 생각도 들었습니다.

하면서 구체적인 실행 계획을 내 놓았다. 그의 계획은 '팀원과 대화할 때 자신의 생각 내려놓기, 상대와 눈 맞추기, 1회 이상 반영적 경청하기'였다.

절반의 성공을 이룬 경청 실행 결과 및 피드백

조 팀장의 반영적 경청의 실행 결과는 절반의 성공이었다. 입을 사용하여 적극적으로 맞장구를 치는 것은 실천했는데, 대화할 때 자신의 생각을 내려놓은 것은 실천하지 못했다. 상대와 눈을 맞추기로 한 것도 하는 도중 어색하여 시도하다가 그만 두었다고 한다.

먼저 그래도 당초 계획대로 실천을 해낸 맞장구치면서 반영적으로 경청한 것에 대해 자세하게 이야기할 기회를 주었다. 그랬더니 그는 '마치 게임하듯이 재미있게' 할 수 있었다고 한다. 듣고 말하는 것이 탁구를 치듯이 공을 주고받는 게임이라는 생각이 들었다고 한다. 그러면서 상대가 내게 주는 공을 받은 다음 상대가 잘 칠 수 있도록 좋은 상태로 주면, 주고받는 랠리가 계속 된다는 것을 느꼈다고 한다. 그런데 상대나 내가 아주 강하게 치면 포인트는 딸 수는 있지만 그것으로 게임이 끝나 버리는 것과 같이, 대화에서도 상대를 압도하는 말을 하면 상대는 입을 닫아 버린다는 것이었다.

💬 대화를 탁구에 비유하고, 상대가 잘 받아 칠 수 있도록 공을 넘겨주듯이 좋은 반영적 경청을 한다는 것이 매우 인상적입니다. 그런데 주고받는 이 탁구식 대화에서 더욱 발전된 대화 모습을 생각해 본다면 무엇이 있을까요?

조 팀장이 스스로의 실천을 통해 깨달은 것을 바탕으로 한 번 더 도약할 수 있도록 질문을 던져 보았다.

💬 글쎄요. 뭐가 있지요? 저는 탁구식 대화가 최선이라고 생각했는데, 이것을 뛰어넘는 대화가 무엇인지 잘 모르겠습니다.

고 대답했다.

대화를 통해서 이루려고 하는 것이 무엇인지를 생각해보면 보일 수도 있을 것이라고 부연 설명했다. 즉, 대화를 나누는 목적이 상대와 관계 형성이라면 주고받는 탁구식 대화가 제격일 것이다. 랠리가 길어질수록 탁구가 재미있듯이 대화가 많이 오갈수록 친밀감이 깊어지기 때문일 것이다. 그런데 관점을 달리해서 목적이 문제 해결에 있다면 어떻게 하는 것이 좋을까? '주고받는' 것 보다는 그 문제를 '함께 바라보는'것이 필요할 것이다. 함께 머리를 맞대고 들여다 보아야 문제를 풀 가능성이 높아지기 때문이다. 마치 큰 공을 함께 굴리는 것과 같이 상대와 내가 같은 방향을 보고 나아가는 것이다.

상대의 말을 잘 듣고, 자신이 이해한 상태를 표현해서 되돌려 주는 반영적 경청은 바로 함께 공을 굴려서 앞으로 가게 하는 것이다. 이왕에 게임하듯이 재미를 느끼면서 대화할 때 탁구가 아니라 함께 공을 굴리듯이 해 보면 더 좋겠다는 피드백으로 마무리 지었다.

코칭 요약

주제: 「팀원과의 커뮤니케이션」

대안

1. 원활한 커뮤니케이션을 위해 내게 필요한 것 찾기
   - 하고자 하는 의지 또는 할 수 있는 능력
2. 듣기, 반영적 경청에 대한 전문적 안내
   - 잘 듣지 못하는 이유에 대한 이론적 이해
   - 반영적 경청의 활용 방법
3. 반영적 경청을 위한 구체적 행동 대안
   - 자신의 생각 내려놓고 듣기
   - 상대와 시선 맞추기
   - 1회 이상 적극적으로 반영적 경청하기

참고 이론(문헌)

반영적 경청
- 반영적 경청의 중요점은 내담자가 한 말에 대해 상담자가 어떻게 반응하느냐에 달려 있음.
- 반영적 경청자는 말하는 사람이 의도했던 본래의 의미가 무엇인가를 합리적으로 추측하고 이렇게 추측한 것을 진술문의 형태로 말을 하는 것
- 반영적 경청을 통하여 내담자가 탐색을 할 수 있도록 도와주기 위해서는 내담자가 말한 것보다는 약간 강도를 낮추어서 표현
- 상담자는 내담자가 한 말 중에서 무엇을 반영하고 무엇을 무시하며, 무엇을 강조하고 무엇을 덜 강조해야 하는지, 또 의미 포착을 위해 어떤 단어를 사용할 것인지를 적극적으로 결정

『동기 강화 상담』, William R. Miller, Stephen Rollnick, 시그마프레스, 93p~101p 참조

02 변화는 나부터 시작하자

상사와 소통이 잘 안돼요 `사례`

　조직에서 발생하는 커뮤니케이션 문제는 대체로 부하 직원과의 소통 부재가 대부분이다. 상사와의 소통은 비교적 적다. 그러나 양적으로 적지만 소통이 잘 이루어지지 않는다면 질적인 측면에서의 영향은 더 클 때가 많다. 상사는 부하 직원과 커뮤니케이션에 애로 사항을 느낄 때면, 어떻게든 그것을 해결하려고 노력한다. 상위 직급에 있는 사람이 노력하면 그렇지 않은 경우에 비해 해결될 가능성이 높다. 반대로 아랫사람이 상사와 소통이 잘 안될 경우에 아랫사람의 노력으로 문제를 해결하기는 쉽지 않다. 대화 자리를 가질 기회가 부족하고, 막상 기회가 주어진다 해도 마음을 연 대화를 나눌 용기가 일어나지 않을 수 있다. 그래서 마음에 들지 않지만 상사와 소통이 원만하지 않은 현실을 있는 그대로 수동적으로 수용하는 경우가 허다하다.

　강 팀장은 일반적인 이런 경우와 달랐다. 상사와의 커뮤니케이션이 원활하지 못한 현재 모습을 그대로 방치하는 것이 아니라 어떻게든 개선하고 싶어 했다. 상사의 기질이 원래 공격적이고 자신의 말만 앞세우는 사람이니까 그러하겠지, 그리고 윗사람이니까 당연히 그 정도의 질책은 할 수 있겠지 하는 소극적인 생각에서 벗어나고 싶어 했다.

　이를테면 힘이 약한 자녀가 힘센 부모에 대해 저항하는 방법인 이른바

'수동 공격적' 방식을 사용하는 것은 적절하지 않다고 생각했다. 여기에 언급한 수동 공격적이란 말을 이해하기 위해서는 수동 공격성 인격 장애를 먼저 알 필요가 있다. '수동 공격성 인격 장애는 자주 적대감과 공격심을 느끼면서도 감정을 직접적으로 표현하지 못하는 대신에 고의적으로 꾸물꾸물 지연시키거나, 계획적으로 비능률적이거나 무기력하고, 게으름을 피우면서 수동적·소극적인 방법으로 자신의 공격성을 나타내는 것'이라고 설명하고 있다.

인격 장애 수준까지는 아니더라도 위치나 힘이 약한 사람이 강한 사람 앞에서 이와 유사한 방법으로 공격하는 경우는 얼마든지 있다. 지시받은 일을 신속히 처리하지 않고 꾸물대면서 핑곗거리 찾기, 뒷 담화로 상사 흉보기 등이 있을 것이다.

강 팀장은 현재 상사와 원활한 커뮤니케이션을 하는데 애로 사항을 겪고 있었다. 그대로 방치하면 자신은 물론 자신의 팀에도 부정적인 효과를 줄게 뻔했다. '아랫사람인 내가 무엇을 할 수 있겠어?'하는 소극적인 자세로 그냥 앉아만 있기에는 그의 마음이 원치 않았다. 무엇을 할 수 있을까? 이것이 바로 강 팀장이 가져온 코칭 이슈였다.

코칭은 내가 변화하는 것이다 `대안 탐색`

「상사와 커뮤니케이션을 잘하고 싶다」는 것이 강 팀장의 코칭 주제였다. 늘 그렇듯이 주제가 정해지면 그 다음에는 목표를 수립하는 것이 순서다. 강 팀장이 바라는 상사와의 커뮤니케이션의 구체적인 모습이 목표이다. 소위 '잘 하고 싶다'는 실체를 찾아보는 것이다.

여기서 직접적으로 "상사와 커뮤니케이션 목표가 무엇입니까?"라고 질문하는 것보다는 "팀장님은 상사와 커뮤니케이션이 어떤 모습이 되면 만족스럽겠습니까?"라고 물어보면 부담을 덜 느끼면서 목표 설정을 해 나갈 수 있다.

　상사가 본인에게 전하는 업무 지시가 납득할 수 있고 구체적인 것, 업무 수행 결과를 보고할 때 앞선 업무 지시와 수시로 변경하지 않고 일관성을 유지하는 것, 업무 수행 결과에 대해 피드백이나 코멘트를 할 때 잘한 부분에 대해 칭찬과 지지를 하고 부족한 부분에 대해서는 다시 도전할 마음이 생길 정도로 부드럽게 말하는 모습을 원한다고 했다.

　그리고 본인이 상사에게 말할 수 있는 분위기를 조성해 주어, 자신이 말할 때 중간에 끊지 않고 끝까지 들어주는 것, 비록 의견이 다른 것일지라도 무시하지 않고 존중해 주는 것, 그리고 한걸음 더 나가 개인적인 애로 사항이라도 서슴없이 얘기할 수 있는 그런 모습이 되었으면 좋겠다고 했다.

💬 팀장님이 원하는 그런 상사를 만날 수만 있다면 일하는 직장이 바로 천국이겠네요. 그런 상사를 만날 확률은 얼마나 될까요?

　현실에 접목한 목표 설정을 할 수 있도록 이상을 깨는 질문을 던졌다.

💬 쉽지 않겠네요. 제가 바라는 모습이 현실과 동떨어져 보이네요.

　라고 말하면서 금세 한걸음 물러섰다.

💬 두 번째로 팀장님이 원하는 모습은 하나같이 상사가 어떻게 해 주었으면 하는 것으로 채워져 있습니다. 이것에 대해 어떻게 생각하세요?

　커뮤니케이션은 일방적으로 이루어지는 것이 아니다. 양손이 마주쳐야 소리가 나듯이 나와 상대가 있어야 대화가 이루어진다. 이런 대화를 개선하기 위한 가장 좋은 방법은 두 상대방이 동시에 나아지는 것일 것이다. 하지만 이런 일은 확률적으로 매우 낮을 것이다. 다음에는 상대가 변해 주는 것이다. 이것은 얼마나 가능할까? 이 또한 높지 않다고 생각한다. 나는 가만히 있으면서 상대가 먼저 변화하기만 기다리는 것은 세월만 낭비하는 셈일 것이다. 어쩌면 상대방도 나와 같은 생각(네가 먼저 변해야 한다)을 하면서 이 상황을 바라보고 있을지도 모른다.

그 다음 방법은 내가 변하는 것이다. 이것은 나의 의지만 있다면 가능하기에 세 가지 경우 중 가장 확률이 높다. 코칭적인 측면에서 보아도 내가 무엇을 할(변화할) 것인지 찾지 않고, 상대방이 먼저 변화해 줄 것을 바라는 것은 효과적이지 못하다.

이렇게 설명하자 그는,

💬 그러네요, 하나같이 내가 할 것은 찾지 않고, 상사가 해 주었으면 하는 것만 나열했네요.

라면서 자신이 바라는 상사와 커뮤니케이션의 목표의 허점을 인식했다.

💬 그럼 이제는 팀장님 자신이 할 수 있는 것이 무엇인지에 대해 초점을 맞추어 생각해 보시지요?

변화의 대상을 상대가 아닌 자신에 맞춘 목표와 행동 대안을 찾기 시작했다. 이제야 제대로 길에 들어선 기분이었다.

일단 '상사와 말이 통하는 대화하기'를 목표로 정했다. 말이 통한다는 것이 사람에 따라 다를 수 있기 때문에 좀 더 구체적인 표현으로 바꾸었으면 좋겠다고 요구했다. 상사가 하는 말을 제대로 이해하고, 또 자신이 하고 싶은 말이 있으면 미루지 않고 그 자리에서 이야기할 수 있는 수준이라고 규정했다.

이제는 정말로 이 목표를 달성하기 위한 행동 대안을 생각해 볼 차례다. 그것도 상대가 아닌 자신의 입장에서. 먼저 '상사가 하는 말을 제대로 이해하는' 것을 어떻게 달성할 수 있는지 생각해 보기로 했다. 상사가 쉽게, 천천히, 자신의 눈높이에 맞춰서 얘기해 주면 좋겠지만, 일단 상사는 지금과 같은 모습으로 대화한다는 전제하에서 방법을 찾기로 했다.

현재 상사의 커뮤니케이션 스타일은 일방적이었다. 처음부터 끝까지 쏜살같이 업무 지시를 쏟아 놓은 다음 그것에 맞추어 업무를 하라는 식이었다. 그러다 보니 업무 지시가 두루뭉술하기도 했고, 정확하게 이해되지 않는 부분도 있었다. 그렇다고 오더를 내리는 현장에서 다시 물어볼 수 있는 분위기도 아니었다. '이 정도는 이미 다 알고 있고, 또 했어야 하는데 이것까지 일일이 지시하는 지금 이 상황이 맘에 들지 않는다.'는 그런 표정으로 말한다는 것을 느꼈기 때문이다.

듣기 기술 : 백 트레킹

상대의 이야기를 잘 듣는 방법 중 백 트레킹(Back tracking)이라는 스킬이 있다. 이것은 상대의 말을 뒤쫓아 가듯이 따라가면서 다시 표현해 주는 것이다. 입을 사용하여 상대에게 듣는 것을 말하는 일종의 적극적인 경청이다.

백 트레킹에는 '순차 백 트레킹'과 '요약 백 트레킹'이 있다. 순차 방법은 상대가 말하는 문장에서 가장 핵심이 되는 단어를 그대로 말해 주는 것이다. 이를테면, "팀장님 지난 주말에는 어떻게 지냈어요?"라는 질문에, "지난 주말에 저는 가족과 함께 영화를 봤습니다."라고 대답한다면, 이 문장의 핵심 단어는 '영화'이므로, '영화'라고 말해주는 방식이다. 책에 인쇄된 글자를 눈으로 보는 대신, 앞선 예시를 상대와 함께 소리 내어 입으로 직접 말을 해보게 되면 순차 백트레킹의 맛이 느껴질 것이다. '백문이 불여일견'이라고 하지 않는가? 잠시 진도 나가는 것을 멈추고 직접 소리 내어 말해 보기를 권한다.

'요약 백 트레킹'은 한 단락 정도의 말을 들은 다음, 상대가 말한 내용을 요약해서(자신이 이해한 내용으로) 상대에게 말해 주는 방법이다. "지금 말씀하신 내용은 이러하다(내용)는 것이지요."라는 형식으로 말하면 된다. 대화하는 상대가 이렇게 반응해 주면, '지금 이 사람이 내 말을 아주 잘 듣고 있구나.'하는 생각을 하게 된다. 그러면 더 이야기하고 싶어지고, 상대에 대한 친밀감도 좋아진다.

또 여기에서 우리가 생각해 볼 중요한 포인트가 있다. 강 팀장도 상사가 업무 지시를 내리는 현장에서 잘 이해되지 않는 부분이 있고, 모호한 업무 지시일지라도 다시 되묻지 못한다고 했다. 그런 이유로 그는 상사가 이것도 모르고 있었느냐는 식으로 질책할 것 같다고 했다.

과연 그럴까? 합리적인 상상력을 발휘하여 입장을 바꾸어 생각해 보도록 했다.

💬 팀장님이 팀원에게 업무 지시를 하는데 그 팀원이 '지금 팀장님이 말씀하신 것이 이런 것이지요?'라고 되묻는다면 어떤 기분이 들겠습니까?

팀원이 이런 것도 몰라서 다시 질문하느냐 하는 것으로 보기보다는 '이 팀원은 일을 제대로 하려고 하는구나, 그래서 납득되지 않는 부분을 다시 물어보는 것이구나.'하는 마음이 든다고 했다. 그러면서 상사가 업무 지시할 때 가만히 듣고만 있는 것이 결코 바람직한 모습은 아니구나 하는 자각이 일어났다.

요약 백 트레킹은 미스 커뮤니케이션을 줄여주는 역할도 한다. 상대가 말한 내용은 우리가 서로 공유하는 언어라는 부호를 사용하여 전달된다. 그런데 이 과정에서 오류가 발생할 소지가 다분히 있다. 화자가 자신이 말하고자 하는 내용(A)을 언어로 부호화하는 과정, 그 말이 전달되는 과정, 그리고 그 말이 청자 입장에서 다시 해독되는 과정에서 얼마든지 오류가 발생될 수 있다. 그런데 청자가 자신이 해독한 말을 다시 화자에게 확인하게 되면, 첫째 그 말이 자신의 의도와 맞는 경우에는 "맞습니다. 바로 그대로 하면 됩니다."라고 확인해 줄 것이다. 만일 돌아온 말이 틀리다면 이제는 더 쉬운 방식으로 다시 오해하지 않도록 설명해 줄 것이다.

그래서 조직 내에서 수직적인 커뮤니케이션의 오류에서 오는 비용을 절감할 수 있다. 업무 지시를 잘못 해석해서 본인과 팀원이 한참을 고생하여 만든 결과물이 상사가 당초 원하는 것이 아니라면 이 얼마나 비효율적인 방법인가? 그런데 의외로 업무 수행 과정에서 이런 헛삽질을 하는 경우가 종종 있다.

강 팀장은 설명을 듣고 난 뒤, 그는 이제부터는 요약 백 트레킹의 효과에 대한 확신을 가지고 활용하겠다고 했다.

자기 주장 훈련

두 번째로 제시한 '자신이 하고 싶은 이야기를 상사에게 어떻게 할 것인지'를 생각해 볼 차례였다. 상사에게 말할 용기를 갖는 것(의식)과 어떻게 말할 것인지(스킬)가 모두 필요해 보였다. 상대방에게 말하는 것을 도와주는 방법으로 '자기주장 훈련'이 있다. 이것은 취약성이나 결함의 도식이 있는 사람들을 치유하는 인지 행동 치료에서 소개하는 방법이다.

물론 강 팀장이 자기주장을 하지 못하는 정도가 삶의 질을 심하게 떨어뜨리거나 왜곡하는 수준은 아니지만, 자기주장을 적절하게(특히 상사 앞에서) 한다면 더 많은 수행 성과를 낼 수 있다는 측면에서 접근하기로 했다. 의식적으로 하고 싶은 말을 해야겠다고 생각하는 것이 우선적으로 필요하다. 다음에는 그 생각이 현장에서 실현될 수 있도록 훈련해야 한다. 훈련한 만큼 현장에서 결과가 나온다는 믿음이 우리로 하여금 훈련의 필요성을 수용하게 이끌어 준다.

이미지를 활용한 방식과 역할 연기 방식으로 연습해 볼 수 있다. 이미지 활용은 머릿속으로 상사와 이야기하는 장면을 떠올려 보면서 어떤 말을 할 것인지 그려 보는 것이다. 가능한 상세하게 상사와 말을 주고받는 절차대로 진행하는 것이 효과적이다.

이를테면, '상사가 업무 지시를 내리고 있을 때 자신은 어떤 태도로 듣고 있는지? 상사의 지시가 끝나면 무슨 말을 할 것인지? 그때 상사의 얼굴 표정은 어떨 것인지? 그리고 상사의 태도는? 그럼에도 불구하고 자신은 어떻게 계속 자신의 말을 해 나갈 것인지? 최종 마무리는 어떻게 할 것인지?' 등을 이미지로 그려 보고, 자신이 할 말을 혼잣말처럼 직접 소리 내어 말해 보는 것이 필요하다.

역할 연기는 코칭 과정에서 코치와 피코치가 상사와 부하 직원의 역할을 맡아 연기하는 것처럼 직접 해보는 것이다. 어떤 대화의 주제를 설정하고서, 즉석 연기를 하는 것이다. 가능한 상사가 부정적으로 반응하는 것을 연습하는 것이 좋을 것이다. 왜냐하면 이렇게 부정적 상황에서 연습해 놓으면 실제 상황에서 일어나는 부정 상황에서도 대처할 수 있기 때문이다.

직접 역할 연기를 하는 것이 용이하지 않다면 게슈탈트의 빈 의자 기법도 활용할 수 있을 것이다. 빈 의자를 앞에 가져다 놓고서 거기에 상사가 앉아 있다고 가상해서 대화 연습을 해보는 방법이다. 의자라는 사물이 있기 때문에 이미지 활용보다는 더 실감나게 연습할 수 있다는 장점이 있다. 부하 직원의 입장에서 의자에 상사가 앉아 있다고 가정하여 이야기한 다음, 그 의자에 자신이 앉아서 이제는 거꾸로 상사의 입장이 되어 이야기하는 순서로 진행된다. 즉 혼자서 자신과 상대방 상사의 역할까지 1인 2역을 해보는 것이다. 실제 이 방법을 연습해 보면 상대방의 입장에 더욱 세밀하게 접근해 볼 수 있다. 상대방 의자라고 지칭한 그 의자에 앉아 봄으로 인해 상대방이 느꼈을 감정, 생각 등을 오감으로 느낄 수 있다. 이런 효과가 있어서 빈 의자 기법은 NLP 코칭에서 포지션 체인지라는 이름으로 상대방과의 갈등을 풀어가는 방법으로 활용하기도 한다.

자기주장 훈련에 관한 이미지 활용, 역할 연기, 포지션 체인지(빈 의자 기법) 등 세 가지 방법에 대한 설명을 듣고 난 뒤, 강 팀장은 이미지 활용 방법을 선택했다. 평소 내성적인 성향에 비추어 볼 때 자신의 취향에 맞는 방법인 것 같았다. 다만 직접 코칭 현장에서 실제적으로 연습해 볼 수 있는 기회가 없다는 것이 아쉬웠다. 그것은 실행 결과를 통해 확인해 보기로 했다.

백 트레킹의 첫발은 순차부터 　실행 결과 및 피드백

　강 팀장이 상사와의 커뮤니케이션을 개선하기 위한 실행 대안은 백 트레킹과 자기주장이었다. 상대방이 말한 내용을 정확히 듣기 위한 방법으로 선택한 백 트레킹의 실행은 대체로 만족한 결과를 가져왔다. 비록 초보적인 수준의 실행이었지만 첫발을 내디뎠다는 것에 의미를 부여할 수 있었다.

　강 팀장은 단어를 따라해 주는 '순차 백 트레킹'은 쉽게 할 수 있었다고 한다. 특히 업무적인 대화보다는 사적인 대화를 나눌 때 순차 방식이 효과적이었다고 한다. 비교적 실행이 잘 된 순차 방식을 어떤 상황에서 어떻게 실천했었는지 보다 구체적으로 설명해 줄 것을 요청했다. 실천 내용을 이야기하는 과정에서 본인은 인정이라는 스스로 자존감이 높아지는 보상을 받을 수 있고, 또 코치 입장에서 격려와 잘한 원리를 찾아 지지해 줄 수 있기 때문이다.

　월요일에 팀원과 간단한 대화를 나누는 중에, 지난 주말에 어떻게 보냈는지를 묻고 그 대답 뒤에 나오는 말의 키워드를 따라해 주었다고 한다. 그러자 전에는 한 번 질문하고, 한 번 대답하는 것으로 대화가 끝나고 더 이어지지 않았는데, 이번에는 계속 말을 이어 나갔다고 했다. 이로 보건데 순차 백 트레킹을 사용하는 것이 상대방에게 제대로 경청하고 있다는 확실한 신호를 주어 저절로 더 이야기하고 싶은 마음을 준 것 같기도 했다고 한다.

이에 비해 요약 백 트레킹은 기대처럼 잘 되지는 않았다고 했다. 말을 듣는 중에 어느 선에서 요약을 해야 할지 분량을 가늠하기 어려웠고, 나름 요약을 한다는 것이 상대방 말을 그대로 옮기는 것만큼 길어졌다고 한다. '첫 술부터 배부를 수는 없지요.'라는 위로의 말과 함께 그래도 일단 실천해 본 것에 큰 점수를 두기로 했다. 그러면서 다음에 잘 할 수 있도록 미진한 부분을 보완할 방법을 찾아 보도록 질문했다.

💬 성급하게 요약하려고 하지 말고, 말하고 있는 주제가 다 끝날 때까지 기다려 주는 것이 필요할 것 같습니다. 그리고 요약할 때 상대에게 말하는 문장(지금 말씀하신 것은 이런 내용이지요?)을 공식처럼 암기해 두었다가 사용하는 것이 좋겠습니다.

라고 개선책을 생각해 냈다.

역시 실제적인 연습만이...

이미지를 활용하여 자기주장을 실행하기로 한 부분은 앞서 코칭 과정에서 아쉽다고 생각했던 부분이 현실화되었다. 실행 대안으로 정한 이미지 활용은 자신이 생각한 만큼 실행했다고 한다. 그런데 과연 이것이 상사를 대면하여 실제 대화를 나누는 현장에서 그대로 나올 수 있을지 자신이 없다고 했다. 이미지 활용만으로도 예전보다는 말할 수 있겠다는 생각이 커진 것은 사실이지만 장담은 못할 것 같다고 했다. 이미지 활용 연습이 제대로 효과를 나타내려면 현실과 연결할 필요가 있었다. 실행해 본 결과 강 팀장은 스스로 실제 상황과 연결된 연습을 하고 싶은 마음이 생긴 것이다. 만일 앞선 코칭에서 코치의 생각으로 이미지 활용만으로는 부족하니 역할 연기나 포지션 체인지를 연습해 보자고 권유했다면 어땠을까? 당연히 여러 가지 저항이 생겨서, 몰입도가 떨어지고 효과는 저하되었을 것이다.

그런데 피코치 스스로 선택한 실행 대안을 실천해 보고 난 뒤, 미흡한 부분을 자각하고 이를 보완하기 위한 방법으로 실제적인 연습을 선택한 결과는 분명 다를 것이다. 이것이 실행 결과를 확인하고 피드백하는 과정에서 강 팀장이 스스로 챙기는 소중한 결과였다.

코칭 요약

주제:「상사와의 커뮤니케이션」

대안

1. 내가 변화할 것에 초점 맞추기
2. 상사와 말이 통하는 대화하기
    - 순차 및 요약 백 트레킹 기법 적극 활용
3. 자신이 하고 싶은 말 하기
    - 이미지 활용을 통한 자기주장 훈련
        * 실행 후: 포지션 체인지 방법으로 연습

참고 이론(문헌)

백 트레킹
- 사람은 자신의 생각과 다른 말을 들으면 마음을 닫아 버린다.
그렇게 되지 않기 위해서는 상대방의 말을 되뇌이는 것이 효과적이다. 이것을 백 트레킹(backtracking)이라고 한다. 이는 '왔던 길을 되짚어 가다'는 의미이다.

『NLP 교과서』, 마에다 다다시, 매일경제신문사, 41p 참조

포지션 체인지 (position change)

• 지각 위치를 바꾸는 체험 기술을 포지션 체인지라고 한다.

　　제1 위치는 자기 자신의 관점, 제2 위치는 상대방의 관점, 제3 위치는 제삼자의 관점이다. 이 위치를 바꿔가면서 각각의 관점에서 상대방의 사고방식이나 기분을 깨닫도록 도와준다.

『NLP 교과서』, 마에다 다다시, 매일경제 신문사, 100p 참조

03 소통을 배우고 익히자

자녀와의 관계가 제일 어려워요 `사례`

부모가 자녀에게 사랑을 쏟는 것은 동서고금을 막론하고 진리일 것이다. 시대와 상황에 따라 사랑하는 방법은 달라졌을지언정 사랑의 본질은 변함없을 것이다. 30~40년 전만 돌아보아도 우리 사회의 출산율은 높았다. 남아 선호 사상이 심하여 아들을 낳기 위해 계속 출산을 이어가는 경우가 허다했다. 오죽했으면 정부에서는 한정된 땅과 한정된 자원에 넘치는 인구를 막아보고자 산아 제한 정책을 펼쳤을까? '아들 딸 구별 말고 둘만 낳아 잘 기르자', '둘도 많다. 하나만 낳아도 삼천리는 초만원' 등의 산아 제한 구호가 지금도 생각난다.

그런데 우리 사회가 채 두 세대도 지나지 않아 급격하게 변했다. 출산율은 급격하게 떨어졌고 이제는 인구 감소를 걱정하는 상황에 이르렀다. 뽕나무 밭이 변해 바다가 된다는 상전벽해의 모습이 되어 버렸다. 정부에서는 어떻게든 떨어진 출산율을 높여 보고자 다자녀 가구 우대, 출산 장려금 지원 등 전에는 생각하지도 못했던 갖가지 출산 정책을 시행하고 있지만 효과는 별무인 것 같다.

이런 세태를 반영하듯 현대 가정의 자녀는 대부분 하나 또는 둘이다. 이전 세대에 비해 물질적으로 풍요해졌고, 정신적인 교육 수준도 굉장히 높아졌다. 생업을 위해 쓰는 시간보다 여가와 자녀 교육을 위해 쓸 수 있는 시간이 많아졌다. 그러다보니 요즘 40~50대 가장들은 자신이 어렸을 때 부모로부터 받지 못했던 사랑을 자녀에게 더 많이 주고자 한다.

마치 여기에서도 '작용, 반작용의 법칙'이 작동되기라도 하듯이 자신이 부모 세대로부터 받지 못했던 것이 못내 한이 되어 더 많은 사랑을 주고 싶어 한다. 그런데 실상은 어떤가? 부모가 기대하고 주는 사랑대로 자라는 자녀도 있지만, 베푸는 관심과 사랑에 어긋나는 경우도 종종 있다. 무엇이 잘못되어 이런 일이 벌어지는 것일까?

　코칭을 신청한 노 차장은 자녀와의 커뮤니케이션을 다루고 싶은 주제로 내놓았다. 여러 계층의 사람들과 만나 커뮤니케이션을 하는 중에서도 자녀와의 대화가 가장 어렵다고 했다. 성인들은 합리적인 수준에서 생각하고, 언행이 예측되는데 자녀는 전혀 그렇지 않다고 했다. 태도와 행동이 마음에 들지 않아 지적이라도 하면, 금세 표정부터 굳어져 버리는 자녀를 어떻게 대해야 할지 모르겠다고 했다. 계속 방치하자니 자녀의 장래 인생이 걱정되었고, 개선해 주려고 개입하자니 그나마 있던 관계가 어긋날까봐 염려된다고 했다. 진퇴양난에 처해 있는 모습이었다.

부모 역할을 배우고 익히자 [대안 탐색]

　노 차장이 제시한 코칭 주제는 모두 「자녀의 건강한 성장을 위한 부모의 역할」에 관련된 것이었다. 주제와 관련된 배경도 유사했다. 자녀를 한 사람의 건강하고 독립된 인격체로 키우고 싶은 마음에 자녀와 친밀하고 활발한 커뮤니케이션을 시도하고 있는데, 번번이 벽에 부딪히는 느낌을 받는다고 했다.

　문득 요즘 종편 TV에서 방영되고 있는 프로그램이 생각났다. 「어쩌다 한국인」이라는 프로이다. 이 제목에 한국인 대신에 부모를 넣으면 어떨까 하는 생각이 든 것이다. '어쩌다 부모' 우리는 성인이 되어 결혼 연령에 이르면 이성을 만나 결혼을 한다. 그리고 그 사이에서 자녀가 태어난다. 이는 지극히 자연스러운 과정이다. 이렇게 되면 우리는 부모가 된다. 아직 정신적인 면에서 준비되지 못하고 성숙되지 않았다 할지라도 부모는 부모다. '어쩌다 부모'라는 말은 이런 뜻에서 붙여본 것이다.

사람이 태어나서 처음으로 만나는 사람은 엄마이고, 아빠다. 부모가 어떤 태도로 양육하느냐에 따라 그 부모 밑에서 자라는 자녀의 품성은 달라진다. 한 사람의 인생에 가장 큰 영향력을 끼칠 수 있는 사람이 부모다. 어쩌면 우리 사회에 여기저기에서 봇물처럼 튀어나오는 문제를 근원적이고 장기적으로 풀 수 있는 시발점이 성숙한 부모, 건강한 가정이라고 해도 과언이 아닐 것이다. 성숙한 부모란 원래 부모가 지니고 있는 품성에다가 부모와 자녀의 역할에 대한 이해가 포함된 것이라고 할 수 있다. 그냥 시간의 흐름에 따라 부모가 되는 차원이 아니라, 좋은 부모가 되기 위해 공부하고 노력하는 과정이 필요하다는 것이다.

이런 점에서 지금은 고전이 된 『부모 역할 훈련』(토마스 고든 저), 『부모 코칭 프로그램 적극적인 부모 역할』의 일독을 강권한다. 개인적인 경험이지만 십여 년 전에 『부모 역할 훈련』을 읽고 난 뒤 이런 말을 한 것이 생각난다. "이 책을 5년만 빨리 봤으면 얼마나 좋았을까?" 조금이라도 빨리 부모 역할을 잘하는 것이 무엇인지 알았다면 자녀를 더 잘 키울 수 있었을 것 같다는 아쉬움의 표현이었다.

코치가 된 뒤에 만난 『부모 코칭 프로그램 적극적인 부모 역할』은 부모로서 자녀를 어떻게 이끌어야 하는지를 알려주는 실제 매뉴얼과 같은 책이었다.

이 책에서 강조하고 있는 것을 간단히 소개하면 다음과 같다. '부모 역할은 가장 중요한 직업이다. 부모 역할은 우리의 자녀들이 살고 있는 사회 안에서 그들이 생존하고 번영하도록 보호하고 준비시켜 주는 것을 목적으로 한다. 부모 역할의 유형에는 독재자 스타일의 전제형과 심부름꾼 스타일의 자유방임형, 그리고 적극적인 부모 스타일의 우두머리형이 있다. 한계 안에서 자유를 부여하는 우두머리형이 될 것을 권하고 있다. 문제 발생시 부모와 자녀 중 누구의 문제인지 구별하는 것이 중요하다. 적극적으로 경청하고, 감정에 귀를 기울이고, 감정과 이야기 내용을 연결시키며, 대안을 찾고 그 결과를 평가하는 적극적인 의사소통 방식을 강조한다.'

책의 서두에 강조하고 있는 '부모 역할은 가장 중요한 직업'이라는 표현이 인상적이었다. 우리는 자신이 몸담고 있는 직업에서 성공하기 위해 각고의 노력을 아끼지 않는다. 이른 아침부터 저녁 늦은 시간까지 주어진 일을 처리하며, 또 어떻게 하면 더 효과적으로 잘 처리할 것인지 고심한다. 부모 역할이 바로 그런 직업과 같다는 것이다. 부모로서 전문가가 되어야 한다는 것이다.

자칫 코칭이 아니라 강의로 흘러가지 않을까 하는 생각이 들어 설명하는 것을 자제하고서, 스스로 대안을 찾아보도록 질문하였다.

💬 부모 역할의 중요성에 대해 들었는데 어떤 생각이 드세요? 이런 관점에서 자녀와의 커뮤니케이션을 잘하기 위한 방법을 찾아본다면 어떤 방법이 있을까요?

좋은 기억을 회상하자.

노 차장은 부모 역할이 중요하다는 것을 새삼 깨달았다고 하면서, 이제부터라도 전문적인 부모 역할을 해 나가야겠다고 다짐했다. 그러면서 처음으로 생각해 낸 방법은 '자녀에 대한 좋은 기억 회상하기'였다. 다소 뜬금없는 방안 같기도 해서 어떤 이유에서 이것을 하고 싶은지 물었다.

💬 이상하게 지금 자녀를 바라보면 사랑스럽고 귀엽다는 생각이 드는 것이 아니라, 불만과 짜증이 덕지덕지 묻어있어 밉다는 생각이 듭니다. 이래가지고는 좋은 부모 역할을 할 수 없을 것 같아서 먼저 자녀를 대하는 나의 시각을 바꿀

필요가 있어서 정해 보았습니다..

매우 독창적이고, 분명한 실행 이유가 있는 방안이었다. 그리고 부모라면 누구나 자녀의 사랑스러웠던 모습을 간직하고 있다. 사실적인 기억임에도 현재 자녀의 태도에 묻혀서 그 기억들이 옅어져 간 것이다. 빛바랜 앨범을 펼치듯 좋은 기억을 떠올리면 좋은 감정이 살아날 것이다.

💬 좋습니다. 지금 이 자리에서 바로 해보는 것은 어떠세요?

노 차장의 동의하에 NLP 코칭의 주관적 몰입 방법을 활용하였다.

💬 눈을 감고서 편안한 자세를 취해 주세요. 자녀가 정말 사랑스러웠던 때는 언제였나요? 그 때를 떠올리면 무엇이 보이나요? 무슨 소리가 들리나요? 몸에 어떤 감각이 느껴지나요?

시각, 청각, 체각을 통해 가능한 실감나게 그려볼 수 있도록 했다. 눈을 감고 코치의 지시대로 따라하는 노 차장의 얼굴에 차츰차츰 옅은 미소가 일어나는 것이 보였다. 짜증을 유발하는 자녀에서 잠시나마 사랑스런 자녀로 복귀하는 것 같았다.

자녀에 대한 긍정 감정이 조금이라도 생겼을 바로 이때가 미래 보정(현재 떠오른 좋은 감정으로 자신의 미래 모습을 변화시켜 나가는 것)을 할 시점이었다.

💬 지금 차장님이 지닌 자녀에 대한 이 마음을 가지고 앞으로 어떻게 자녀를 대할 생각이세요?

어떤 대답이 나왔을지는 독자 여러분도 짐작이 가고도 남을 것이다. 좋은 마음인데 좋은 태도와 언행이 나오는 것은 당연하다. 이처럼 당연한 것임에도 미래 보정 질문을 하는 것은 중요하다. 왜냐하면 피코치 스스로 자신의 언행을 언급하게 함으로써, 마음의 상태를 구체적인 행동으로 변환시켜주고, 또 자신의 말한 것에 스스로 설득되어 실천하는 효과가 있기 때문이다.

나 – 전달법을 활용하자.
　커뮤니케이션 스킬 한 가지를 소개하였다. '나–전달법(I-message)'이었다. 이것은 부모 역할 훈련을 창시한 토머스 고든이 고안한 용어다.
　'나–전달법'은 자녀에게 '네가 잘못했다'라는 관점(전통적인 너–전달법)을 바꾸어서 자녀의 행동에 대하여 부모인 '내가' 어떻게 느끼는가를 말하는 것이다. 즉, 주어를 '너(You)' 대신에 '나(I)'를 사용하는 것이다. 이렇게 하면 자녀를 비난하거나 평가하지 않고, 자녀의 행동에 대한 부모의 생각과 느낌을 전달할 수 있다. 자녀 입장에서는 질책받지 않기 때문에 부모의 말을 잘 들을 수 있다.
　'나–전달법'을 사용하기에 적절한 시기는 부모가 문제를 소유할 때 효과적이다. 먼저 누구 문제인지를 구별할 수 있어야 한다. 만일 자녀가 공공장소에서 소란을 피우고 있다면 이것은 부모의 문제다. 자녀의 소란으로 인해 다른 사람과 부모가 담소하는데 방해를 받고 있기 때문이다. 자녀가 담임 선생님께 미움을 샀다면, 이것은 자녀의 문제다. 자녀 스스로 선생님과 관계를 맺어가야 할 부분이기 때문이다.
　'나–전달법'에는 원하는 행동, 상황에 대해 느낀 점, 요구 사항 제안 등이 포함되어야 한다. 원하는 행동을 말할 때에는 그 사람의 행위와 행위자를 구별하는 것이 중요하다. 즉 자녀가 나쁜 것이 아니고 자녀의 행동에 문제가 있다고 언급하는 것이다. 느낀 점은 상황으로 인한 자신의 감정을 표현하는 것이다. 마지막 제안할 때에는 소망적 바람을 담아서 요청하는 것이 좋다. "나는 네가 이것이 되기를 원한다. 또는 나는 네가 이것을 하면 좋겠다."고 말하는 것이다.

💬 노 차장님이 자녀와 대화를 나누는 모습은 어떤가요?

'나-전달법'에 대해 소개한 뒤 현재 모습은 어떤지 질문하였다. 일상적으로 우리가 나누는 대화를 가만히 들여다보면 너-전달법이 대부분이다. 특히, 상대가 자신에 마음에 들지 않는 행동을 하거나 상황을 만들었을 때 나가는 첫 마디는 '너(You)'를 사용하는 말이다. "네가 한 것을 봐. 왜 이렇게 했어? 이것 밖에 못하니?" 등, 비록 주어가 생략되어 있을지라도 '너-전달법'이 확실하다. 노 차장도 예외는 아니었다.

💬 이것을 '나-전달법'으로 바꾸면 어떨까요?

이렇게 바꿀 수만 있다면 당연히 좋겠지만 지금까지 사용하던 언어 습관이 하루아침에 바뀔 수 있을지 모르겠다고 했다. 지금까지는 생각 없이 그냥 되는대로 말을 했다면, 앞으로는 어떻게 말할 것인가 생각하는 것이 필요했다. 일단 여러 가지 복잡한 이론적 배경은 모두 접어두고, 주어를 '나'로 한다는 것만 명심하고 실천해 보기로 했다.

감정은 수용하되 행동은 통제하자

이밖에 더 찾아본 대안이 있었다. 자녀와 힘겨루기 상황에서 대처하는 방법을 미리 생각해 보기로 했다. 자녀와 힘겨루기 상황은 자녀의 요구를 부모가 거절하는 상황이다. 부모에 비해 물리적으로 힘이 약한 자녀는 울거나, 떼를 쓰면서 자신의 요구를 관철하려고 한다. 또는 저항하거나 수동 공격적인 행동을 보이기도 한다. 부모는 자녀의 이런 모습 앞에서 쉽게 져주기 마련이다. 일단 위기 상황을 넘기고 보자는 식으로 한두 번 자녀의 요구를 들어주다 보면, 자녀는 자신이 취한 방식에 효과가 있다는 것을 알고 계속 그 방법을 활용한다. 미리 생각해 놓지 않으면, 눈앞에 펼쳐진 상황을 수습하기에 급급하다. 자녀의 요구를 들어주어서 속히 상황을 종결시키거나, 강하게 밀어붙여 자녀를 굴복하게 하려는 방식을 취하게 된다. 이기고 지는 방식에서 떠나 부모와 자녀가 함께 윈윈하는 방법을 찾을 필요가 있다.

자녀가 걸어오는 싸움에 말려들지 않고 한걸음 물러서서 지켜보는 여유가 필요한 대목이다. 일정 시간 동안 버티는 것이 요구된다. 이를 한마디로 정리해 본다면 '싸우지도 않고 양보하지도 않는 자세'를 갖는 것이다. 예를 들어 장난감을 사달라고 울면서 떼를 쓰기 시작하면(자녀가 싸움을 걸어오는 상황), 여기에서 한발 물러나서 관심을 다른 데 둔다. 이것이 싸우지 않는 모습이다.

만일 우는 자녀를 달래거나, 윽박지르거나 하는 것은 자녀가 걸어온 싸움에 말려든 것이다. 싸우지 않은 다음에는 장난감을 사달라는 부당한 요구에 들어주지 않고 버티는 것이다. 부모 입장에서 자신의 행동에 결국 자녀에게 올바른 영향력을 줄 수 있다는 분명한 확신이 있어야 버틸 수 있다. 장난감을 사주지 못하는 이유를 설명하고, 한계를 지어 주어야 한다.

이 부분에서 한 가지 더 생각해 볼 자세는 '감정은 수용하되, 행동은 통제하는 것'이 중요하다. 먼저 이를 실천하기 위해서는 감정과 행동을 구분해야 한다. 장난감을 사지 못해서 화가 난 것은 감정이고, 장난감을 사는 것은 행동이다. 감정은 옳고 그름의 문제가 아니라 저절로 생기는 마음의 느낌이다. 또 상대가 어떻게 느끼는 것과 상관없이 지극히 주관적으로 발생하는 것이 감정이다. 그러므로 감정은 있는 그대로 받아주는 것이 좋다. 감정까지 무시하게 되면 원래 고치려고 했던 행동이 통제되지 않음은 물론 관계가 악화될 수 있다. "장난감을 안 사줘서 몹시 화가 났구나." 정도로 읽어 주는 것이다. "하지만 이 장난감은 아직 네가 가지고 놀기에 위험하므로 안 된다."고 하는 것이 행동을 통제하는 것이다.

가정에서 그라운드 룰(rule)을 정하기로 한 대안도 인상적이었다. 부모와 자녀가 서로 인격체로 존중하면서 공동으로 가정 규칙을 정한 것이다. 일방적으로 부모가 정하는 것이 아니라 민주적인 방식으로 결정하기로 했다. 부모는 부모 입장에서 자신이 지켜야 할 최소한 규칙을, 그리고 자녀는 자녀 입장에서 스스로 자신이 지켜야할 규칙을 함께 정하는 방식이었다. 그라운드 룰을 정하기 위해, 가정에서 대화 모임이 이루어질 수 있다는 것이 좋았다. 자녀도 참여하는 의견을 낼 수 있다는 것과, 어디까지나 자신이 만든 규칙이므로 지킬 가능성도 높아 보였다.

지금까지 노 차장이 찾은 대안은 '자녀에 대한 좋은 기억 회상하기', '나-전달법으로 자녀와 대화하기', '자녀와 힘겨루기 상황에서 대처 방안 생각하기(싸우지도 않고 양보하지도 않는 자세, 감정은 수용하되 행동은 통제하기)', '가정 내 그라운드 룰 만들기'였다.

변화는 상대가 반응할 때까지 실행 결과 및 피드백

자녀에 대한 좋은 기억 회상하기는 코칭 현장에서 직접 실천해 보았기 때문에 제외하고 다른 대안의 실천 결과에 대해 들어보았다. 무엇보다도 '나-전달법'에 대한 실행 결과가 제일 궁금했다.

노 차장은 문장의 주어를 '나'로 하려고 하니까, 화를 낼만한 상황에서도 화가 수그러지는 것을 느꼈다고 했다. 맘에 들지 않는 자녀의 행동에 대해 언성을 높이는 것은 '너'를 사용한 문장에서만 가능하다. 나를 주어로 한 문장에서는 여간해서는 큰소리를 칠 수가 없다. 설명한 이 내용이 잘 이해되지 않는다면 실제 소리 내어 말해 보면 알 수 있을 것이다.

'네가 지금 한 것은 도대체 무엇이냐?'라는 말과 '나는 지금 네가 한 것을 보니 화가 난다.'라는 말을 직접 소리 내어 읽어보자. 어떤 느낌이 드는가?

상대방을 주어로 한 문장은 목소리가 올라가는데 비해 자신을 주어로 한 문장은 목소리가 저절로 낮아지는 것을 알 수 있다.

💬 그래서 다음은 어떻게 진행되었습니까?

그러자 그는 제 목소리가 차분하게 나가니 자녀가 이게 어떤 상황인가 하고 의아해 하는 것 같았다고 한다. 늘 겪었던 익숙한 상황이 아니라서 낯설게 느껴졌을 것이다. 흔히 하는 말로, '우리 아빠가 뭔가 잘 못 먹었나, 왜 안하던 말을 하지?'하는 표정을 짓는 것 같았다고 한다. 쑥스러운 마음이 들어서 이것을 계속해야 하나 하는 생각이 불쑥 올라왔다는 얘기도 했다.

자녀의 반응은 당연히 예상할 수 있는 것이었다. 순간 커뮤니케이션은 일방적인 것이 아니고 상호적인 것이므로 자녀의 반응에 따른 대처 방안까지 생각해 보도록 했으면 더 좋았을 것 같다는 생각이 들었다. 그러나 이미 상황이 발생한 뒤라서 되돌릴 수 없었다. 다만,

💬 아무리 좋은 신호라 할지라도 상대방이 그것을 수용하기까지는 인내의 과정이 필요합니다.

라는 설명을 덧붙였다. 지금까지 익숙했던 예전의 대화 방식을 새로운 방식으로 바꾸려면 쑥스러움을 이기고 계속 실천해가는 노력이 필요하다. 이와 관련된 개인적인 경험이 있어서 한 번 들어보겠느냐고 양해를 구한 다음 이야기해 주었다.

💬 자녀와 허깅하기를 결정하고 실천했습니다. 처음에는 안으려는 저를 보고 피했습니다. 두 번 세 번 계속하니까 그때에는 겨우 자신을 맡기는 정도였습니다. 포옹의 따뜻한 기운을 기대했지만 전혀 느낄 수 없었습니다. 이렇게 할 바에야 그만두는 게 낫겠다 싶었는데, '자녀와 허깅하기'를 하겠다고 공개적으로 밝힌 것이 부담되어 어색함을 참고 실행해 나갔습니다. 일주일이 지나고 이 주일이 되어가자 아주 조금씩 허깅다운 허깅을 할 수 있었습니다.

나의 긍정 신호에 상대방이 즉시 반응할 것이라는 기대를 내려놓고, 상대가 호응해 올 때까지 계속 보내는 것이 필요하다는 것을 보여준다.

두 번째는 '나-전달법'으로 말하는 문장이 아직 익숙하지 않아서, 꼭 글을 읽는 것 같은 느낌이 든다고도 했다. 이 또한 실천 과정에서 겪는 당연한 현상이므로 걱정할 것 없다는 피드백을 주었다. 대신 이것을 어떻게 하면 극복할 수 있는지 생각해 볼 것을 재요청했다. 무슨 말을 할 것인지 미리 생각해 보기, 기회 있을 때마다 자주 활용하기 등을 적용할 수 있다.

> **코칭 요약**
>
> 주제: 「자녀와의 커뮤니케이션」
> 대안
> 1. 부모 역할을 배우고 익히기
> 2. 자녀에 대한 좋은 기억 회상하기
>   - '주관적 몰입-미래 보정' 활용
> 3. '나-전달법'을 활용하여 대화하기
> 4. 자녀와 힘겨루기 상황에서 대처 전략
>   - 감정은 수용하되, 행동은 통제하기
> 5. 가정의 그라운드 룰 정하기

참고 이론(문헌)

'나-전달법'(I-Message)
- '나-전달법'은 P.E.T.(부모 역할 훈련)의 창시자인 토머스 고든이 고안한 용어다. '나-전달법'은 자녀에게 '네가 잘못했다'라는 관점(전통적인 너-전달법)을 바꾸어서 자녀의 행동에 대하여 부모인 '내'가 어떻게 느끼는가를 말하는 것으로 초점을 맞추기 때문에 '나-전달법'이라고 한다.
- 자녀를 비난하거나 평가하지 않고 부모의 느낌을 말하게 한다.
- 위협적이지 않은 방식으로 말함으로써 자녀가 부모의 말을 잘 경청하는 분위기를 만들어준다.
- 자녀의 성격에 초점을 두지 않고, 자녀의 행동에 대해서만 강조한다.

『부모 코칭 프로그램 적극적인 부모 역할』/ Michael H. Pokin, 학지사, 89p 참조

04 한 발 떨어져서 바라보자

동료 직원과 더 소통하고 싶다 사례

　조직의 구성원은 다양하다. 남녀, 나이, 지역, 학력이 다르고 조직에서 부여한 직책과 직급도 여러 가지다. 이뿐인가, 사회 흐름에 따라 요즘에는 정규직과 비정규직, 계약직, 파견 직원 등 조직의 필요에 따라 다르게 채용되어 신분 또한 달라진다. 정규직이 대부분인 조직에서 숫자적으로나 신분과 처우에서 열세인 비정규직 및 계약 직원이 겪는 스트레스와 갈등은 남다를 것이다.

　민 과장은 계약 직원이었다. 전문 직종에 근무하는 그는 자신의 직종 중심으로 근무하다 보니 여러 회사를 돌아다녔다. 일반 직원(generalist)으로서 한 직장에 근무한 것이 아니라, 특수 직원(specialist)로서 같은 직종에 근무한 것이다. 그러다보니 그는 자신에게 주어진 업무를 처리하는 데에는 별다른 어려움을 겪지 않았지만 조직원들과의 관계는 쉽지 않았다.

💬 직장을 옮겨 다니다 보면, 직장마다 나름대로의 조직 문화가 있는 것 같습니다. 직원들과 점심을 먹을 때 어떤 사람(내부 또는 외부 사람)하고 먹는지, 근무할 때 입는 옷은 정장을 입어야 하는지 아니면 캐주얼도 가능한지, 윗사람에게 보고하고 결재를 받을 때 문서를 주로 활용하는지 아니면 구두보고도 용인되는지, 동료 직원을 부를 때 이름을 부르는지 혹은 직책을 사용하는지 등 여러 부분에서 차이가 있는 것을 볼 수 있습니다.

그러면서 그는 계약직 직원으로서 하루라도 빨리 조직에 동화되어 상하 관계, 수평적인 관계를 가리지 않고 원만한 커뮤니케이션을 하고 싶은데 생각처럼 잘 되지 않는다고 호소했다.

💬 제 입장에서 보면 조직의 직원들과 보이지 않는 울타리가 있는 것 같습니다. 자꾸 이렇게 생각하면 저만 손해겠죠. 가만히 있으면 한 달에 한 번도 같이 밥 먹자고 하는 사람도 없고, 업무 말고는 제게 개인적으로 말을 붙여 오는 사람도 없을 정도입니다. 그래서 제 딴에는 팀 내 동료는 물론 옆에 팀 직원과도 잘 지내고 싶어서 없는 말도 붙여 보고, 점심 오퍼도 내고 하는데 신통치 않은 것 같습니다. 어떻게 하는 것이 좋은지 도움을 받고 싶어서 코칭을 신청했습니다.

민 과장이 원하는 코칭 주제는 동료 직원과의 원활한 커뮤니케이션이었다.

내가 있는 위치는 `대안 탐색`

민 과장은 장점과 단점을 동시에 가지고 있었다. 장점은 객관적 시각으로 조직을 바라볼 수 있다는 것이고, 단점은 조직의 일원으로 쉽게 동화되지 못한다는 것이다.

민 과장의 모습에서 문득 『상자 안에 있는 사람 상자 밖에 있는 사람』(원제: Leadership and Self-Deception, 아빈저 연구소, 이태복 역)'이라는 책이 생각났다. 상자는 조직으로 비유할 수 있고, 그 조직에 들어가 있는 사람은 상자 안에 있는 사람으로 비유된다. 당연히 민 과장은 신분상으로는 상자 안에 있지만(조직의 일원이지만), 그의 시각은 상자 밖에 있는 사람의 눈을 지니고 있었다.

이 책에서 우리는 '조직원들이 어떻게 점차 상자 안으로 들어가게 되는지 원리를 이해하게 되고, 또 상자 안에서 빠져 나오는 데 효과적인 방안에는 무엇이 있는지'를 배울 수 있다. 잠깐 설명하자면 자기 배반이 자기기만을 일으키게 되고 결국 상자 속으로 들어가게 한다는 것이다. 다른 사람을 위해 무엇인가 해주어야 한다는 것을 생각하거나 느꼈을 때, 선택지는 두 가지 중의 하나이다. 생각에 따르거나 반하는 것이다. 생각에 따르면 그렇게 하는 자신을 어떻게 보겠는가? 근면, 성실, 좋은 사람 등 긍정적으로 바라볼 것이다. 반대로 만일 따르지 않으면 게으른, 불성실, 나쁜 사람 등 부정적으로 볼 것이다. 자신의 생각에 배반하는 선택을 계속하게 되면 점차 자기 자신을 속이는 자기기만에 이르게 된다.

결국 자기기만은 상자 안으로 들어가게 만든다. 시간이 지나면서 어떤 상자들은 자신의 특성이 되고 그 특성들을 항상 가지고 다닌다. 상자 안에 있음으로써 다른 사람들을 상자 안으로 들어오도록 끌어들인다. 그래서 점차 자기 배반하는 것들의 가치를 부풀리고 이에 반하는 것들은 비난하면서 상자 안에서 동조화를 더욱 강화시켜 나간다.

객관적인 시각으로 조직 문화 바라보기

이 같이 민 과장이 처한 입장을 서로 공유하면서 대안을 찾아보기로 했다. 조직과 조직 문화를 이해할 때 모두가 긍정적이라거나 부정적이라고 단정지을 수는 없을 것이다. 조직 문화에 이미 젖어 있는 사람의 관점에서 바라볼 때 그 문화에 몰입되어 정확한 판단이 안 될 가능성이 높다. 그래서 때때로 외부자의 시각으로 조직 문화를 바라볼 필요가 있다. 신입직원이나 민 과장과 같은 상자 밖에 있는 사람의 시각이 필요한 것이다.

부정이나 긍정 한쪽에 치우친 생각에 빠지지 않는 것이 중요하다. 긍정에 빠진다는 말이 성립될지 모르지만, 설사 이렇게 된다고 해도 문제되지 않는다. 긍정이 강화되면 오히려 일할 의욕이 생기고 성과도 나아질 것이다. 문제는 부정에 빠지는 것이다. 어떤 계기로 인해 부정적 시각이 발생하면 사람은 희한하게도 자신이 처음 받았던 부정적 시각에 맞는 정보들은 그대로 입수해 가면서 부정성을 확대해 나간다. 부정성에 반대되는 긍정적인 신호가 들어오면, 어쩌다 생긴 것이겠지 하면서 최소화하거나 심지어 그것을 외면해 버린다. 선입견과 편견을 가진 사람의 생각을 바꿔주는 것이 쉽지 않다는 것을 보면 이런 원리가 이해가 될 것이다.

민 과장이 동료 직원과 커뮤니케이션에서 어려움을 겪고 있는 것이 혹시 조직 문화를 바라보는 관점에서 기인되었을 지도 모르는 일이다. 그래서 먼저 '조직 문화 이해하기'를 첫 번째 대안으로 꼽았다. 현재 조직 문화로 자리 잡은 구체적인 팩트를 찾고, 그것이 가져다주는 긍정적 효과와 부정적 효과를 자신의 관점에서 적어보기로 했다. 물론 이 방식이 조직 문화를 바르게 이해하는 데 이론적으로 뒷받침하는 것은 아니다. 다만 민 과장이 조직에 몸담고 있으면서 조직에 동화되지 못하는 원인이 자신의 입장에서 무엇인지 찾아보려는 의도를 가지고 시작한 것이다.

예를 들어 조직의 호칭 문화의 팩트는 대체로 성에 직책과 존경 어미 '님'을 붙이는 것이다. 이것이 주는 긍정적 효과는 직원 상호 간에 존중을 표하는 데 좋다. 대신 친밀감을 키워주는 데는 미흡하다는 식으로 정리해 보는 것이었다.

잘되는 외부 모임의 원리를 적용하자

민 과장은 자신의 경력 특성상 외부 모임에 활발하게 참여하고 있었고, 거기에서 여러 사람들과 적극적으로 소통하고 있었다. 이는 일반 조직원들이 쉽게 갖지 못하는 강점이었다. 두 번째 방안은 바로 이 강점을 활용하기로 했다. 자신이 참여하고 있는 모임 중에서 유독 잘 되는 모임의 원리를 찾아서 적용해 보기로 한 것이다. 물론 그 모임에서 효과를 발휘했던 어떤 원리가 조직과 사람이 다른 이 모임에 그대로 적용한다고 해서 같은 효과가 나오지는 않을 것이다. 그러나 분명 소통이 증대될 가능성은 높아질 것이다.

민 과장 스스로 찾아낸 방법은 '조직 문화 이해하기'와, '잘되고 있는 외부 모임 원리를 찾아 적용하기' 등 두 가지였다. 이것만을 충실히 실천해도 전보다 나아질 것이지만, 커뮤니케이션을 개선하는데 좀 더 밀접하게 연관된 대안을 찾으면 좋겠다는 생각이 들었다.

생각을 촉진하는데 유용한 질문을 던졌다.

💬 지금 말씀하신 것 외에 또 무엇이 있을까요?

라고 묻자, 그는

💬 글쎄요. 잘 생각나지 않는데요.

라고 답했다. 한 발 밀어주는 데는 숫자를 사용하는 것이 효과적이다.

💬 커뮤니케이션을 개선하기 위한 방안 세 가지를 더 찾아본다면?

세 가지 방안이라는 것을 강조했다. 그러면 사람은 어떻게든 이 숫자를 채우려는 심리가 작용한다.

💬 세 가지 방안이라?

하면서 머리를 짜내듯 골똘하게 생각하였다. 그가 생각해 낸 방안으로는 '잘 듣기, 부드럽게 말하기, 대화 시간 마련하기' 등 이었다.

경청에 꼭 필요한 세 가지 요소

민 과장이 생각해낸 방안에 이론적인 배경을 덧붙여주기 위해 '전문적인 안내'를 사용하기로 했다. 인본주의 심리학자 칼 로저스는 『사람 중심 상담』에서 상담자는 진실성, 무조건적인 수용, 공감적 이해를 갖추어야 한다고 강조했다. 내담자의 마음을 열기 위해서는 지시적인 태도를 내려놓고, 내담자의 입장에서 그가 말하는 것을 최대한 경청하고 그의 마음에 공감을 표현하는 것이 중요하다는 것이다. 우리의 대화가 항상 상담자 수준까지 발전할 필요는 없겠지만 로저스가 강조하는 경청의 원리는 귀담아 들을 필요가 있을 것이다.

공감은 '대화의 문을 여는 열쇠'와 같다고 할 수 있다. 따뜻한 공감을 받으면 일반적으로 사람에게 있는 인정의 욕구가 채워지는 효과가 있다. 공감은 같은 감각을 느끼는 것이다. '마치 그 사람이 되는 것처럼(As if)' 되어 보는 것이다. 사람은 물리적으로 직접 체험한 것이 아닌 것은 있는 그대로 느끼는 것에 한계가 있다. 그럼에도 불구하고 상대가 느낀 감정을 최대한 맛보려고 노력하는 것이다. 사람에게는 다행히 거울 세포가 있어서 다른 사람의 감정을 볼 수 있다고 한다. 그래서 사람은 웃는 사진을 보면 웃고, 울고 있는 사진을 보면 울 수 있다.

공감은 세부적으로 감정 공감과 내용 공감으로 나누어진다. 상대방의 감정을 같이 느끼는 것은 감정 공감이고, 생각이나 의견을 수용하는 것이 내용 공감이다. 자칫 우리는 '공감적 이해'하면 감정이 전부인 것 같은 생각을 갖는데, 의외로 내용 공감도 중요하다. 감정 공감은 개인적인 감정을 주로 나누는 사적인 영역에서 대화할 때 더 많이 활용될 것이다.

이에 비해 내용 공감은 자신의 생각과 의견을 나누는 업무적이고 공적인 대화에 더 요긴하게 사용된다. 내용 공감을 강조할 때, '비록 동의하지는 못한다 할지라도 수용할 수는 있다'라고 설명한다. 이 말의 뜻을 예를 들어 설명하면, 무신론자와 유신론자가 대화할 때 무신론자가 '신은 없다'는 말을 유신론자는 '신이 없다는 말에 비록 동의할 수는 없지만, 현재 그의 입장에서는 그렇게 말할 수 있겠다는 생각에서 받아들여 주는 것'이다. 이 같은 수준으로 공감을 나타내는 것이 쉽지는 않겠지만 어떻게 공감을 해야 제대로 했다고 할 수 있는지는 알게 되었을 것이다.

공감적 대화는 업무적인 영역에서 서로의 의견 차이를 좁혀가는 데에도 효과적이다. 앞서 공감이란 동의할 수 없어도 일단 수용하는 것이라고 설명했다. '이렇게 하면 서로의 주장이 좁혀지지 않고 계속 평행선을 달릴 텐데, 무슨 효과가 있다는 것일까?' 하는 의문이 들 것이다.

그런데 실제 대화의 역동은 다음과 같이 일어난다. A가 말하는 것(생각이나 의견)에 B가 공감을 표해주면, A의 마음은 무장 해제가 된다. 즉, 일단 B가 공감을 나타내 주었기 때문에 공격에 방어하기 위한 자세를 갖지 않는다는 뜻이다. B가 이렇게 공감을 표시한 다음 자신의 생각을 이야기하면(A의 생각 외에 이런 생각도 있는데 어떻게 보세요?), B의 이야기가 들리고 정말 그런지 생각하게 된다.

공감을 표현하지 않고, 바로 자신의 주장을 피력한다면 어떻게 될까? 무장 해제는커녕 단단히 마음을 걸어 잠그고 상대가 주장하는 논리의 허점이 무엇인지 파악하여 재공격할 재료를 찾기에 급급할 것이다. A와 B는 서로 시소 끝에 앉아있는 사람처럼 논쟁의 정도가 가열될 것이다. 일차 공격에 이은 방어와 이차 공격, 더 강한 삼차 공격과 방어가 끊임없이 확대 재생산 될지도 모른다. 이런 논쟁에 휘말리고 나면 그 후유증은 제법 크다. 급기야는 이성적인 판단은 유보하고 감정의 찌꺼기만 남긴 채 끝날 수도 있다. 공감적 대화는 이런 파국적인 논쟁을 사전에 예방해 주고, 서로가 한 발 물러서서 자신의 생각을 재검토해 볼 수 있도록 도와준다.

빨리 친해지려면

　동료 직원과 가능한 빠른 시간 안에 신뢰를 형성하는데 도움이 되는 대화 방법도 소개해 주었다. 사람은 자신의 관심 사항이 대화 소재가 되면 흥미를 갖는다. 건강이 관심인 사람은 건강에 관한 대화를, 자녀 교육이 주된 문제인 사람은 바로 그것에 눈이 가는 것은 인지상정이다. 그래서 상대방과 신뢰를 쌓는 대화를 하기 위해서는 먼저 그 사람의 관심 사항이 무엇인지를 파악하는 것이다. 최대한 감각을 날카롭게 해서 찾아내는 것이 필요하다. 아무리 찾아도 잘 모르겠다거나, 지금 처음 만나서 관심 사항이 무엇인지 잘 모른다고 걱정할 필요는 없다. 관심 사항의 대체 방안으로 모든 사람에게 무난한 취미와 날씨, 여행, 스포츠 등을 대화 소재로 삼으면 된다.

　두 번째는 관심 사항이나 무난한 취미 등의 대화 소재를 상대방에게 간단하게 질문하는 것이다. "요즘 즐기는 취미는 무엇인지 궁금합니다. 자녀가 유치원 다닌다고 들었는데 어떻게 지내는지 궁금하네요." 등과 같이 물어본다. 눈치 빠른 독자라면 이미 느꼈을 텐데, 질문을 하면서도 서술문의 형식을 사용하고 있다. 물음표(?)가 들어간 직접적인 질문보다는 이같이 서술문 형식의 간접적인 질문을 사용하면 듣는 사람의 입장에서는 훨씬 부담을 덜 느낀다고 한다. 궁금해서 물어본다고 하니, 그 물음에 대해 자신의 상황을 얘기할 것이다. 그럼 맞장구, 시선 맞추기 등을 통해 잘 듣는 것은 당연히 요구되는 사항이다.

　세 번째는 자신이 물어본 내용에 대한 자신의 이야기를 공개하는 것이다. 이 부분을 놓쳐서는 효과가 없다. 상대방에게 물어보기만 하고, 자신의 이야기를 하지 않으면 처음 한 두 번은 질문에 예의상 답변을 하다가, 나중에는 나를 호구 조사 하는 것은 아닌가 하는 생각이 들어 답변하고 싶은 마음이 사라질 것이다. 상호성의 원칙에 비추어 보아도 그렇다. 상대가 다섯을 오픈하여 얘기했으면 자신도 다섯에 버금가는 정도를 오픈해 주어야만 서로 균형이 맞다. 그렇다고 자신의 이야기를 한없이 하는 것도 바람직하지 못하다. 상대는 그 이야기에 관심도 없고 듣고 싶지 않을 수 있기 때문이다. 다시 한 번 강조하건데, 상대방이 말한 정도만큼 하는 것이 적정한 수준이다.

다음에는 상대와 자신이 이야기한 것과 연결하여 좀 더 깊은 수준의 질문을 던지는 것이다. 취미 생활이 등산이라고 말했다면, 저는 테니스를 좋아한다고 말한 다음, "그럼 주로 어느 산을 등산하나요?"라고 물을 수 있을 것이다. 질문한 다음 경청하기, 자신의 이야기 오픈하기, 연관된 질문하기 순으로 계속 이어나가면 된다. 짧은 순간일지라도 이런 패턴의 대화를 나누면, 금세 서로의 신뢰감은 형성될 것이다.

민 과장은 '공감적 경청'과 '신뢰 형성을 위한 대화 패턴' 안내가 마음에 든다고 했다. 그러면서 자신의 실행 대안으로 활용하기로 했다. 동료 직원과 만나는 현장에서 자신이 찾은 대안과 코치가 안내해준 대안을 직접 실천해 본 다음, 다시 만나서 실행 결과를 가지고 생각해 보기로 했다.

장단점 정리로 균형이 잡혔다　실행 결과 및 피드백

민 과장이 실행하기로 한 것은 크게 '조직 문화 이해하기', '잘되는 외부 모임의 원리 적용하기', '공감적 경청하기', '신뢰 형성을 위한 대화하기' 등 네 가지 였다. 네 가지 모두를 한 번에 실행하는 것은 부담되기 때문에 2주에 한 가지 방안씩 실천하기로 했다.

직원 상호간의 호칭, 근무 복장, 상사에게 하는 업무 보고 및 결재 관행, 직원간의 점심 약속 등 여러 부분의 조직 문화에 대한 팩트를 찾아보고 그것이 주는 장점과 단점을 정리하는 중에 민 과장은 조직 문화를 새롭게 보는 관점이 생겼다고 한다.

전에는 마치 외부자로서 조직에 잘 동화하지 못하는 것이 아닌가 하는,

스스로 자신에게 부여한 선입견이 있었는데 이것이 깨졌다고 한다.

💬 생각만 하고 있으면 부정적 생각이 꼬리에 꼬리를 물고 있어, 부정성이 커지는데 직접 관찰하고 기록해 봄으로써 벗어날 수 있었네요.

라고 공감적 경청으로 민 과장의 실행을 인정해 주었다.

이와 더불어 그동안 민 과장의 행동에 대해 설명할 수 있는 이론을 간단하게 소개하였다.

💬 사람들은 대체로 긍정 신호보다는 부정 신호를 더 깊이 인식하는 경향이 있다고 합니다. 이를 진화 심리학 입장에서는 이렇게 설명하고 있습니다. 길거리에서 낯선 사람을 만났을 때 그 사람의 손에 칼(부정 신호)이 들어 있는지, 빵(긍정 신호)이 들어있는지를 잘 모를 때 우리는 빵은 놓쳐도 별 상관없지만 만일 칼을 놓치면 생존에 직접적인 영향을 받습니다. 그러므로 사람들은 부정 신호를 더 빨리 캐치하는 경향이 발전했다고 합니다. 이런 관점에서 민 과장이 가지고 있는 선입견과 조직에서 보냈던 부정적 신호가 결합되어 힘들었던 것이 아닌가 하는 생각이 듭니다.

신뢰 형성을 위한 대화하기를 어떻게 했는지 궁금했다. 이것은 상대가 좋아할 만한 대화 소재를 찾는 것부터 시작된다. 상대의 관심 사항이 무엇인지 알기 위해서 안테나를 세우자, 기대하지 않았던 자신 안에서의 변화가 일어났다고 했다. '누군가에게 관심을 갖는다는 것이 그 사람과의 친밀감을 형성하는데 첫 출발점이구나'라는 것을 새삼 알게 되었다고 한다. 그러다보니 대화를 시작하기도 전부터 상대와 친밀해진 것 같은 마음이 들어서 좋았다고 한다. 그러면서 대화 소재를 발굴한 다음, 서술형으로 질문하고, 자신의 이야기를 공개하고, 다시 연관된 질문을 하는 대화는 한 두 번의 대화 실습만으로는 충분하지 않다고 했다. 대화 순서를 잊지 않고 있어야 한다는 생각과 지금 눈앞에 있는 상대의 말을 잘 들어야 한다는 생각이 겹쳐서 힘들었다고 했다.

  대안을 직접 실천해 본 결과 유익한 점(관심만으로 친밀감이 생성)을 얻었고, 또 실제 대화가 쉽지 않다는 점도 발견할 수 있었다고 했다. 실천하고 배운 것에 대한 지지적 피드백을 잊지 않고 제공한 다음, 스스로 느꼈던 힘든 것을 어떻게 해결해 갈 수 있을지 물었다. 때론 해결책을 물어보는 것 자체가 좋은 피드백이 되기 때문이다.

> **💡 코칭 요약**
>
> 주제:「동료 직원과의 커뮤니케이션」
>
> 대안
>
> 1. 외부자의 시각으로 조직 문화 이해하기
>   - 호칭, 근무 복장, 결재 관행, 점심 문화 등에 대한 장단점 정리
> 2. 잘되고 있는 외부 모임 원리를 찾아 적용하기
> 3. 잘 듣고, 부드럽게 말하고, 대화 시간 마련하기
>   - 진실성, 무조건적 긍정적 관심, 공감적 이해의 원리 적용
> 4. 신뢰 형성을 위한 대화 패턴 활용하기

> **참고 이론(문헌)**
>
> **사람 중심 접근법의 특징**
> - 사람은 자기 자신을 이해하고 자기 개념, 기본적인 태도, 자기 주도적인 행동을 변화시킬 수 있는 방대한 자원을 자신 안에 갖고 있으며 어떤 토양이 제공되기만 한다면 그 자원을 일깨울 수 있다(사람 중심 접근법의 가설).
> - 성장을 촉진하기 위해서는 첫째 진실성(realness), 둘째 무조건적인 긍정적 관심(unconditional positive regard), 셋째 공감적 이해(empathic understanding)이 필요하다.
>
> 『사람 중심 상담』, Carl R. Rogers, 학지사, 131p 참조

05 서로 윈윈하는 무패 방법으로

갈등 스트레스가 가장 커요　사례

　조직은 두 사람 이상이 모인 곳이다. 세상에 자신과 같은 사람은 단 한 사람도 없다. 서로 다른 성향의 사람의 모인 곳이 조직이다. 이 같은 조직에서 갈등의 발생은 너무나 자연스러운 현상이다. 혈연으로 맺어진 가족에서도 갈등은 일어나기 마련인데, 남남이 모인 조직에서의 갈등 발생은 두말할 필요가 없을 것이다.
　조직에서 갈등 발생이 일어나지 않도록 한다는 것과 갈등이 생길 수밖에 없다는 것을 인정하는 것과는 차이가 있을 것이다. 후자는 갈등 발생을 애초부터 일어나지 않도록 하는 것이 아니다. 다만 일어난 갈등이 어떻게 순기능이 발휘될 수 있도록 하느냐의 관점으로 접근한다. 즉, 갈등의 조절과 관리에 초점을 맞추는 것이다.
　박 팀장은 팀원 수가 제법 많은 팀을 맡고 있었다. 팀에 주어진 업무의 종류도 많았고, 일도 바빴다. 많은 업무에 많은 팀원을 이끌다보니 갈등 발생의 빈도도 자연히 늘어났다. 박 팀장은 자신이 의사 결정을 하는 것은 대부분 팀 내 갈등을 어떻게 해결하느냐에 관한 것이라고 했다. 갈등은 팀의 효율적인 업무 수행과 팀원의 자발성 증진과도 밀접하게 연결되어 있었다. 작은 갈등이라도 발생하면 팀의 성과는 눈에 띄게 떨어졌다. 팀 내 분위기도 차가워지는 느낌을 받았다.
　게다가 박 팀장은 개인적인 성향도 갈등을 싫어하는 타입이었다. 박 팀장과 달리 갈등을 좋아하는 타입이 있다는 것은 아니다. 이를테면 조직의 성과와 사람과의 관계 중 관계를 더 선호하는 타입이라는 것이다. 이 선호도가 자신의 내면과 언행에 미치는 영향은 제법 크다. 박 팀장은 일이 조금 부진하더라도 팀에 갈등이 없었으면 더 좋겠다고 했다. 갈등에서 오는 스트레스가 가장 크다고 했다. 어떻게 하면 갈등을 적절하게 관리할 수 있을까요?

갈등을 관리한다는 것은 무엇인지 　대안 탐색

박 팀장의 코칭 주제는「팀 내의 갈등 관리」였다. 관리한다는 말에는 여러 가지 의미가 담겨있을 것이다. 그 의미를 분명히 하는 것이 바로 코칭 목표가 될 수 있다.

💬 갈등을 관리한다는 것이 무엇을 의미하는 것입니까?

라고 질문했다.

💬 갈등을 관리한다…? 구체적으로 생각해 보지 않았네요. 그냥 쉽게 생각했는데, 코치님이 그렇게 물어보니까 제가 무엇을 염두해 두고 갈등을 관리한다고 생각했는지 미처 그려 보지 못했네요.

라고 답하면서 다소 당황한 눈치였다.

💬 아닙니다. 미리 생각해 보지 않았다고 해서 걱정할 필요는 없습니다. 오히려 미리 생각하지 않는 것이 더 좋습니다. 제가 예상 질문을 하고 거기에 맞는 정답만 주고받는다면, 이렇게 박 팀장과 만나서 대면 코칭을 할 필요가 없겠지요. 평소 생각지도 않았던 질문을 받고 생각해 보는 것이 코칭이 주는 효과 중에 가장 큰 것입니다.

라고 다독여 주었다. 그러면서,

💬 갈등을 관리한다는 구체적인 의미가 잘 떠오르지 않으면, 그냥 떠오르는 생각을 표현하는 단어만 먼저 나열해 보면 어떨까요?

라고 중간 징검다리를 걸을 수 있도록 안내했다. 완성된 문장으로 표현하는 것보다 단어만 생각하는 것은 훨씬 쉬웠다. 그리고 결국 갈등 관리의 의미를 나타내는 문장은 생각을 대변하는 단어로 구성될 것이다. 적절, 조화, 개선, 원원, 사람 중심, 관계, 성과 향상 등을 생각해 냈다.

💬 좋습니다. 팀장님께서 말씀하신 단어를 보니까 갈등 관리의 의미가 어떤 것인지 대략적인 그림은 그려지는 것 같습니다. 이제는 이 단어를 가지고 구체적인 문장을 만들어 보겠습니다.

혹자는 갈등 관리에 대한 의미를 꼭 문장으로 규정할 필요가 있는가 하는 의문을 제기할 수도 있을 것이다. 그런데 '생각은 언어로 표현되어질 때' 더욱 분명해진다고 생각한다. 코칭은 두루뭉술하게 목표를 정하고 나가는 것이 아니다. 확실한 하나의 목표를 향해 정하고 피코치가 거기에 도달할 수 있도록 도와주는 과정이다. 목표가 분명하지 않으면 대안이 불분명해지고, 그러면 코칭 효과도 확인하기가 쉽지 않다.

박 팀장이 만들어낸 것은 '팀원의 적절한 관계 개선, 원원하는 관계로 성과 창출하기, 조화로운 사람 중심의 팀' 등이었다. 이중에서 자신의 생각과 가장 맞아 떨어지는 것은 두 번째, '원원하는 관계로 성과 창출하기'였다.

내가 대응하고 있는 갈등 관리의 모습은

구체적인 목표가 정해지면, 그것과 대비한 현재 모습, 목표에 도달하기 위한 대안을 찾는 것이 다음 순서다. 업무 수행 과정에서 필연적으로 발생할 수밖에 없는 갈등을 어떻게 처리하고 있는지 궁금했다.

갈등에 대한 해결책을 따로 생각해 보지 않았다고 한다. 그냥 그때그때 문제가 발생할 때마다 마음 내키는 대로 대응하는 수준이었다. 갈등 발생이라는 자극과 문제 해결이라는 반응사이에 생각이라는 과정이 전혀 없었다. 팀원이 어떤 요구 사항을 주장하면(갈등 발생), 팀장의 직위를 활용하여 거절(문제 해결)하는 식이었다. 때론 요구 사항이 계속되거나, 팀원의 다수가 공동으로 요청하는 경우에는 마음에 들지 않으면서도 수용하였다. 이렇게 받아들여 주고 나면, '내가 팀원이었을 때는 이렇게 행동하지 않았는데…' 하는 원망과 서운한 감정이 올라왔다고 한다.

이 같이 팀장이 팀원에게 부정적 감정을 가지고 있으면, 팀장과 팀원 모두에게 마이너스였다. 물론 팀의 성과도 당연히 떨어졌다.

인지 왜곡의 종류에 보면, 정신적 여과라는 것이 있다. 자신의 정신에 일종의 필터링 과정이 있어 자신이 선호하는 사항은 받아들이고, 선호하지 않는 사항은 걸러내 버리는 것이다. 박 팀장도 사람인지라 한 번 팀원에 대해 서운함이 들면, 팀원의 행동 중에서 서운하게 하는 것은 수용하고, 팀원이 잘한 좋은 행동은 기각해 버리는 것이다.

목표에 대비한 현재 모습이 많이 떨어져 있음을 볼 수 있었다. 대개 피코치들은 목표와 현재의 간격을 확인하면 놀란다. 막연히 달성하고 싶다는 목표가 생각만큼 쉽지 않겠구나 하는 생각이 들기 때문일 것이다. 또한 구체적으로 정리하면서 '나의 현재 모습이 정말 이것 밖에 안 되는 것인가?'에 대한 자각 때문에 놀라기도 한다. 목표가 멀다고 느끼든, 자신의 현재 모습에 충격을 받든, 벌어진 간격의 차이를 어떻게든 동기화시켜 주는 것이 필요하다. 자칫 목표 달성 좌절로 기울어진다면 코칭의 동력은 떨어지고 만다.

💬 팀장님이 원하는 목표는 윈윈하는 관계인데 현재는 내가 이기거나, 팀원이 이기는 그런 상황이네요. 이렇게 목표 대비 현재 모습을 확인하니 어떤 생각이 드시나요?

먼저 박 팀장의 생각을 확인하는 것이 필요해 보였다.

그는 갈등 관리가 참 어렵다는 생각, 가야할 길이 생각보다 멀다는 느낌, 그렇지만 꼭 풀어야할 숙제라는 생각 등이 들었다고 했다. 대신에 과연 어떻게 풀어가는 것이 좋은지는 잘 모르겠다고 했다.

갈등 해결의 3가지 방법

갈등 해결의 필요성을 느끼는 바로 이 순간이 전문적 안내를 할 적절한 타이밍이었다. 들을 자세가 갖추어진 것이다. 코칭의 매력이 이럴 때 발휘된다. 사람은 금과옥조와 같이 아무리 좋은 얘기를 해도 '들을 귀가 없으면 듣지 않는다.' 그런데 간절히 해결하고 싶은 문제가 있는데 도무지 자신의 지식과 경험에서는 방법을 찾지 못하고 있다. 이것 하나만 탁 쳐서 물꼬를 터주면 될 것 같은데 하는 안타까움이 있을 때가 있다. 이때는 귀가 저절로 크게 열린다.

💬 갈등 해결에 관해 권하는 3가지 방법이 있는데, 한 번 들어보시겠어요?

전문적 안내를 하기 위한 연결 질문을 했다. 의례적인 것일지라도 반드시 피코치의 의사를 묻고서 진행하는 것이 필요하다. 피코치 자신이 듣겠다고 허락한 것과, 그렇지 않은 것은 차이가 있다. 그러므로 피코치의 허락을 얻는 것은 피코치의 집중력을 끌어 올리는데 효과적이다.

갈등 해결은 '승-패', '패-승', '무패' 이렇게 3가지 방법이 있다. '승-패'의 방법은 내가 상대방에게 해결 방안을 제시하는 것이고, '패-승'의 방법은 상대방이 나에게 해결 방안을 제시하는 것이다. 상대방과 내가 모두 해결 방안을 제시하는 것은 '무패' 방법이다. 첫 번째와 두 번째의 방법은 이기고 지는 편이 갈라져, 지는 쪽에서는 즉 상대방이 제시한 해결 방안을 수용한 측에서는 원망이나 분노가 쌓인다. 이에 비해 세 번째인 무패 방법에서는 서로가 해결 방안을 제시하므로 이기고 지는 것이 없는 방식이다.

💬 세 번째 무패 방법이 바로 제가 원하는 서로 윈윈하는 관계를 이루기 위한 갈등 해결과 딱 맞아떨어지네요. 그럼 이 방법을 적용하면 되는데, 어떻게 적용하느냐가 문제일 것 같습니다.

박 팀장 스스로 자신의 현실과 이론을 접목하고 있었다. 마치 코치 수준으로.

갈등 해결의 단계를 밟아가자

적용하기 위해서는 '갈등 해결 단계'를 이해하는 것이 필요해 보였다. 그 단계는 '문제 파악 ⇒ 해결 방안 도출 ⇒ 해결 방안 평가 ⇒ 의사 결정 ⇒ 실행 ⇒ 사후 평가' 순서이다.

현재 갈등을 일으키고 있는 문제가 무엇인지 파악하는 것이 첫 번째 할 일이다. 갈등의 당사자 A와 B가 주장하는 것이 무엇인지 정확하게 규명하는 것이 문제 해결의 첫걸음이다. 다음에는 각자가 해결 방안을 찾아보는 것이다. 되도록 많이 찾는 것이 좋다. 브레인스토밍 방식으로 접근하는 것이다. 아이디어의 평가나 실행 여부는 제쳐두고 일단 가짓수를 많이 내는 것이다.

세 번째 단계인 '해결 방안의 평가'에서 찾은 방안의 장단점, 현실성 등을 검토해 본다. 이런 평가 과정을 거치면 자연스럽게 의사 결정이 될 것이다. 이것이 네 번째 단계다.

결정되었으면 실행되어야 한다. 탁상에서 머릿속으로 생각한 방안을 직접 실행하면 의외의 상황에 부딪히기 마련이다. 잘될 수도 있고, 장애를 만나 비틀거릴 수도 있다. 마지막으로 '사후 평가'가 필요한 대목이다.

💬 단계적으로 문제를 풀어가는 것이 좋네요. 특별한 비법이 있는 것은 아니지만, 이 단계를 따라가면 그래도 조금씩 갈등이 해결될 것 같다는 기대가 듭니다.

설명을 들은 다음에 박 팀장이 보인 반응이었다.

갈등 해결의 각 단계를 밟아갈 때 필수적으로 개입되는 것은 상대방과의 커뮤니케이션이다. 의사 소통을 어떻게 하느냐에 따라 갈등이 해결될 수도 있고, 오히려 증폭될 수도 있다. 내가 상대방에게 자신이 생각해낸 해결 방안을 제시할 때 활용할 수 있는 커뮤니케이션 스킬은 'I-메시지'가 좋다. 'I-메시지'는 의사 소통의 문제를 해결하는 방안으로 종종 등장하는 스킬이다. 이것은 앞서 언급했듯이 주어를 'I', 즉 나를 사용하는 문장으로 표현하는 것이다. 자신의 입장에서 자신의 생각과 감정을 차분하게 표현할 수 있다는 장점이 있다.

상대가 제시하는 방안을 들을 때에는 적극적 경청이 필요하다. 열린 마음으로 무슨 말을 하는지 공감하는 자세로 듣는 것이다. 비록 동의할 수는 없다 하더라고 상대의 입장에서는 충분히 그럴 수 있겠다는 자세로 받아들이는 것이 중요하다.

팀 내 합의 의견 도출은 이렇게

다음으로 생각해 낸 대안은 '팀 내 합의 의견 도출하기'였다. 팀원의 의견이 서로 맞지 않는 경우나, 팀장과 팀원의 의견이 다른 경우가 종종 있다는 것이었다. 팀장으로서 팀의 의견을 하나로 묶는 것은 요긴했다. 상사를 설득하는 과정이나 관련 부서에 업무 협조를 요청하는 중에 반드시 필요한 것이 합의된 하나의 의견이었다. 이렇듯 외부적인 관계에서 뿐만 아니라 팀의 내부적인 영역에서도 의견 합의는 중요했다. 왜냐하면 충분하고 활발한 토의를 통해 합의를 이룬 경우에는 그 일을 추진하는 팀원의 동기가 높기 때문이다.

문제는 어떻게 '합의 의견을 도출해 내느냐?'였다. 박 팀장이 생각해 낸 방법은 활발한 커뮤니케이션을 유발하는 것이었다. 그러기 위해서 사적인 영역에서 먼저 신뢰를 쌓고, 이것이 업무적인 영역에서 대화로 이어지게 하면 좋겠다고 생각했다. 사적인 대화와 업무적인 대화를 구분하여 접근하기로 한 것이다. 사적인 대화에서는 신뢰감 형성이 목적이 되었고, 업무에서는 합의 의견 도출이 목적이었다.

업무적인 대화에서 실천해 볼 수 있는 구체적인 방안으로 오류 줄이기, 상대의 실수에 질책하지 않기, 오답 노트 만들어 보기 등을 실천해 보기로 했다. 'Yes-But 화법', 또는 제안 화법을 적극 활용해 보기로 한 것도 인상적이었다. 상대가 제안하는 의견에 바로 반대하지 않고, 일단 Yes한 다음에 자신의 의견을 추후에 이야기하는 것이 'Yes-But 화법'이다. 제안 화법은 자신의 의견을 제안 형식으로 말하는 것이다. "저는 이런 의견을 가지고 있습니다. 저의 이 의견에 대해 어떻게 생각하세요?"라고 물어보는 형식이다.

감정과 팩트를 구분하고, 감정을 읽어주기로 하는 방안도 실천해 보기로 했다. 생각 없이 대화하다 보면 감정과 사실을 구분하지 않고, 한꺼번에 싸잡아서 비난할 때가 많다는 것에서 착안한 방안이었다. 감정과 사실이 섞이다 보면, 상대가 가지고 온 좋은 제안(사실)마저 감정에 휘말려 사라질 위험이 있다. 만일 이런 일이 발생한다면 얼마나 손해인가? 사실은 사실이고, 감정은 감정일 뿐이다. 사실을 있는 그대로 평가하는 안목을 갖기 위해서는 감정을 걷어낼 필요가 있다.

민주적 의사 결정이 주는 효과 실행 결과 및 피드백

코치가 안내하고 자신의 생각으로 찾아낸 갈등 관리 해결 방안에 대한 박 팀장의 실행 결과는 다음과 같았다.

먼저 팀에서 발생하는 현안 사항에 대해 서로 원하는 방법을 찾아보는 과정이 매우 의미가 있었다고 했다. 코칭을 받기 전에는 닥치는 대로 결정하기 바빴는데, 이제는 일정한 절차를 밟아 단계적으로 풀어갈 수 있게 되었다고 한다. 전에 비해 의사 결정하기까지 다소 시간이 걸리지만 그 과정을 밟아가는 자체만으로도 팀의 분위기가 훨씬 좋아졌다고 한다. 팀원 개개인이 팀의 의사 결정에 일정 부분 기여하고 있다고 느꼈고, 그래서 한 번 결정되고 나면 불협화음 없이 추진되어 가는 것이 가장 큰 성과라고 했다.

직접 실행하였고, 실행에 따른 효과를 톡톡히 보고 있어서 공감적 경청만으로도 향후 실행을 강화해 줄 수 있었다. 특히 갈등 해결 방안을 찾기 위해 팀원 모두가 자신의 의견을 개진할 수 있는 기회를 주는 방식이 좋을 것이라고 피드백해 주었다.

💬 이것은 민주적 의사 결정 방식을 준수하는 모습입니다. 사람의 심리에는 자신이 내놓은 의견의 채택 여부와 상관없이 자신의 의견을 공식적으로 표현하는 것만으로도 존중받고, 의사 결정에 깊이 관여하고 있다는 생각을 한다고 합니다. 지금 팀장님께서 갈등 해결을 위해 단계를 밟아가는 과정이 바로 이런 효과를 가져다주고 있다고 생각합니다.

그러나 현안 사항 전부를 이런 과정을 거쳐서 의사 결정하기는 어렵다. 현안의 속성에 따라 다르게 대처할 필요가 있어 보였다.

💬 팀원 모두가 참여하는 의사 결정이 갈등 해결에 참 좋습니다. 그런데 모든 현안 사항을 이렇게 할 수는 없을 것 같은데, 이에 대한 다른 대안은 생각해 보셨는지요?

라고 질문했다. 그러자 그는 기다렸다는 듯이 현안에 대한 팀원의 관련 여부, 언제까지 일을 마무리해야 하는지 여부, 의사 결정의 중요성 등을 감안하여 접근할 필요성이 있다는 것을 이미 느끼고 있다고 했다. 이 또한 직접 실행해 본 경험에서 나온 것이었다.

합의 의견을 도출하는 세부 방안에 대한 실행 소감도 있었다. 'Yes-But 화법'에 관한 것이었다. 현안 사항에 대해 활발하게 의견을 나누는 중에 상대의 이야기를 일단 수용(Yes)한 다음에 자신의 이야기를 하는 것(But)이 현장에서 바로 이루어질 때는 효과가 반감되는 것 같다고 했다. 결국 But 뒤에 나오는 자신의 의견을 강조하기 때문에 수용의 의미가 크게 다가오지 않는 것 같다고 했다. 세밀한 지적이었다.

박 팀장의 실천 소감에 공감하면서, 해결 방안을 찾아보도록 요청했다.

💬 팀장님께서 지적한 그것을 해결하는 더 좋은 방법은 무엇이 있을까요? 우리 한 번 같이 생각해 봅시다.

함께 찾은 방법은 Yes와 But 사이에 적절한 시간을 두기로 한 것이었다. 상대의 이야기를 듣고서 수용한 다음, 하루나 이틀, 또는 일주일 등 시간이 지난 후에 자신의 의견을 제안하는 것이었다. 그렇다고 중간에 낀 시간을 단순히 흘려보내는 것만은 아니었다. 상대가 제안한 의견과 자신이 개진하고자 하는 의견을 곰곰이 살펴보는 시간이 되어야 한다. 이렇게 한다면 상대의 입장에서는, '내 의견을 심사숙고하고 있구나.' 하는 마음을 가질 수 있을 것이다. 바로 현장에서 다른 의견을 제시하면 Yes가 형식적으로 들려질 수도 있을 것이다. 그런데 적절한 시간이 개입되면 그만큼 깊이 생각한 것으로 받아들여진다는 것이다. 전략적으로 접근할 수 있는 좋은 방안이었다.

코칭 요약

주제: 「팀 내 갈등 관리」

대안

1. '갈등 관리'에 대한 정의 명료화하기
   - 목표 합의: '윈윈하는 관계로 성과 창출하기'
2. 갈등 해결 방법 중 '무패' 방법 적용하기
   - 갈등 해결 단계 밟아가기
     * 문제 파악 ⇒ 해결 방안 도출 ⇒ 해결 방안 평가 ⇒ 의사 결정 ⇒ 실행 ⇒ 사후 평가
   - 의사 소통 과정에서 'I-메시지' 및 공감적 경청 활용
4. 팀내 합의 의견 도출하기
   - 오류 줄이기, 상대의 실수에 질책하지 않기, 오답 노트 만들기, 'Yes-But' 화법 사용하기, 감정과 팩트 구분하고 감정 읽어주기 등

참고 이론(문헌)

인지 오류(왜곡)의 종류
- 사고의 전형적인 오류들은 다음과 같은 것들이 있다.
- 전부 아니면 전무의 사고(흑백 논리), 재앙화, 긍정적인 면의 평가 절하, 감정적 추론, 명명하기, 과장 및 축소, 정신적 여과(선택적 추상), 독심술, 지나친 일반화, 자기 탓, 당위 진술, 터널 진술 등

『인지 행동 치료 이론과 실제』, Judith S. Beck, 하나의학사, 226p 참조

갈등 해결 / 무패 방법이란?
- 승-패 방법의 대안인 무패 방법(No-Lose Method)은 갈등 해결을 위한 세 번째 방법으로서 이 방법을 사용하면 아무도 패배하지 않는다.
- 효과적인 리더는 집단 구성원의 욕구와 자신의 욕구를 상호 충족시키기 위해 다양한 기술을 사용하는 유연성과 감수성이 필요하다. 무패 방법은 바로 이것을 수행하여 상호 욕구 충족을 위한 해결 방안을 만드는 방법이다.

『리더 역할 훈련』, Thomas Gordon, 양철북, 279p 참조

06 갈등 진행 과정을 알면 해결책이 보인다

J 타입의 팀장 사례

사람은 누구나 자신이 선호하는 습관이 있다.

"양손을 깍지 끼워 보세요."하고 요청하면 별다른 의식 없이 자신이 평소 하는 대로(즉 선호하는 습관에 따라) 깍지를 낀다. 이렇게 깍지를 낀 것을 본 다음, "이번에는 반대로 해 보세요."하고 요청한다. 그러면 평소 자신이 하던 것과 반대로 하게 되면 어색한 느낌을 받는다. 독자 여러분도 이 간단한 동작을 직접 해보기 바란다. 참고로 나는 오른손 검지가 위에 올라오는 타입이다. 그런데 반대로 왼손이 올라오게끔 깍지를 끼면 마치 내 손이 아닌 것마냥 불편하다.

오른손이 위로 올라오게 깍지를 끼든, 반대로 왼손이 올라오게 하든 하등의 상관이 없다. 옳고 그름의 문제가 아니라 앞서 얘기했듯이 선호 경향만 다른 것이다. 내가 하는 방식(오른손이 올라오도록 깍지를 끼는 것)이 옳으니까 당신도 나처럼 해야 한다고 요청하는 것은 지나친 요구다.

이것은 사람들의 성향을 16가지로 구분한 MBTI의 선호 경향에 관한 설명이다. 생활 양식은 사전 계획적이고 체계적인 'J' 성향과 상황에 따라 일정이 달라지며 융통성 있는 'P' 성향으로 나뉜다.

이번에 코칭을 받겠다고 들어선 권 팀장은 영락없는 'J' 타입이었다. 그는 자신을 이렇게 소개했다.

💬 점심때 식당을 가도 항상 가던 집에 가고, 회의실 자리도 늘 앉던 자리가

편합니다. 만일 여행을 간다면 미리 세밀하게 계획을 세우는 것은 당연하구요. 주말에도 대략적인 것일지라도 계획이 있는 것이 좋습니다.

그러면서 그는 간혹 주변에서 "무계획이 계획이다.", "무작정 한번 떠나는 것도 괜찮다.", "특별한 용무 없이 그냥 전화하는 것이 좋다." 라는 말을 들으면 잘 이해가 되지 않는다고도 했다. 일주일이 시작되는 월요일이면 그 주에 처리해야 할 일을 수첩에 낱낱이 적고, 그 일이 완결될 때마다 그것을 지워가는 재미가 쏠쏠하다고 했다. 그것도 빨강색으로 지우면 뿌듯하고 시원함을 느낀다고 했다.

권 팀장은 또 포스트잇에 대한 이야기도 빼놓지 않았다. 여기저기에 포스트잇을 참 많이 붙여 놓고 있다고 했다. 수첩과 사무실 PC는 물론 집의 달력에도 색색의 포스트잇이 붙어 있단다. 해야 할 일이 생각날 때, 혹시 잊어버릴지도 모를 중요한 약속이나 일 등이 있으면 수첩이나 달력에 메모하는 것으로도 모자라 이 포스트잇을 활용한다고 했다. 이렇듯 권 팀장은 장래 일을 미리 대비하는 스타일이었다. 새로운 상황을 즐기는 것보다는 예측 가능한 상황을 선택하는 타입이었다.

그가 다루고 싶은 주제도 역시나 그의 스타일과 딱 어울리는 것이었다. 지금은 없으나 장래 발생할지도 모를 팀원들의 갈등 상황에서 어떻게 대비하는 것이 좋은지 알고 싶다는 것이었다. 현재 눈앞에 펼쳐진 상황이 아니라서 자칫 학습 형식으로 흐를 경향이 짙었다. 하지만 피코치가 원하는 주제이니 만큼 받아들이기로 했다.

목표는 분명해야 좋다 `대안 탐색`

권 팀장이 다루고 싶은 주제는 다른 사람들과 달리 현안 사항이 아니라, 장래 발생할지도 모를 일에 대해 미리 준비하는 것이었다. 그래서 현재 모습을 파악하고, 대안을 찾는 방법보다는 바로 목표를 설정하는 것에서부터 시작하였다.

코칭의 프로세스는 대체로 목표 설정(Goal) ⇒ 현실 파악(Reality) ⇒ 대안 탐색(Option) ⇒ 실행(Will) 순으로 진행된다. 이 순서를 각 단계의 영문자 이니셜을 따서 'GROW' 방식이라고 부른다. 코칭이 원래 목적으로 삼고 있는 '성장'의 의미도 담고 있어서 코치들이 일반적으로 애용하는 프로세스다.

실제 코칭이 이루어지는 현장에서는 '목표 설정(G)'과 '현실 파악(R)'의 순서를 바꾸어서 진행하는 경우도 많다. 무엇을 먼저 다루느냐에 따라 피코치가 생각하는 목표가 달라진다는 점을 감안하여 선택하는 것이 좋다. 현실 파악을 먼저 한 뒤에 목표를 설정하면 보다 현실적인 목표가 수립될 가능성이 높다. 현재 모습에서 조금 앞선, 달성 가능한 목표를 잡는 것이 사람들의 일반적인 속성이기 때문이다. 조직에서의 성과 향상, 대인 관계 개선 등 비즈니스 코칭에서는 주로 이 방식을 따른다. 조직에서의 성장과 변화는 아무래도 현실을 무시할 수 없는 상황이 많을 것이라고 가정해서다.

피코치에게 목표 설정을 먼저 하게 하면 자신의 현실과 무관하게 더욱 크고 원대한 목표를 생각한다. 어떤 코치들은 이런 큰 목표가 성장의 동력이 된다고 주장하기도 한다. 큰 목표를 달성하기 위해 조금이라도 노력하는 것이, 작은 목표를 설정하고 그 목표를 이룬 것보다 더 앞설 수 있다고 본다. 그래서 괄목할만한 변화와 성장을 이루기 위해서는 불가능할 것 같은 목표를 설정하는 것이 필요하다고 강조한다. 한마디로 '큰 목표가 큰 성장을 이룬다.'고 보는 것이다. 어쨌든 두 가지 방법에서 각기 강조점이 다른데, 권 팀장과의 코칭에서는 목표 설정부터 시작하게 되었다.

💬 팀원 사이에 갈등이 발생하면 이것이 어떻게 되기를 원하나요?

목표 설정에 대한 질문을 던졌다. 그러자 그는

💬 처음부터 갈등이 발생되지 않으면 더 좋겠죠. 그렇지만 만일 갈등이 발생한다면, 해결하는 것이 필요한데, 두 사람 사이가 갈등 발생 전에 비해 더 좋아지도록 하면 좋겠습니다. 너무 이상이 높은가요?

갈등 해결의 수준을 넘어 친밀한 대인 관계 형성까지 그리고 있었다. 역시 현재 모습을 보지 않고 목표를 설정하니 높게 나왔다. 비온 뒤에 땅이 굳어지듯이 갈등을 겪은 뒤에 더욱 친밀해질 수 있다. 갈등을 겪는 과정에서 상대의 진면목을 볼 수 있는데, 이것이 긍정적으로 해결만 된다면 더욱 끈끈한 관계를 만들 것이다. 다만, 개인적인 영역이 아닌 공적인 조직에서 이같은 갈등의 순기능이 작용되기 위해서는 상호간의 신뢰가 더욱 공고해져야 할 것이다.

💬 친밀한 대인 관계 형성을 목표로 정하면 되겠네요.

💬 네, 좋습니다.

💬 그럼 팀장님이 목표로 정한 '친밀하다'는 것은 구체적으로 어떤 것입니까?

친밀함에 대한 권 팀장 개인이 가지고 있는 조작적 정의를 물었다. 그는 "자신이 하고 싶은 말은 주저하지 않고 자연스럽게 말하는 관계, 어떤 말을 해놓고서 부담이나 걱정을 하지 않는 관계, 때론 상대의 입장에서 듣기 싫은 소리일지라도 상대를 위해 말해 줄 수 있는 관계"라고 다소 장황하게 말했다.

💬 친밀한 관계에 대해 팀장님께서 그리고 있는 모습을 자세하게 설명해 주셨는데, 지금까지 말한 것을 한 문장으로 요약하면 어떻게 할 수 있을까요?

목표는 모쪼록 간단하고 기억하기 쉬워야 좋다. 그래야만 분명해지기 때문이다. 이런 비유가 적절할지 모르겠다. 택시 기사가 손님에게 묻는다. 어디로 모실까요? 손님이 "푸른 바다가 보이며 하얀 백사장이 펼쳐져 있는 곳으로 가 주세요. 그리고 숙소에서 백사장까지 거리가 짧으면 더 좋아요."라고 대답한다. 만일 이렇게 대답한다면, 택시 기사는 "그곳이 어딘데요. 어디로 가자는 것이지요?"라고 되물을 것이다. 코치는 마치 택시 기사처럼 권 팀장에게 정확하게 어디로 가고 싶은지(목표)를 묻고 있는 것이다.

💬 '허심탄회하게 말할 수 있는 관계'라고 정할 수 있겠네요.

💬 허심탄회라는 말이 키워드네요. 이렇게 정리하고 나니 어떤 느낌이 드나요?

그는 목표가 간결해 지니까 그곳만 바라볼 수 있어서 좋다고 했다. 기억하기도 좋고, 꼭 이룰 수 있겠다는 자신감도 든다고 했다.

이제 대안을 찾을 차례였다. 피코치 현안 사항이 아닌 주제라서 여기에서도 평소와 다르게 접근했다. 코칭의 전제는 '피코치 내면에 답이 있다.'고 본다. 목표 달성에 대한 해결책이 피코치에게 있다고 보고, 그것을 찾아낼 수 있도록 도와주는 것이 일반적인 코칭 장면이다. 그런데 이번 코칭은 장래 대비용이므로 피코치에게 어떤 해결 방안이 있는지 질문하는 것은 효과적이지 못했다. 먼저 코치가 대안에 관한 이론적 근거나 좋은 사례를 설명(전문적 안내)해 주는 것이 필요했다.

갈등은 어떻게 생성되고 진행되는가

💬 '갈등의 해결을 넘어 허심탄회하게 말할 수 있는 관계'까지 나가는 것이 목표인데, 이것과 관련된 갈등의 사고 과정에 대해 잠깐 설명해 드리겠습니다.

전문적 안내에 앞서 연결형 문장을 말한 다음 설명해 나갔다.

💬 사람들 사이에 갈등이 일어나는 것은 대부분 대인 사고의 오류에서 발생합니다. 여기서 대인 사고란 사람과의 관계에서 일어나는 사건의 의미를 추론하는 것을 말합니다. 상대방이 어떤 뜻으로 그런 말을 하고, 또 그런 행동을 했을까 하고 추론하는 '의미 추론 과정'을 갖습니다. 그 다음에는 추론한 의미가 긍정적인지 또는 부정적인지를 나름의 평가를 내리는 '의미 평가 과정'을 가지고요, 마지막으로 자신이 내린 평가에 스스로 어떻게 대처할 것인지를 결정하는 '대처 결정 과정'에 이릅니다.

『인간 관계의 심리학』, 이태연, 194p 참조]

갈등이 일어나는 과정이 '의미 추론', '의미 평가', '대처 결정'의 순으로 일어난다는 것이다. 의미 추론 과정을 좀 더 상세하게 살펴보면 재미있는 것을 발견할 수 있다. 사람들은 대개 어떤 행동의 원인이 무엇인지 설명해 보려는 속성을 갖고 있다. 설명되지 않으면 궁금해서 못 견딘다.

한때 유행했던 개그 중에 '궁금하면 500원'이라고 말했던 것이 문득 생각난다. 개그 작가가 사람들에게 이런 속성이 있다는 것을 알고서 만든 말인지는 잘 모르겠지만, 아무튼 이 말은 사람들의 그 속성을 건드린 만큼 한 동안 인구에 회자되었다.

심리학에서는 이런 현상을 '귀인(attribution)'이라고 부른다. 귀인을 할 때 사람들은 몇 가지 준거를 가지고 행동의 원인을 찾는다. 원인의 행동이 상황에 있다고 볼 수도 있고, 행위자 자신에게 있다고 볼 수도 있다. 상황에 있다고 보는 것은 외부 귀인이라고 하고, 행위자 자신에게 있다고 보는 것은 내부 귀인이라고 한다. 행동의 원인을 어디서 찾는지, 즉 외부 귀인 또는 내부 귀인에 따라 의미 추론에 아주 중요한 영향을 미친다.

자주 드는 예이지만 이해를 돕기 위해 다시 한 번 들어본다. 지각한 상대의 행위를 외부 귀인하면 '오늘 교통이 막혀서 늦었구나'라고 추론할 것이고, 내부 귀인하면 '저 녀석은 원래 게을러서 그래'라고 추론할 것이다. 귀인을 어디에 두느냐에 따라 상대 행위에 대한 추론이 이렇게 달라진다.

그런데 귀인 이론에 한걸음 더 들어가면, 사람들은 상대의 행위는 주로 내부 귀인을 하고 자신의 행위는 외부 귀인하는 경향이 강하다. 이를 가르켜 근본 귀인 오류(basic attribution bias)라고 한다. 근본이라는 말을 썼다는 것은 이만큼 사람들이 자주 범하는 오류라는 것이다. 가만히 생각해 보자. 만일 내가 지각한 경우라면 '나는 차가 막혔다고(외부 귀인) 투덜거리지, 원래 내가 게을러서(내부 귀인) 늦었다'고 생각하지는 않는다.

상대 행위를 추론하는 과정에 오류를 범할 수 있는 것으로 '인지 왜곡'도 있다. 앞서 예를 든 지각한 경우에 한 번 지각한 것을 가지고, '저 친구는 항상 늦어' 라고 추론한다면 인지 왜곡이 일어나고 있는 것이다. 한 번의 행위를 일반적인 것으로 해석해 버리는 '과잉 일반화'라는 왜곡이 일어난 것이다. 프리젠테이션하는 동료를 보면서 잘못한 부분도 있지만, 잘한 부분도 있는데 잘못한 부분만 보는 것도 인지 왜곡의 한 종류다. 이른바 '긍정 축소 및 부정 확대'의 오류에 빠지는 경우다.

상대방 행동에 대해 의미를 추론한 다음에는 평가 과정을 거치게 된다. 그 행동이 좋은지 나쁜지를 보는 것이다. 이런 평가 과정에는 평소 지니고 있는 그 사람에 대한 신념에 의해 좌우된다. 신념이란 태어난 기질에 어렸을 때 부모의 양육 환경, 그동안의 경험 등이 함께 어우러져 생긴 것이다. '사람은 성실해야 한다. 약속은 반드시 지켜야한다.'와 같은 것들이 신념이다.

앞서 예를 들었던 지각한 상대방에 대해 의미 추론을 거쳐 어떻게 의미를 평가하는지 계속 이어가 보자. '원래 저 녀석은 게을러서 그래'라고 의미를 추론한 다음, 자신에게 '직장인이라면 출근시간 만큼은 꼭 지켜야 한다. 그것은 직장 생활의 기본이다' 라는 신념을 지니고 있다면 그 사람에 대한 평가는 당연히 나쁘게 나온다.

마지막 단계는 자신의 대처 방식을 결정하는 것이다. 여기에는 '문제 해결식 대처 방식'과 '역기능적 대처 방식' 등 두 가지가 있다. 갈등이 일어난 원인을 찾고 그것을 어떻게든 해결하려고 하는 것은 '문제 해결식 대처 방식'이다. 이에 비해 '저 사람하고는 같이 일하기 싫다'라는 식으로 대응하는 것은 역기능적으로 대처하는 것이다.

어떻게 하면 실제 갈등 현장에 적용할 수 있을까

💬 사람들 사이에 갈등이 어떻게 일어나는지에 대한 과정을 이론적인 근거에 비추어 살펴봤습니다. 쭉 설명을 듣고 나니 어떤 생각이 드세요?

교과서에 기록된 이론이 힘을 발휘하기 위해서는 실생활에 적용할 수 있어야 한다. 이론 따로 생활 따로 간다면, 알고 있는 이론이 무슨 도움이 되겠는가? 권 팀장은 먼저 갈등 발생 과정을 이해할 수 있어서 재미있었다고 했다. 지금까지는 사람 사이에 갈등은 당연히 일어나는 것이고, 이미 일어난 갈등을 어떻게 풀어 나갈 것인지에 초점을 맞추었는데 이제는 각 단계별 갈등 진행 과정을 알았으니 그 단계에 맞추어 대응 방안을 생각해 볼 수 있겠다고 했다. 또 이런 이론적 지식이 갈등 해결에 대한 자신감도 증진시켜 준다고 했다. '아는 것이 힘이다'라는 지적 능력의 효과가 권 팀장에게 일어난 것 같았다.

실행 대안을 찾을 적기에 이르렀다.

💬 그럼 갈등 해결을 위한 방법에는 어떤 것들이 있을까요?

그가 생각해 낸 대안은 다음과 같았다. 첫째는 갈등 당사자에게 갈등 원인에 대해 질문하기였다. 갈등의 시발점은 상대방의 행동에 대한 의미 추론 과정에서 생기는데, 여기에 오류가 있을 수 있다는 전제를 가지고 알아보는 것이었다. 질문을 통해 귀인 오류나 인지 왜곡이 있다는 것을 발견하면, 그것에 대해 설명해 줄 수 있겠다고 했다.

💬 잠깐만요, 팀장님께서 발견한 의미 추론의 원인을 설명해 주면, 과연 그 사람은 바로 자신의 오류를 인정하고 수정할 수 있을까요?

쉽지 않은 부분이었다. 사람은 누구나 아무리 이론적인 근거를 댈지라도 "당신은 이런 점이 잘못 되었다."고 지적을 받게 되면, 저항부터 하고 본다. 그 이론은 맞지 않는 괘변이라고 무시할지도 모른다. 갈등을 풀어주기 위해 접근했다가 자칫 갈등이 더 커질 수도 있는 것이다.

💬 쉽지 않네요. 어떻게 하면 좋을까요?

권 팀장이 반대로 코치에게 물었다.

💬 제 생각에는 오류가 발견되었다면 우선 팀장님이 인지하고서, 다시금 그 직원에게 질문하는 것이 그나마 좋을 것 같습니다.

만일 귀인 오류가 보인다면, "지각한 직원이 진짜 게을러서 그런지 아니면 혹 다른 이유가 있었던 것은 아닌지 한 번 생각해 보면 어떨까요?"라고 질문하는 정도가 될 것이다.

두 번째는 평소 그 사람이 가지고 있는 신념 알아보기였다. 평소 어떤 말을 주로 하고, 어떤 행동을 하는지 관찰해 보는 것이다. 자주 쓰는 그 사람의 말과 행동에는 신념이 담겨 있기 때문이다. '직장인이라면 출근 시간을 지키는 것이 기본이다'라는 신념을 가지고 있다면 어떤 식으로든 밖으로 표출될 것이므로 관심을 가지고 관찰한다면 발견할 수 있을 것이다.

세 번째는 갈등에 어떻게 대처하고 있는지 확인하기였다. 문제를 해결하려고 하는지, 아니면 회피하거나 더 키워가려고 하는지를 보는 것이다. 만일 문제를 해결하는 쪽으로 접근한다면 적극적으로 지원하면 될 것이다. 그런데 회피나 증폭 등 역기능적으로 대처하고 있다면, 그렇게 하는 이유와 그렇게 함으로써 얻는 득실이 무엇인지 알아볼 수 있을 것이다.

갈등의 원인은 발견하였는데 실행 결과 및 피드백

권 팀장의 코칭 주제는 장래 일어날지도 모르는 팀원들 사이의 갈등을 어떻게 풀어갈 것인지 미리 알아두는 것이었다. 현재 눈앞에 있는 문제가 아니라서 바로 실천할 수 있는 상황이 아니었다. 그렇다고 실행이 빠진 코칭은 '앙꼬 없는 찐빵'처럼 완전한 것이 되지 못했다. 이것을 어떻게 풀어나가는 것이 좋을까 고민하는 중에 권 팀장이 하나의 아이디어를 내 놓았다. 가정에서 적용해 보겠다는 것이었다. 생각해 보니 아내와 자녀 사이에 학원 공부에 대해 갈등이 있다는 것이었다. 팀원 사이의 갈등이든, 가족 간의 갈등이든 대상만 다를 뿐 갈등의 발생 및 해결 과정은 동일하게 적용될 것이므로 아주 좋은 방안이라고 생각되었다.

💬 팀장님, 가정에서 갈등 해결을 위한 방안을 어떻게 적용했는지 궁금합니다.

실행 결과를 묻는 질문에 그는 밝게 상기된 표정으로 이야기했다.

💬 아내가 자녀의 못마땅한 부분에 대해 이야기하는 것에 대해 평소와 다른 시각으로 볼 수 있었습니다. 전에는 솔직히 아내의 지적에 동조하면서 자녀에 대한 부정적 감정이 올라왔는데, 이번에는 혹시 아내의 말에 어떤 오류가 있는 것은 아닌지 살펴볼 수 있게 되었습니다. 그랬더니 몇 개가 보였습니다. 맨날 학원에서 내준 숙제를 하지 않고 미룬다는 말이나, 공부는 저렇게 싫어해서 걱정이라는 말에 오류가 있다는 것을 발견할 수 있었습니다.

💬 네, 학습 효과를 톡톡히 보셨네요. 그래서 어떻게 하셨습니까?

그 다음 행동이 궁금했다.

💬 오늘 숙제를 하지 않는 것을 보면서 맨날 숙제하지 않았다고 하는 것은 '과잉 일반화 오류'에 빠져 있는 것이다. 그러니까 이런 식으로 자녀를 평가하는 것은 너무 무리한 결론이다. 라면서 지적하고 말았습니다.

권 팀장은 갈등이 발생하는 첫 단계인 '의미 추론 과정'에서 발생하기 쉬운 인지 왜곡은 잘 발견했는데, 이것을 당사자가 스스로 깨닫게 해주는 데에는 매끄럽게 접근하지 못했다. 새로운 것을 학습하는 인지는 발휘되었지만, 새로운 것 즉 직접 설명하는 대신 질문으로 바꾸어서 물어보는 행동은 미흡했다. 자주 강조하는 말이지만, 또다시 강조하지 않을 수 없었다. 꾸준한 연습만이 행동하게 만든다는 것을…

💡 코칭 요약

주제: 「팀원과의 갈등 해결」

대안

1. 분명하고 간결한 목표 설정하기
   - 목표: 허심탄회하게 말할 수 있는 관계
2. 갈등의 진행 과정에 대한 전문적 안내
   - 의미 추론: 귀인 오류 및 인지 왜곡
   - 의미 평가: 부정적으로 평가
   - 대처 결정: 역기능적으로 대처

3. 갈등 진행 과정에 대한 이해를 갈등 현장에 적용하기
- 갈등 원인에 대해 상대에게 질문하기
- 그 사람이 가지고 있는 신념 알아보기
- 갈등 대처 방법 확인하기

 참고 이론(문헌)

GROW 프로세스
- 코칭 질문은 코칭의 단기 및 장기 목표 설정(Goal) ⇒ 현재의 상황을 파악하는 현실, 즉 현상 확인(Reality) ⇒ 가능한 대안과 다른 전략 혹은 행동 파악(Option) ⇒ 이것을 하겠다는 실행 의지 확인(Will) 등 4 단계를 처음부터 순서대로 밟아 가는 것이 바람직하다.
- 현실을 점검하기 전에 목표를 정하는 것은 현실에 기초한 목표는 부정적이고 대응적이기 쉽고, 또한 과거의 성과에 의한 제약을 받고, 단순한 외연 확대로 인해 창의성이 결여되고 잠재 능력을 제대로 반영하지 못할 수 있기 때문이다.

『성과 향상을 위한 코칭 리더십』, John Whitmore, 김영사, 82p~83p 참조

갈등의 사고 과정
- 대인 관계에서 일어나는 갈등 중 많은 부분이 대인 사고의 오류에 기인하는데 대인 사고란 대인 관계에서 일어나는 사건의 의미를 추론하는 과정을 의미한다. 대인 사고의 과정을 크게 나누면 자기 또는 타인이 왜 그런 행동이나 말을 했을까 추론하는 의미 추론 과정, 의미 추론 과정을 통해 파악된 의도가 긍정적인지 아니면 부정적인지를 평가하는 의미 평가 과정, 대인 상황에 자신이 어떻게 대처할 것인가를 결정하는 대처 결정 과정으로 구분된다.

『인간관계 심리학』, 이태연, 신정, 194p 참조

07 긍정적 가교자가 되자

상사와 부하, 서로 상대방을 잘 모른다 사례

 개인 사업자는 혼자서 사업에 관한 모든 것을 다한다. 자기 판단 하에 사업을 개시하고, 운영하면서 이익과 손실의 결과도 모두 책임진다. 그러므로 자신이 가지고 있는 능력 여부에 따라 성공과 실패가 판가름 난다. 자신의 재능이 한계라는 단점이 있지만 사람들과의 관계에는 신경 쓰지 않아도 되는 장점이 있다.

 조직은 두 사람이 이상이 함께 모인 곳이다. '전체는 부분의 합보다 크다'라는 말이 있다. 이는 1+1=2 이상이라는 의미인데, 조직에서 추구하는 성과가 바로 이것이다. 각 조직원들이 가지고 있는 재능의 단순한 합계치보다 더 큰 성과를 내고자 하는 것이다. 그러기 위해서는 공동의 목표를 공유함은 물론 조직원 서로의 유기적인 연결이 중요하다.

 유 팀장은 팀장으로서 윗사람과 아랫사람을 원활하게 연결해 주는 가교 역할을 제대로 하고 싶다고 했다. 본인이 팀원이었을 때는 사석에서 주로 윗사람에 대해 이런저런 불평을 토로하는 것을 대수롭지 않게 생각했었다. 조직원이라면 예외 없이 조직에서 받는 스트레스를 푸는 하나의 통로라는 생각을 가지고 있었다.

 그런데 팀원에서 팀장으로 위치가 바뀌고 나니, 별 생각 없이 상사들에게 불평하던 모습이 조직에 부정적인 영향을 미친다는 것을 알게 되었다. 더불어 대체로 아랫사람은 윗사람에게 우호적인 평가보다는 그렇지 못하는 것이 더 많다는 것도 새롭게 인식되었다. 윗사람은 또 어떤가? 주어진 일에 성과를 내기 위해 촌음을 아껴 노력해도 부족할 텐데, 쓸데없이 불평불만만 내놓고 있다고 여기고 있었다. 물론 모든 사람들이 이렇다는 것은 결코 아니지만, 대체적으로 이런 생각을 가지고 있다는 것이 문제였다.

유 팀장은 조직에서 이런 상황이 쉽게 발생하는 것이 무엇일까 생각해 보았다. 나름 생각해 낸 것은 윗사람과 아랫사람이 서로 충분히 잘 알지 못한 데서 비롯된 것이라고 여겨졌다. 물리적으로 자주 만나지 못하고, 직접 대면하여 업무에 관한 대화를 나눌 기회가 적은 것이 원인으로 보였다. 윗사람은 팀장이 간접적으로 전달해 준 팀원에 대한 정보나, 원거리에서 본 것들을 조합하여 평가하다 보니 이런 일이 생기는 것 같다고 했다.

경제학에서 설명하는 '정보의 비대칭성'의 개념이 여기에서도 일부분 작동되는 것일지도 모른다. 팀원의 업무 수행 능력과 태도에 관한 정보가 상사에게 완전하게 전달되지 않아서, 즉 팀원이 자신에 대해 가지고 있는 정보와 상사가 가지고 있는 정보가 비대칭이 되어 상사는 잘못된 선택(부정적 평가)을 한다고 설명하면 혹 무리일까? 이런 인식으로 인해 유 팀장은 '중간 연결자 역할'을 코칭 주제로 정했다.

현재 나의 모습은 `대안 탐색`

유 팀장이 내 놓은 코칭 주제의 배경에서 현재 모습을 대략적으로 짐작할 수 있었다. 그러나 그것은 조직의 일반화된 모습이었지, 유 팀장 개인의 구체적인 모습과는 다소 거리가 있었다. 다른 사람들이 대체적으로 이러하더라는 식이 아니라, 지금 내가 이렇다고 규정짓는 것이 필요했다.

💬 대안 탐색에 앞서 팀장님이 이야기한 중간 연결자로서 현재 모습은 어떠한가요?

그는 업무 보고나 결재 등 공적인 자리에서 부장으로부터 팀원들이 작성한 검토 및 결재 서류에 대해 부정적인 평가를 종종 듣는다고 했다. 자신이 보기에는 괜찮다고 생각되는 것도 미흡하게 보았다. 그러면서 때론 그 서류를 작성한 직원의 속성까지 연결시켰다.

"일하는 것 보니까 열심히 하는 것 같지 않더니만, 역시 올라온 검토 문서 보니까 여기저기 구멍이 많네." 라는 투의 얘기를 하곤 했다. 지금 부장이 이야기하고 있는 것은 그 팀원의 업무 수행 과정중 일부만 보고 나서 평가 하는 것이라는 것을 아는데, 그 자리에서 이를 수정해 주는 말을 하지 못한다고 했다. 팀원과 대화를 나눌 때면 팀원은 상사에 대해 불평하는 것을 듣는다고 했다. "우리 부장은 실제 돌아가는 상황은 잘 모르면서, 이론적으로 이상적인 방향만 제시하는 것 같습니다."라거나, "아니, 처음에 업무 지시한 대로 검토해서 올렸는데, 이제 와서 이렇게 바꾸면 뭐가 됩니까? 이럴 바에야 처음부터 그 방향으로 하라고 지시를 하던지, 정말 부장님의 지시에 장단 맞추기가 쉽지 않네요."라는 이야기들을 쏟아내곤 한다고 한다.

팀장 자신은 부장이 업무 지시를 이랬다저랬다 바꾼 것이 아니고 부득이한 상황 변화가 있었다는 것을 인지하고 있던 터였다. 그래서 팀원에게 이런 상황을 설명하려고 하면, 꼭 '팀장도 부장과 똑 같은 사람이다'라는 느낌으로 바라보는 것 같아 그만 두었다고 한다.

💬 상사와 아랫사람 사이에 샌드위치처럼 끼여 있는 형국이네요.

유 팀장이 겪었을 어려움에 대해 공감을 표했다.

💬 팀장님은 어떻게든 상사와 부하직원 사이를 잘 연결시켜 주고 싶은데, 바람처럼 되지 않아서 안타까움이 컸겠네요.

피코치는 코치로부터 공감 받으면 마음이 안정된다. '코치는 내 편이니까, 이 자리에서는 무슨 얘기든 해도 되겠구나' 하는 생각이 들 것이다. 안정감과 더불어 긍정적 사고의 확산이 일어나는 효과도 있다. 자신의 감정에 대해 공감 받지 못하면 마음이 닫히고 부정적인 기운이 감돈다. 이런 상황에서 문제 해결을 위한 아이디어를 생각하라고 하면 좋은 아이디어가 잘 나오지 않는다.

비록 다소 서툴고 부족할지라도 잘하고 있다는 칭찬과 격려를 보낼 때, 이를 기반으로 해서 능력이 창출되는 것이다. 이런 현상은 우리 주변에서 얼마든지 찾아볼 수 있다. 내가 즐기는 테니스 복식 게임에서 이런 경우를 자주 겪는다. 본의 아니게 실수하거나, 실력이 안돼서 도저히 받아넘길 수 없는 상황일지라도 복식 파트너가 "파이팅!"을 외치며 잘하고 있다고 격려해 주면 없던 힘이 샘솟는다. 파트너의 응원에 평소와 달리 아주 멋진 발리를 성공시킬 수도 있다.

목표 달성을 위한 구체적 대안은

💬 현재 모습에 대비한 구체적인 코칭 목표는 무엇입니까?

현재 모습을 살펴봤으니, 이제는 목표를 수립할 단계였다. 아랫사람과 윗사람을 연결해주는 것이 코칭의 방향은 되었지만 구체적인 목표는 아니었다. 연결을 어떤 모습으로 해 줄 것인가? 아니면 윗사람과 아랫사람이 앞으로 어떻게 연결되어 있기를 원하는가? 라는 질문에 대답해 보는 것이 구체적인 목표가 될 수 있을 것이다.

💬 윗사람과 아랫사람이 서로 있는 모습을 그대로 바라보는 관계가 되도록 연결해 주는 것이 목표라고 생각합니다.

지금과 같이 상하 모두 불충분한 정보에서 자신이 스스로 부정적으로 추론하는 관점에서 벗어나도록 도와주는 것이 필요하다고 보았다.

💬 현재 모습과 구체적인 목표가 정해졌습니다. 이제는 이 간극을 메울 대안을 찾아볼 순서입니다. 어떤 대안들이 있을까요?

구체적인 목표(윗사람과 아랫사람이 있는 모습 그대로 볼 수 있도록 하는 것)가 정해진 만큼 대안 탐색은 비교적 용이했다. 먼저 윗사람 입장에서 어떻게 하면 아랫사람을 제대로 평가할 수 있을까 생각해 보았다. 사람을 제대로 보려면 일단 자주 만나야 하고, 자주 대화를 나누어 봐야 한다. 이렇게 한다고 해서 얼마나 상대를 알 수 있을까 하는 의문이 들기도 하지만, 기본적인 대화의 기회가 마련되지 않는다면 이마저도 어려울 것이다. 여기에 초점을 맞추자, 윗사람과 아랫사람이 자주 만날 수 있는 기회를 마련해 주는 것으로 모아졌다.

자주 대화하기라는 대안의 방향에 팀장으로서 할 수 있는 것이 무엇일지 생각해 보는 현실적 제약을 감안하여 다음과 같은 실제적인 대안들을 찾았다. 업무적인 부분에서 첫째, 보고나 결재할 때 담당자 동행하기였다. 평소와 달리 부하 직원을 동행시키는 것이 변화의 시작은 되었지만, 그래도 동행만으로는 뭔가 부족해 보였다. 더욱 세밀하게 생각해 볼 수 있도록,

💬 이루고자 하는 코칭 목표에 부합한 동행이 되려면 어떻게 해야 할까요?

라고 물었다. 그러자 그는 미처 그 부분까지는 생각하지 못했다는 눈치였다. 늘 강조하듯이 코칭은 여기서 탐색만 하고 끝나는 것이 아니다. 탐색된 대안이 현장에서 실천되도록 도와주는 것이 코칭이다. 그러므로 피코치가 대안을 제시하면, 그 대안이 현장에서 어떻게 적용될 수 있는지 살펴보는 것이 필요하다. 지금 유 팀장에게 질문한 것은 바로 이런 관점을 확인해 보는 것이었다.

그는 부하 직원을 동행시키는 것은 윗사람이 그 직원에 대해 알 수 있는 기회를 제공하는 것이니 만큼, 가능한 그 직원이 직접 설명할 기회를 주겠

다고 했다. 그리고 사전에 부하 직원에게 동행의 취지에 대해서 설명하겠다고 했다. 혹, 직원 중에는 직접 결재 자리에 동행하는 것에 대해 부담스러워할 수도 있으므로 취지 설명은 반드시 필요해 보였다. 사람들은 자신이 하는 행동의 이유와 목적을 알면 더욱 적극적으로 임하게 된다. 결재 자리에 동행하는 이유를 안다면 적극적인 자세로 설명할 가능성이 높아질 것이다.

두 번째는 아랫사람의 입장에서 찾아본 것으로 '윗사람의 관심 사항을 찾아 사전 보고하기'로 정했다. 대체적으로 지금까지는 윗사람이 먼저 업무를 지시하는 편이었다. 그 지시를 받아 수동적으로 처리하는 데 급급했다. 이런 모습에서 벗어나 윗사람이 어떤 이슈에 관심이 있을지 적극적으로 찾아보자는 것이었다.

💬 이 대안이 제대로 실행되려면 윗사람의 관심 사항이 무엇인지를 찾아내는 것이 관건일 것 같은데요. 이것을 어떻게 해결할 수 있을까요?

관심 사항을 찾기 위해서는 평소에 윗사람의 언행을 주의 깊게 살피는 것이 필요했다. 업무 보고 및 결재하는 자리에서, 공적으로 업무 관련 회의를 하는 자리에서, 또는 업무 지시를 하는 자리에서 주로 어떤 내용을 언급하는지 놓치지 말아야 할 것이다. 업무적으로 연결된 이런 여러 자리를 부하 직원이 직접 대할 수 있으면 더할 나위 없이 좋다. 만일 부족하다면 팀장이 채워주어야 할 것이다.

생각이 여기에 이르자 팀장으로서 팀원과의 소통을 더욱 원활하게 할 필요가 있음을 인식하였다. 팀 내 회의를 활성화하고 그 자리에서 자신이 인지한 상사의 업무 관련 사항을 가감 없이 전달하기로 했다. 그리고 팀원에게도 윗사람의 관심 사항이 무엇인지 촉각을 세우고 찾아보도록 권유하는 것도 병행하기로 했다.

세 번째는 팀원의 지적 자극하기를 대안으로 꼽았다. 이것은 관심 사항에 대해 사전 보고하기의 수준을 높이는 방법이 될 수 있었다. 관찰을 통해 윗사람의 관심 사항을 포착한 다음에 이것을 업무 결과로 만들어 내기 위해서는 전문 능력이 필요했다. 이렇게 뒷받침되는 능력이 없다면 애써 찾는 관심 사항도 그만 썩히고 말 것이다. 지적 자극은 팀원의 전문성을 높이는 선결 요건이었다.

그렇다면 어떻게 지적 자극을 줄 수 있는가? 조직에서 개설되는 업무 관련 각종 연수와 외부 세미나, 포럼 등에 적극 참석하는 것이다. 또 매스컴에서 보도되는 것을 포함하여 학회지, 논문 등 업무 관련 각종 정보를 서로 공유하여 밖에서 일어나는 이슈를 놓치지 않도록 하는 것이다. 이를 실제적으로 실행하기 위해, 각 팀원이 일주일에 1건 이상 업무 정보 사항을 올리기로 했다. 정보의 질적 수준을 따지지 않고 처음에는 일단 양을 채우기로 했다. 이렇게 하다보면 어느 순간에는 기대 이상의 좋은 정보를 얻을 수도 있을 것이다.

연수 참가나 관련 자료 탐색 등으로 팀원 각자가 개인적으로 얻는 정보를 팀원 모두에게 공유하기로 한 것도 좋았다. 마치 '철이 철을 날카롭게 하듯이' 팀원 각자가 서로에게 자극제가 될 수 있기 때문이다. 팀원이 서로 공유하는 과정에서 정보가 정교하게 다듬어질 수 있고, 또 다른 팀원은 다른 관점에서 이슈를 찾아낼 수도 있을 것이다.

더 나은 긍정적 가교자 역할은

이외에 긍정적 가교자 역할을 하기로 했다. 서로에게 다리를 놓아주는 것이었다. 아랫사람에게는 윗사람이 내린 업무 관련 지시의 이유와 목적 등을 충분히 설명해 주는 것이다. 거두절미하고 업무 지시만 받으면, 왜 이 일을 해야 하는지 이해하지 못하는 경우가 많다. 이런 현상이 한두 번 쌓이면 오해하게 되고, 부정적인 모습으로 비쳐질 수 있다. 이를 미연에 막기 위해서라도 업무를 하는 이유, 배경, 목적, 기대 결과 등을 상세하게 설명하기로 한 것이다. 설명하는 자리에서 아랫사람의 생각과 의견이 나오면, 또 이것을 수렴하고 요약하여 이번에는 반대로 윗사람에게 전달하는 역할을 하기로 했다.

💬 본인의 생각은 없이 그냥 윗사람과 아랫사람의 의견만 전달해 주는 우편배달부 같은 모양새인데요? 이것으로 팀장님이 바라는 '긍정적 가교자' 역할이 될 수 있을까요?

내놓은 대안에 대해 드는 느낌을 되돌려 주었다.

💬 그러네요. 단순히 이야기만 전달하는 모습이네요.

라며 공감했다.

💬 팀장님이 제시한 방법으로는 가교자 역할은 할 수 있는데, 긍정적인 가교자 모습에는 미흡하다는 생각이 듭니다. 어떻게 하면 이 모습에 이를 수 있을까요?

궁리 끝에 그는 '우편배달부 + 자신의 긍정적 해석 = 긍정적 가교자'라는 공식을 생각해 냈다. 처음 대안보다는 훨씬 진전된 방안이었다. 긍정적 해석을 어떻게 해 내느냐가 관건이었다. 이 부분을 해결하기 위해 평소 자신이 지니고 있는 강점을 활용하기로 했다. 타인에 대한 배려와 남들보다 조금 많은 유머 감각을 사용하기로 한 것이다. 심리학에서 강점은 원래 태생적으로 지니고 있는 것으로서 자연스럽고, 흥미로우며, 에너지가 있는 것이라고 설명하고 있다. 그러므로 강점을 활용한 대안을 실행한다면 저절로 동기가 강화되어 좋은 성과를 거둘 수 있다고 한다.

💬 긍정적 해석을 어떻게 하느냐가 중요해 보입니다. 강점을 활용한다는 것이

구체적으로 어떻게 적용될 수 있는지요?

그러자 그는 윗사람이 이야기한 것을 해석할 때 '배려'를 사용하겠다고 했다. 그 사람이 어떤 의도와 어떤 생각에서 지금 이 이야기를 했는지 살피겠다는 것이었다. 그런 다음 아랫사람에게 전달할 때 그냥 밋밋하게 전달하는 대신, 유머를 가미하겠다는 것이었다. 이렇게 하면 긍정적 가교자의 모습에 조금이라도 더 가까워질 수 있겠다고 했다.

그러면서 그는

💬 제가 생각해 낸 방법이지만, 왠지 잘 될 것 같고 좋은 느낌이 듭니다.

라면서 상기된 표정이었다. 배려와 유머라는 자신이 이미 가지고 있는 강점을 사용할 수 있다는 생각에 자신감과 흥미, 에너지가 벌써 작동되는 것 같았다.

코칭하는 이곳이 바로 실천 장소다 실행 결과 및 피드백

유 팀장이 찾은 대안은 자신이 직접 실행해야 하는 것과 다른 사람에게 기회를 주는 것으로 구별되었다. 긍정적 가교자 역할(자신의 강점을 활용한)을 하는 것은 전자에 속했고, 결재 시 팀원 동행하기, 지적 자극하기, 사전 보고하기 등은 후자에 속했다.

팀원에게 기회를 주는 대안의 실천은 비교적 쉬웠다. 전에는 혼자 결재받으러 갔던 것에서 이제는 팀원과 함께 들어가면 되었다. 다만, 이렇게 동행하는 취지를 사전에 팀원에게 설명해 주면 되었다. 지적 자극하기로 한 것도 팀장 입장에서 업무와 관련된 외부 세미나와 포럼 등이 어디서 언제 개최되는지 조사하였다가 팀원에게 적절하게 권유하면 족했다.

관심 사항을 찾아 사전에 보고하기로 한 것은 그래도 좀 더 노력이 들어

갔다. 팀원이 스스로 움직이는 데는 한계가 있었다. 아무래도 윗사람과 접촉이 많은 본인이 더 열심히 윗사람의 관심 사항을 체크할 필요가 있었다. 이렇게 적극적으로 발굴한 것을 팀원에게 안분하는 방식으로 실행하였다.

실행의 핵심은 '긍정적 가교자 역할'이었다. 배려와 유머라는 자신의 강점을 긍정적 가교자 역할을 수행하는데 얼마나 활용했는지 궁금했다. 유 팀장은 이 대안을 실행하는 과정에서 학교 졸업한 이후 이렇게 머리 싸매고 공부해 본 적은 없었다고 했다. 그나마 얼마 남지 않는 머리가 다 빠지는 줄 알았다면서 금세 유머 한마디를 던졌다.

윗사람이 지시한 내용을 어떤 의도에서 했는지 파악하는 것은 그리 어렵지 않았다고 한다. 평소에도 어느 정도 해왔던 부분이기도 하거니와, 배려라는 강점이 있으므로 쉽게 할 수 있었다. 재미있는 것은 본인이 이해하고 끝나는 것이 아니라 아랫사람에게 전해 주기 위해서 파악한다는 목표가 있어 더 세밀하게 알 수 있었다고 한다. 그런데 본의 아니게 공부할 수밖에 없었던 부분은 팀원들에게 전달하는 것이었다. 내용의 왜곡 없이 재미있게 전할 수 있는 표현 방식을 찾아내는 것이 결코 쉽지 않았다는 것이었다.

💬 제가 보기에는 지금 팀장님께서 자신의 실행 결과를 말씀하는 이 모습이 내용의 왜곡 없이 유머도 담겨 있다는 느낌을 받는데요. 완벽하게 하려고 고민하지 말고 바로 지금처럼만 하면 될 것 같다는 생각이 드는데 어떠세요?

라고 코칭 현장에서 학습이 일어날 수 있는 피드백을 하였다.

💬 그러네요. 코치님이 그렇게 말씀해 주니까, 저도 미처 생각하지 못했는데 잘하고 있다는 느낌이 듭니다..

💬 네, 그렇죠. 그럼 코칭에서는 어떻게 해서 이렇게 할 수 있었는지 그것을 발견하여 대안 실행해 접목하면 되겠네요.

이 질문에 그가 찾아낸 원리는 솔직함, 자연스러움, 안전한 분위기라는 생각 등이었다. 그래서 스스로 평가하기에 온전하게 실천하지 못한 '긍정적 가교자 역할'은 이 원리를 적용하여 다시 한 번 실천해 보기로 했다.

> **코칭 요약**
>
> 주제:「중간 연결자 역할」
>
> 대안
>
> 1. 현재 모습 파악과 함께 목표 정하기
>   - 목표: 윗사람과 아랫사람이 있는 모습 그대로 볼 수 있도록 하는 것
> 2. 자주 대화하기
>   - 결재 시 담당자 동행하기(보다 목표 지향적인 관점에서)
> 3. 윗사람의 관심 사항 찾아 사전 보고하기
> 4. 팀원을 지적으로 자극하기
>   - 외부 세미나 및 포럼, 각종 연수 참여 등
> 5. 긍정적 가교자 역할하기
>   - '우편 배달부 + 자신의 긍정적 해석 = 긍정적 가교자 역할'
>   - 강점인 배려와 유머를 활용한 긍정적 가교자 역할

08 관계 개선은 결국 소통으로

관계에서 오는 스트레스가 가장 크다 사례

사람은 사회적 동물이라고 한다. 사람은 홀로 살아갈 수 없는 존재라는 뜻이다. 우리는 어떤 식으로든 관계를 맺고 있다. 그 관계 속에서 서로 도움을 주고받으면서 살아가고 있다. 관계는 생존에 필수적일 뿐만 아니라 관계 속에서 웃기도 하고 울기도 한다. 관계가 힘의 원천이 될 때가 있는가 하면, 반대로 힘을 빼앗아 가기도 한다. 이런 관점에서 심리학자인 아들러는 인간의 대부분의 문제는 관계에서 파생된 것이라고 이야기하였다.

일상의 삶이 아닌 조직으로 눈을 돌려보아도 역시나 관계의 문제는 매우 중요하다. 조직에서 가장 흔히 접하는 이슈는 대인 관계일 것이다. 조직원과의 관계를 떠난 원활한 업무 수행은 상상하기 어렵다. 또 사람의 일상사와 마찬가지로 조직 생활의 만족과 기쁨도 관계에서 비롯된다.

일전에 조직원들이 받는 스트레스를 조사한 설문을 본 적이 있다. 스트레스의 원인 중 가장 큰 부분을 차지하는 것이 관계였다. 업무가 많아서 받는 것보다도 관계에서 겪는 스트레스가 더 컸다. 조금만 생각해 보면 공감이 가는 대목이다. 일이 많아도 조직원과의 관계가 좋으면 몸은 비록 고되더라도 마음만은 기쁘게 일할 수 있다. 오히려 이 과정에서 얻는 성취감으로 조직 생활에 대한 만족도는 높아진다. 그런데 일이 적다고 해도 관계가 나쁘면 여간 불편한 것이 아니다.

송 팀장은 조직에서 관계로 인한 고통이 적지 않았다. 그는 윗사람과의 관계는 비록 조직의 상하 관계로 만났지만 이를 인간적인 관계로까지 발전시키고 싶었다. 그런데 자신의 바람일 뿐 현실은 그렇지 못했다. 업무에 관한 의견이 다를 때 어떻게 접근하는 것이 좋은지 잘 몰랐다. 윗사람에게 그냥 생각나는 대로 이야기하고 나면, 매번 한동안 불편한 마음이 남아 신경이 쓰였다.

윗사람과 달리 아랫사람과의 관계는 본인이 마음만 먹으면 아주 원만하게 형성될 것으로 기대했다. 그러나 팀원과의 관계도 쉽지 않았다. 나름 괜찮을 것 같다고 생각되는 리더십의 행동들을 적용해 보지만 잘 따라오지 않았다. 상하 관계가 아닌 옆의 동료와의 관계도 상하 관계에서 치어서 그런지 본인이 적극적으로 나서서 관계를 맺지 않는다고 했다. 그나마 입사 동기 몇몇만이 아직도 속에 있는 얘기를 터놓고 지내는 사이라고 했다.

그러면서 그는

💬 사람들과의 관계에 신경 쓰지 않고 주어진 내 일만 했으면 참 좋겠습니다. 그런데 조직 생활이라는 것이 제 바람대로 할 수 있는 곳도 아니고, 이 관계를 어떻게 해야 할지 고민이 많습니다.

라고 하소연하였다.

나의 변화 동기는 　대안 탐색

송 팀장이 털어놓은 고민을 뒤집으면 목표가 될 수 있다.

💬 관계에 그만큼 신경이 쓰인다는 것은 관계를 잘 맺고 싶다는 것이네요.

라고 하면 된다. 피코치가 가지고 온 문제에서 목표를 도출하는 것으로 이것은 해결 중심 단기 코칭에서 권하는 목표 설정의 한 방법이다.

그리고 고민이 많다는 것은 역으로 문제 해결에 대한 간절함이 크다는 것이다. 새벽이 깊을수록 여명은 가깝다고 한다. 이렇듯 고민이 깊을수록 해결의 서광도 멀지 않을 수 있다. 혹자는 간절함이 없어서 고민이라는 사람도 있다. 어떤 것에도 간절함이 생기지 않는다며 간절함이 일어났으면 좋겠다고 말하는 사람도 있다. 이에 비하면 송 팀장이 지니고 있는 고민(간절함)은 문제가 아니라 목표를 이루는 촉매제가 될 수도 있다.

동기 강화 상담에서는 사람이 변화를 이루는데 3가지 요소가 있다고 설명하고 있다. 세 가지 요소는 변화의 능력, 변화하려는 의지, 변화 준비 등이다. 변화의 능력은 자신이 변화하는데 필요한 어떤 능력, 즉 스킬이나 힘을 지니고 있느냐 하는 것이다. 체력을 키우고 몸을 다이어트 하는 운동을 예로 들어보자. 어떤 동작을 어떻게 취하는 것이 체력을 키우는 것인지를 아는 것이 체력 증진이라는 목표 달성에 도움이 될 것이다. 또 음식은 무엇을 어떻게 조절하는 것이 체중 감량에 좋은지 아는 것이 필요하다. 이와 같은 것이 변화의 능력이다.

두 번째로 변화하려는 의지는 변화의 필요성을 의식하는 정도이다. 즉 간절함이 있느냐의 여부다. 체력 증진과 체중 감량의 변화에 대해 얼마나 간절함을 가지고 실천하느냐에 따라 달성 정도가 달라 질 것이다. 마지막으로 변화 준비는 변화에 필요한 행동을 실천하는 우선 순위라고 할 수 있다. 바로 지금, 오늘이라도 실천할 준비가 되어있는 정도를 말하는 것이다.

이런 관점에 비추어볼 때 송 팀장은 이미 변화의 의지와 준비는 갖추고 있다고 할 수 있다. 변화에 필요한 능력을 갖추도록 이끌어주기만 하면 변화를 이루어낼 가능성이 높을 것이다.

송 팀장의 코칭 목표에 대한 변화 동기를 확인하기 위한 질문을 던졌다.

💬 팀장님, 지금 내놓은 대인 관계 개선은 팀장님에게 얼마나 중요합니까?

이는 변화 요소 중 변화의 의지에 대한 것이었다.

💬 정말 중요합니다. 인간 관계에서 겪는 스트레스가 정말 심하거든요. 아마 이것만 해결하면 신나게 직장 생활 할 수 있을 것 같습니다.

앞서 짐작했던 바와 같은 반응이 나왔다.

💬 그럼, 대인 관계를 개선하는 것에 대한 자신감은 어떻습니까?

하고 변화의 능력에 대해 물어보았다.

💬 무엇을 어떻게 해야 할지 잘 모릅니다. 하고자 하는 마음은 큰데 어디서부터 시작해야 하는지 몰라서 자신감은 크지 않습니다.

그의 대답이었다. 마지막으로 변화의 준비를 체크하기 위해 질문했다.

💬 대인관계 개선이 팀장님에게 얼마나 시급합니까?

당연히 시급한 사안이라고 대답했다. 변화에 대한 준비도 당초 짐작한 대로 높은 수준이었다.

💬 팀장님이 말씀하신 것을 요약하면, 대인 관계를 개선하고자 하는 의지와 준비는 매우 높은데, 어떻게 해야 하는지에 대한 방법은 잘 모르겠다는 것이네요.

그러자 그는

💬 네 바로 그렇습니다. 하는 방법만 안다면 지금 당장이라도 실천해 나갈 수 있겠다는 생각이 듭니다.

라고 변화에 대한 강한 의지를 표현했다.

변화에 대한 의지, 능력, 준비 등 세 가지 요소를 확인해 보는 것은 프로체스카가 자기 혁신 프로그램에서 주장한 변화의 단계 중 어느 단계에 있는지를 확인해 보는 것과 유사하다. 프로체스카는 사람이 변화하기 위해서는 변화에 대해 전혀 관심이 없는 무관심 단계에서 시작하여 변화를 고려하는 심사숙고 단계, 변화를 준비하는 준비 단계, 변화 행동을 실천하는 실행 단계, 그리고 그 행동을 유지하는 유지 단계, 변화 행동이 체화된 종결 단계를 거친다고 설명하고 있다.

변화 능력을 높이기 위한 방법은

💬 그럼, 대인 관계를 개선하기 위한 코칭 목표에서 부족한 부분이 무엇인지 확실해졌습니다. 변화의 능력입니다. 바로 자신감인데요. 어떤 방법들이 있는지 함께 찾아보겠습니다. 혹시 떠오른 생각이 있나요?

송 팀장에게 초점을 맞추어 집중적으로 생각할 부분(변화 능력)을 확인해 주었다. 그리고 혼자가 아닌 코치와 함께 방법을 찾아보자고 생각의 동행에 초청했다. 송 팀장은 지금까지 대인 관계의 고민을 가지고 있었던 만큼 이미 혼자서 해결책을 생각해 봤을 것이다. 어쩌면 한두 번 실천도 해 보았을 것이다. 그러나 관계라는 커다란 벽에 부딪치고 기대한 만큼 개선되지 않아서 코칭 주제로 가지고 왔을 것이다. 이런 상황에 있는 피코치에게 또 "어떤 해결책이 있는지 생각해 보세요."라고 질문하는 것은 긍정적 생각을 창출하기 보다는 저항만 불러올 것 같았다. 짐작컨대 그는 '좋은 방법을 안다면 이미 내가 했지, 지금 물어본 그 질문에 대한 답을 몰라서 지금 코칭 받고 있는데 코치가 또 그것을 물어보냐? 참 답답하다' 하는 생각이 들지도 모른다.

함께 생각해 보자는 생각의 동행 초청에 저항은 없어 보였지만 선뜻 대안은 찾아지지 않는 눈치였다. 잠깐의 침묵이 흘렀다. 기다림이 필요했다. 상담에서는 내담자가 보이는 침묵의 의미가 다양하다고 설명한다. 문자 그대로 할 말이 없어서 침묵하는 것, 말하고 싶지 않아서 저항의 의미로 침묵하는 것, 무슨 말을 해야 할지 몰라서 침묵하는 것 등이 있다고 한다.

그러므로 상담자는 이 같은 내담자의 침묵의 의미를 앞뒤 맥락에 비추어 판단할 필요가 있다. 그리고 내담자의 침묵의 다른 의미에 따라 다른 반응을 보여주는 것이 효과적인 상담이 된다고 한다. 코칭에서도 마찬가지다. 그럼 지금 송 팀장이 취하고 있는 침묵은 무엇인가? 독자 여러분도 짐작할 수 있듯이 그는 뭔가를 생각하고 있었다.

코칭 경험이 많지 않았던 때에는 이런 장면을 만나면 불편했다. 대화가 갑자기 끊긴 느낌이었다. '내가 질문을 잘못했나? 아니면 피코치가 내 질문의 뜻을 이해하지 못했나?' 라는 생각이 들어 곧바로 다른 질문을 하거나 부연 설명을 하느라 바빴다. 기다리는 힘이 부족했던 것이다. 이런 나의 코칭 모습을 보면서 코칭 수퍼바이저가 내게 해 주었던 말이 생각난다. "침묵을 불편해 하지 말고, 묵묵히 버티는 힘이 필요합니다."

긍정적인 태도로 기다려 주는 것이 필요하다. 긍정적 태도란 겉으로 드러나지는 않지만 마음에 이런 생각을 품는 것이다. '지금 이 질문에 정답을 요구하는 것이 아닙니다. 무슨 생각이든 괜찮으니 지금 생각나는 대로 얘기해 주면 됩니다. 지금 나는 당신이 무슨 말을 하든지 경청할 준비가 되어 있습니다' 라는 마음이었다. 이런 마음을 가지면 몸이 저절로 자세를 취한다. 약간 앞으로 기울어지고 고개는 끄덕이면서 시선은 상대의 눈을 부드럽게 응시하게 된다.

결국은 소통 : 듣기와 말하기 관련 스킬들

한참을 생각한 뒤에 그는

💬 대인 관계도 결국 소통의 문제 같습니다. 서로가 오해 없이 소통을 잘하면 관계가 좋아지지 않을까요?

관계의 문제도 결국 소통과 연결되어 있다는 생각을 한 것이었다. 송 팀장의 생각처럼 의사소통의 스킬을 익힌다면 관계 개선에 도움을 줄 것이다.

의사소통에 관한 스킬을 찾아보자는 결론에 이르자 구체적인 방안들이 나오기 시작했다. 먼저 소통에 관한 스킬 중 듣기에 관한 것이 중요할 것 같다고 했다. 소통에서도 한걸음 더 깊이 들어가면 상대의 말을 공감하면서 듣는 것이 핵심이기 때문이다. 공감적 경청을 할 수만 있다면 관계 개선의 첫발은 무난히 뗀 것이나 다름없다.

'사람에게 줄 수 있는 최고의 선물이 경청이다'라는 말이 있다. 사람의 마음을 얻기 위해 값비싼 선물을 주는 것보다, 그냥 그 사람의 얘기를 잠잠히 들어주는 것이 더 낫다는 것이다. 혹 이 말의 의미를 정확히 알지 못하겠다면 잠시만 눈을 감고 자문해 보자. '나는 주변 사람들 중에 누구와 가장 관계가 좋은가?' '내 이야기를 들어주는 사람이 있는가?'

듣기에 관한 스킬은 앞서 커뮤니케이션을 주제로 내놓은 코칭에서도 소개했듯이 말하는 사람과 보조를 맞추는 페이싱, 말하는 사람의 말(단어 또는 문장 요약)을 따라해 주는 백 트레킹, 말하는 사람의 동작을 거울처럼 비쳐주는 미러링 등을 간단하게 설명했다. (자세한 내용은 이미 다루었으므로 여기에서는 생략한다. 73쪽 참고) 여기에 상대의 눈동자 움직임을 보면서 지금 어떤 상황의 말인지를 짐작해 볼 수 있는 캘리브레이션 스킬도 소개해 주었다. 눈동자가 왼쪽 방향(말하는 사람 위치에서)으로 돌아가면 과거의 상황을 떠올리고, 반대로 오른쪽 방향으로 향하면 미래를 상상하는 것일 가능성이 높다.

💬 팀장님, 제가 소개한 듣기 관한 스킬 중에서 무엇을 해 볼 수 있을까요?

단지 어떤 스킬이 있다는 것을 아는 수준을 넘어 실행할 수 있도록 요청했다. 자주 강조하지만 강의와 코칭의 주요 차이점이 바로 이 대목이다. 송 팀장도 강의를 통해 이 스킬을 소개받았다면 코치로부터 이런 질문을 받지 않았을 것이다. 그래서 혼자 생각한다. '대인 관계 개선에 커뮤니케이션이 중요하고, 그중에서도 듣기가 핵심이라는 얘기지. 듣기를 잘하려면 페이싱, 백 트레킹 등을 활용하면 된다고. 음 알겠어. 한 번 실행해 봄직 한데…'하는 정도의 생각을 할 수 있을 것이다. 지금 이것도 강의 시간에 딴청 부리지 않고 잘 들었을 경우에 할 수 있는 생각일 것이다.

💬 상대의 말을 듣고서 따라해 주는 백트레킹을 해보겠습니다. 백트레킹이 제일 활용하기가 쉬울 것 같습니다.

💬 좋습니다. 그럼 이것을 언제부터, 어떻게 실행할 생각인지요?

송 팀장은 자신이 활용할 스킬로 백 트레킹을 선택한 것만으로 실행에 관한 질문은 끝났을 것이라고 짐작한 것 같았다. 그런데 한 번 더 세밀한 실행 계획에 대해 묻자, '진짜 실천하지 않고는 빠져 나가지 못하게 만드는구나' 하는 느낌을 받은 듯 눈동자가 커졌다.

이 질문에 그는 코칭을 마치고 나간 직후부터 실천하겠다고 했다. 윗사람과 대화할 때는 아무래도 긴장될 것이므로 단어만 따라하는 백 트레킹을 활용하고, 팀원이나 동료들과 얘기할 때는 단어 또는 문장을 요약하는 방법도 적절하게 사용하겠다고 했다. 이른바 '상대의 말을 잘 듣고 싶다'는 송 팀장의 목표 의도가 '지금부터 당장 백 트레킹을 실천한다'는 실행 의도가 되도록 이끌어 준 것이었다.

듣기에 관한 실행 계획이 수립된 뒤에는 소통의 다음 단계인 말하기로 옮겨갔다. 말하기에 관한 구체적인 코칭 또한 듣기의 경우와 비슷하게 진행되었다. 말하기에 관련해 소개한 스킬은 상대 관심 사항 발굴, 질문하기, 자신의 이야기 오픈하기 순으로 진행하는 '신뢰 형성을 위한 대화 기술', 말하고자 하는 문장 주어를 '나'로 사용하는 'I-메시지기법', 판단 없는 관찰, 본인의 느낌 및 욕구 표현, 상대에게 제안하기 등으로 구성된 '비폭력 대화 기법' 등이었다.

송 팀장은 문장의 주어를 '나'로 사용하는 'I-메시지 기법'이 가장 간단하여 활용하기에 좋겠다고 했다. 말할 때 상대의 감정을 상하지 않게 하면서도, 자신이 하고 싶은 말을 표현할 수 있어서 마음에 들어 했다. 다만, 평소 사용하지 않았던 말투라서 자연스럽게 말할 수 있을지 걱정하였다. 아무튼 이것은 일단 실천해 보고서 생각해 볼 사항이었다.

동기가 높으면 역시 실행력이 높다 [실행 결과 및 피드백]

송 팀장의 실행력은 높았다. 변화 동기에서 살펴봤듯이 변화하고자 하는 의지와 지금 당장 하려는 준비성이 높은데 따른 결과라고 생각되었다. 코칭을 할 때 이렇듯 변화의 의지, 즉 간절함이 높은 피코치를 만나면 흐뭇하다. 좋은 의사는 좋은 환자가 만든다는 말이 있다. 행동의 변화와 심리 정서를 다루는 코칭에서도 똑 같이 적용될 수 있는 말이라고 생각한다. 훌륭한 코치는 훌륭한 피코치가 만든다고. 여기서 훌륭한 피코치는 송 팀장과 같이 변화하려는 의지와 준비가 높은 사람이다. 변화에 대한 방법만 잘 모르고 있기 때문에, 이 부분만 올려주면 금세 변화 행동을 할 수 있기 때문이다.

💬 백트레킹을 활용하여 듣기로 한 것은 어떻게 했습니까?

듣기에 대한 실행 결과를 물었다. 간단하게 단어를 따라 해주는 것은 별로 어렵지 않게 할 수 있었다고 했다. 대화할 때 무슨 단어를 따라해 줄까 하는 생각을 가지고 들으니까, 상대의 말에 저절로 주의를 기울일 수 있었다고도 했다. 그리고 한두 번 실천해 보니, 백트레킹이 잘 된다는 자신감이 생겼다고 했다. 그러면서 그는 '상대와 말을 주고받는 대화의 맛이 이런 것이구나.' 하는 느낌이 들었다고 했다.

송 팀장은 매우 의미 있는 변화의 경험을 하고 있었다. 듣기에 대한 자신감에 대화의 맛까지 느끼고 있었으니 더 나은 실행을 위한 피드백은 주지 않아도 되었다. 현재 실행한 결과에 대해 코치로서 함께 기뻐해 주는 것으로 족했다.

💬 그럼 이번에는 I-메시지를 활용한 말하기는 어떻게 되었나요?

이 부분은 하려고 하는 의지는 높았음에도 불구하고 기대한 만큼 실행되지 않았다고 했다.

💬 팀장님, 언어 습관이 하루아침에 바뀔 것이라고 기대한 것은 무리지요. 한 번 생각해 보세요. 지금의 언어 습관은 몇 년째 사용하고 있습니까?

미흡한 실행 결과로 떨어진 자신감을 회복시켜줄 요량으로 질문했다.

💬 제 욕심이 너무 컸네요. 한두 번 실천해보고 끝을 보려고 했네요.

라고 공감했다.

💬 그럼 실행해 본 경험을 토대로 무엇을 보완하면 더 잘 할 수 있을까요?

질문함으로써 그의 시선이 미래를 향할 수 있도록 하였다. 그는 '나'를 주어로 사용한 말도 분명히 우리나라 말이지만 평소 입에 배어 있지 않으므로 상당한 연습이 필요하겠다고 했다. 마치 외국어 문장을 소리 내어 읽듯이 혼자서 말하는 연습을 하겠다는 것이었다. 그리고 좀 더 대화하기에 편한 사람, 즉 가족이나 친구부터 'I-메시지'를 활용해 보겠다고 한 것도 송 팀장이 찾은 보완책이었다.

🔆 코칭 요약

주제:「대인 관계 개선」

대안

1. 변화의 3가지 요소(의지, 능력, 준비)에 의한 변화 동기 확인
   - 의지 및 준비는 잘 구비되었는 데 능력은 부족
2. 변화 능력(대인 관계 개선)을 높이는 방법 탐색
3. 의사소통 향상으로 대인 관계 개선 도모
   - 듣기: 공감적 경청, 페이싱, 백 트래킹, 캘리브레이션 활용
   - 말하기: 신뢰 형성 대화, I-메시지, 비폭력 대화 기법 활용

📋 참고 이론(문헌)

변화의 3가지 요소(의지, 능력, 준비)
- 변화 동기가 높다는 의미가 들어가 있는 말 속에는 '하고자 함, 할 수 있음, 할 준비가 되어 있음'과 같은 구절들이 포함되어 있다. 즉 의지, 능력, 준비이다.
- 의지: 변화의 중요성, 변화를 열망하고 있는 정도
- 능력: 변화에 대한 자신감, 변할 수 있다는 자신감
- 준비: 중요성의 우선 순위

『동기 강화 상담』, William R. Miller, Stephen Rollnick, 시그마프레스, 13p 참조

변화의 단계
- 사람들은 무관심 단계 ⇒ 심사숙고 단계 ⇒ 준비 단계 ⇒ 실행 단계 ⇒ 유지 단계 ⇒ 종료 단계 등 여섯 단계를 거쳐 변화한다.
- 변화를 성공시키려면 우선 어느 단계에 있는지부터 알아야 한다. 그리고 각 단계별로 유용하게 활용되는 변화의 과정이 있다.

『자기 혁신 프로그램 Changing for Good』, James O. Prochaska, 에코리브르, 44~63p 참조

3장

—

누구인가,
나는?
자기 이해

01 나를 알면 신세계가 열린다

나는 어떤 사람인가 사례

우리는 대부분 남의 모습은 쉽게 보는 대신 자신의 모습은 잘 보지 못한다. 혹자는 이런 성향을 우리의 눈이 밖으로 향해 있기 때문이라고 말하기도 한다. 이 말의 이론적인 근거를 확인하기 전에 오직 우리가 지니고 있는 직관으로만 살펴보아도 별반 틀리지 않다고 생각된다.

손자는 '지피지기면 백전백승'이라고 했다. 나를 알고 남을 알면 백번 싸워 백번 이긴다는 말이다. 소크라테스는 '너 자신을 알라'고 말했다. 동서고금을 막론하고 예전부터 성현들은 자신을 아는 것이 중요하다는 것을 강조하고 있다. 그런데 우리는 남의 성향이나 잘잘못은 쉽게 파악하는데 정작 자신은 잘 모르는 경우가 많다.

안 팀장은 오랜 팀원 생활을 거쳐 지난 인사 시즌에 팀장으로 승진했다. 팀원으로 있을 때 그는 여러 팀장을 거치면서 마음속으로 다짐하곤 했다. 자신에게 일할 맛을 느끼게 해주고, 일한 결과에 대해 인정과 칭찬을 아끼지 않는 팀장을 만나면 '내가 팀장이 되면 저 팀장처럼 해야지'라고 생각했다. 간혹, 이야기가 통하지 않고, 사기를 떨어뜨리는 팀장을 보면, '옳거니 이런 모습은 절대 피해야 할 모습이야.' 하면서 반면교사로 삼았다.

그러나 팀장이 되어 막상 팀을 이끌어 보니 생각처럼 되지 않았다. 팀원 모두가 생각처럼 움직여 주지 않았다. 그중에서도 한 팀원의 행동이 마음에 걸렸다. 주어진 업무를 처리하는 태도가 성실하지 못할 뿐만 아니라, 업무 성과가 수준 이하였다. 처리 시한을 못 박아서 구체적으로 지시를 내려 보기도 하고, 잘해 보자고 다독여도 봤지만 별로 나아진 것이 없었다. 무엇이 잘못 된 것일까? 평소 모델로 삼고 싶었던 팀장의 모습은 실천하고, 피하고 싶었던 모습은 최대한 자제하고 있는데도 팀원의 움직임은 기대와 사뭇 달랐다.

안 팀장은 고민 끝에 자기가 어떤 사람인지 알고 싶어 했다. 지금 '팀원들은 나를 어떻게 생각하고 있는지?', '위에 국장은 또 나를 어떻게 평가하고 있는지?' 궁금했다. 직장에서 뿐만 아니라 친구들은 그리고 또 가족은 또 '나를 어떤 사람으로 보고 있을까?' 지금까지 남에 대해서 어떤 사람이라는 나름의 평가는 많이 해왔지만 정작 자신이 어떤 사람인지는 생각해 보지 않았다. 기대와 다르게 반응하는 팀원을 이끄는데 먼저 자신이 어떤 사람인지 안다면 뭔가 실마리를 얻을 수도 있겠다는 생각이 들었다.

목표의 성찰 및 맥락화 〔대안 탐색〕

첫 번째 코칭 목표를 「자기 자신을 아는 것」으로 설정했다. 목표를 정하면, 바로 그 목표를 향해 가기 전에 몇 가지 확인해 보는 과정을 거친다. 이것은 초보 코칭 시절의 경험에서 비롯된 것이기도 하고, 코칭 이론에서 권하는 것이기도 하다.

목표를 정하고 그 목표를 달성하기 위한 대안이 무엇이 있겠는지 서로 찾아가는 과정에서 피코치는 대체로 눈을 반짝거리며 목소리에 힘이 들어간다. 왜냐하면 바로 자신이 오랫동안 원하는 것을 이루기 위한 방법을 찾아가는 시간이기 때문이다. 이를테면 자신의 꿈을 이루기 위한 여정에서 에너지를 받는 것은 어쩌면 당연한 일이다.

그런데 간혹 이런 예상이 빗나가는 경우가 있다. 목표가 정말 자신이 원하는 것이 아닐 때에는 코칭에서 동기가 일어나지 않는다. 그러므로 피코치가 하고 싶다는 것(목표)을 덥석 받을 것이 아니라 정말로 원하는 것인지 확인하는 과정이 필요하다.

오래 전에 있었던 코칭 경험 중에 이런 일이 있었다. '바람직한 팀장의 역할'이 코칭 목표였다. 코치든 피코치든, 아니면 조직에서 보든 누가 봐도 괜찮은 목표였다. 그래서 이것을 목표로 정했다. 이 목표와 대비한 현재 본인의 모습은 어떤지, 그것을 달성하기 위한 대안은 무엇인지 찾아 나갔다. 한참을 진행해도 피코치가 힘을 받기는커녕 뭔가 힘이 빠지는 느낌을 받았다. 뭔가 이상하다는 생각이 들어, 조심스럽게 물어봤다.

💬 지금 우리가 정한 이 목표가 팀장님이 정말 원하는 것인가요?

갑작스런 이 질문에 그는 한참동안 대답을 못했다. 가만히 눈을 감고 진지하게 생각했다. 한참 후 그는 매우 어렵게 대답했다.

💬 생각해 보니 바람직한 팀장의 역할은 제 진짜 목표가 아니네요.

이렇게 피코치가 이루고 싶다고 내놓은 목표가 겉으로 보기에는 그럴듯해 보여도 진짜 목표가 아닐 수 있다. 이 경험은 이후 내가 코칭을 진행하는 중에 좋은 거울이 되어 되비쳐주고 있다.

그리고 코칭 이론에서는 성찰과 맥락화 과정을 거치는 것이 필요하다고 강조한다. 사람들은 어떤 문제에 대해 어려움을 느끼면 그것을 해결하고 싶은 것을 목표로 쉽게 떠올리게 된다. 예를 들어 당장 어떤 사람과 관계가 좋지 않으면 관계 개선을 목표로 정하는데, 정작 이 사람은 관계보다는 더 좋은 성과에 중점을 두고 있을 수도 있다.

『코칭 심리 워크북』(이희경 저, 33p)에서는 이를 가르쳐 '대응적 목표(reactive goal)를 자신의 상황에 대한 성찰과 맥락화 과정을 통해 조정된 목표(adapted goal)로 정할 때 비로소 행동을 위한 동력이 생긴다'고 설명하고 있다. 그러므로 이렇게 표면적으로 부상된 목표를 어떤 이유에서 이루고 싶은지, 이 목표가 이루어지면 자신의 삶에 어떤 영향을 미치는지, 그리고 어떤 흐름 속에 있는지 등을 살펴봐야 한다는 것이다.

내놓은 목표를 스스로 성찰해 보도록

💬 자기 자신을 알고 싶은 이유는 무엇인가요?

라고 물었다.

💬 내 자신을 알아야 내가 가지고 있는 잠재 능력을 끌어 낼 수 있지 않을까요?

그리고 평소 그는 우리 조직의 사람들과 뭔지 잘 모르지만 다른 것 같다는 생각이 들었다며, 이번 기회에 어떤 사람인지 좀 알게 되면, 팀원들에게 어떻게 대해야 할지 알 것 같다고도 했다.

자신을 아는 것을 통해 더 크게 이루고 싶은 것이 있는지도 확인해 보았다. 자신을 알면 자신의 인생이 좀 더 행복해질 것 같다고 말했다. 자신의 강점 및 약점도 알고, 스타일도 알면 마음의 여유도 생기고, 자신이 진짜 원하는 것에 가까이 다가갈 수 있겠다면서 얼굴빛이 환해졌다. 목표에 대한 성찰은 이만하면 되었다. 예전에 '바람직한 팀장의 역할 수행'을 목표로 정했던 그 팀장의 동기와는 분명히 달랐다.

전문적 안내를 통한 대안 제시

이제 구체적인 실행 방법을 찾아볼 차례다.

💬 어떻게 자기 자신을 알아갈 수 있을까요?

이 질문에 그는 '그것을 알면 내가 굳이 코칭 받으러 왔을까, 지금 질문한 바로 그것을 알고 싶어서 여기 왔는데, 그것을 내게 물으면 어떻게 하라는 말 입니까?'라는 표정을 지으며 머리를 긁적거렸다.

💬 그럼, 이런 방법으로 해보면 어떨까요?

하면서 제안하였다. 코칭은 어디까지나 코칭을 받는 피코치가 주체다. 그래서 피코치 스스로 문제를 풀어가거나 목표를 달성해 가는 능력이 있다는 전제하에 피코치의 생각을 묻는 것이 우선이다. 그리고 피코치의 생각이 한계에 부딪힐 때, 간혹 이를 풀기 위해 코치가 제안을 할 때도(이를 전문적 안내(professional guidance)라고 함), 피코치의 주체성을 훼손하지 않아야 한다. 코치의 제안을 듣고 피코치가 수용하면 그 방법을 적용하지만, 그렇지 않으면 바로 접어야 한다.

사족이긴 하지만 이래서 사람들이 코칭을 좋아하는 것 같다. 처음부터 끝까지 코칭 받는 피코치의 생각과 의견을 항상 우선에 두고 있기 때문이다. 사람은 누구나 '인정받고 싶은 욕구'가 있는데, 코칭 장면에서 코치는 시종일관 피코치를 존중하는 태도를 취한다.

💬 일반적으로 자신을 이해하는 방법으로는 자기 성찰, 타인의 관찰, 심리 검사 도구를 이용하는 것이 있습니다. 먼저 자기 성찰은 스스로 내가 어떤 사람인가 하는 것을 살펴보는 것이고, 타인의 관찰은 다른 사람이 나에 대해 어떻게 보고 있는지 짐작해 보는 것입니다. 사람의 성향을 16가지 유형으로 분류한 MBTI나 성격 및 기질 검사인 TCI 검사를 통해 자신을 이해하는 것이 심리 검사 도구를 이용하는 방법입니다.

라고 설명했다.

제안에 그는 자기 성찰과 심리 검사 도구를 이용하는 방법을 선택했다.

💬 그럼 먼저 자기 성찰의 방법을 통해 자신을 알아가 보기로 하지요. 스스로

생각하기에 자신의 모습을 그려본다면 어떻게 그릴 수 있나요?

💬 네, 저는 큰 그림을 잘 그립니다. 세세한 부분은 잘 못 그리는데, 방향을 잡고 크게 보는 것은 잘합니다.

자신이 찾아낸 자신의 첫 번째 모습, 즉 큰 그림을 잘 그린다는 것에 공감하면서 좀 더 생각을 이어갈 수 있도록 했다. 그러자 그는 현실성이 떨어지기는 하지만, 남들이 보지 못하는 관점에서 아이디어가 많고, 또 하나의 주제에 깊이 몰입하는 경향도 있다고 했다.

큰 그림을 그리는 것, 아이디어가 많은 것, 한 주제에 깊이 몰입하는 것, 이상 세 가지가 자신이 찾아낸 자신의 모습이었다.

자신의 성향이 현장에서 어떻게 접목되고 있는지 깨달을 수 있도록

💬 이런 자신의 성향이 잘 발휘되었던 경험은 어떤 것들이 있는지요?

라고 물었다. 한참 생각한 뒤에 그는 국제회의를 준비하는 과정에서 자신의 성향이 십분 발휘되어 좋은 성과를 내었던 일을 상세하게 설명하였다. 물론 이 일을 말하는 중에 목소리 톤이 올라가고, 얼굴이 환해진 것은 당연했다. 좋은 기억을 이야기하는 순간이기 때문이다. 이것은 '확장 및 축적 이론(broaden and build theory)'에 근거한 일종의 챔피언 만들기 기법을 적용한 대목이다.

자기 이해하기 - 심리 검사 활용

두 번째로 MBTI와 TCI 검사도구를 이용하였다. MBTI의 정보 수집과 의사 결정에 대한 부분은 직관 및 사고형으로 나타났다. 사람이나 사물을 인식하는데 직관을 주로 사용하고, 판단을 내릴 때는 감정보다는 논리적으로

생각하는 경향이 강했다. 독창적이고, 추상적이며 창의적인 유형으로 나타났다.

💬 검사 결과에 수긍이 가는지, 혹시 본인의 생각과 다른 것은 무엇인지요?

라고 질문했다.

그는 평소 자신의 모습과 대체로 일치한다고 대답했다. 그러면서 앞서 자기 성찰의 방법으로 자신의 모습을 그려본 부분과 연결시켜 보았다. MBTI의 검사 결과 직관이 높기 때문에 큰 그림을 잘 그릴 수 있구나 하는 생각이 들었다.

심리 검사를 이용할 때 검사가 주는 가치와 한계를 알고서 접근할 필요가 있다. 심리 검사는 짧은 시간에 피코치의 성격 특성을 파악하고, 이론적 개념과 틀을 이용하여 자신을 이해하는 데 도움이 되는 등 코칭 장면에서 활용할 수 있는 가치가 있는 반면 심리 검사의 한계도 있다.

심리 검사 도구가 만들어지는 과정에서 준거 결핍 및 오염의 오류로 심리 검사 도구를 처음부터 완벽하게 만들 수 없다는 태생적 한계와 함께, 자기 보고식 검사 장면에서 현재 자신의 모습보다는 앞으로 그렇게 되었으면 좋겠다는 모습을 선택하는 의도적 또는 비의도적 왜곡이 있을 수 있기 때문이다. 그러므로 각종 심리 검사 결과를 이용할 때에는 검사 결과에 대한 본인의 생각을 반드시 들어보는 것이 중요하다.

성격 및 기질 검사(TCI)에서는 자극 추구는 높고 위험 회피는 아주 낮게 나타났다. 이는 낯선 상황에서도 두려움 없이, 뭔가 재미있는 일이 없을까 하고 주위를 두리번거릴 수 있는 사람이다.

이런 설명을 듣자 그는 과거 해외여행 시 바로 그런 상황이 있었다는 기억을 떠올렸다. 현지 택시 기사가 이렇게 돌아다니는데 무섭지 않느냐고 자신을 걱정해 줄 정도였는데도, 정작 본인은 무서움 없이 즐겁게 돌아다녔다고 한다. 업무 현장에서도 이 기질이 나타나는 것을 볼 수 있었다. 새로운 업무가 주어지면 팀원들은 이런저런 걱정거리들을 먼저 이야기하는데, 본인은 걱정이 아니라 도전해 보고 싶은 재미있는 일로 보인다는 것이었다.

💬 아하, 그래서 제가 팀원하고 업무 얘기할 때, 팀원의 이야기가 제 맘에 안 들었군요.

그랬다. 만일 팀원의 기질 중 '위험 회피가 높으면'(물론 TCI검사를 하지 않았지만) 그 팀원은 새로운 업무를 진행하는 과정에서 예상되는 각종 위험을 미리 상정하고 대처 방법을 생각해 볼 것이다. 이에 비해 이 팀장은 위험 회피가 매우 낮으므로 그 같은 걱정은 안중에도 없는 것이다.

성격 부분에서는 자기 초월이 매우 높았고, 연대감이 비교적 낮게 나타났다. 이 결과에 대한 것도 평소 자신의 모습과 유사하다고 했다. 초자연적인 것에 관심이 많은 것, 상대의 감정에 잘 공감해 주지 못하는 것 등을 설명해 주고 있었다.

새로 알게 된 내 모습 활용하기 실행 결과 및 피드백

'자기 자신을 아는 것'을 목표로 정하고, 이를 달성하기 위해 자기 성찰, 심리 검사 도구를 이용하여 자신의 모습을 살펴보았다. 그 결과 안 팀장은 '직관을 활용하여 독창적인 아이디어를 잘 만들고, 낯선 상황을 무서워하지 않고 오히려 즐기며, 큰 방향을 잡고 나아가는 강점이 있는 것'으로 나타났다. 이에 비해 '상대의 감정에 대한 공감이 떨어지고, 세부적인 것을 챙기는 것은 약한 것'으로 보였다.

다음 수순은 간단했다. 자신의 모습을 이제 어떻게 활용할 것인지 물어보는 것이었다. 여러분도 쉽게 그림이 그려질 것이다. 오히려 이 팀장은 잘만 활용한다면 팀장으로서 리더십을 발휘할 수 있는 아주 좋은 강점을 가지고 있었다. 이미 자신이 지니고 있는 뛰어난 직관을 가지고 팀의 큰 방향을 잡아갈 수 있을 것이다. 남이 미처 보지 못하는 것을 보고, 새로운 아이디어를 발굴하여 접목시킬 힘이 이 팀장에게는 있었다.

그렇지만, 구체적으로 팀원과 얼굴을 맞대고 업무를 수행하는 과정에서 예전보다 더 신경 써야 할 부분도 보였다. 자신의 기질상 자신에게는 느껴지지 않는 업무의 장애와 위험 요소가 팀원에게는 크게 다가올 수 있다는 것이다. 그래서 자신 자신을 알지 못했을 때에는 '아니, 왜 이렇게 쓸데없는 걱정을 하고 있을까?'라고 생각했던 것에서, 이제는 '나는 느끼지 못하지만, 이 팀원은 이것을 크게 보고 있구나'하는 것으로 바꿀 수 있다는 것이다. 또, 자신의 공감 능력이 부족하다는 것을 인식하고, 상대가 지금 이 상황에서는 어떤 감정을 느낄 것인가 하고 짐작해 보는 노력을 해 보겠다고 했다.

자신이 어떤 모습인지 아는 것은 우리에게 두 가지 점에서 유익하다. 먼저 자신의 행동과 감정에 대한 이해력이 높아진다. 지금 내가 이런 행동을 하는 것은 '아하, 나의 이런 기질 때문이구나'라는 이해가 생긴다는 것이다. 그러면 마음이 한결 편해지고 여유가 생긴다. 두 번째는 자신의 행동 선택지가 더 넓어진다는 것이다. 전에는 아무 생각 없이 그저 기질과 성격이 이끄는 대로 행동했다면, 이제 자신(기질과 성격)을 아는 이상, 좀 더 바람직한 행동을 선택할 수 있다는 것이다.

💬 '자기 자신을 아는 것'을 통해 무엇을 얻었나요?

라는 질문에, 안 팀장의 대답이 일품이었다. 이 또한 안 팀장이 지니고 있는 직관적이고 창의적인 기질이 발휘된 것이리라 짐작되었다. 그의 대답은 이랬다.

💬 마치 신세계가 열린 것 같습니다.

코칭 요약

주제: 「자기 자신을 아는 것」

대안

1. 성찰 및 맥락화 과정을 통해 조정된 코칭 목표 도출
2. 전문적 안내로 자기를 이해하는 방법 제시
    - 자기 성찰, 타인의 관찰, 심리 검사 도구 활용 등
3. 자기 성찰을 통해 자신이 보는 자신의 모습 이해
4. MBTI, TCI 등 심리 검사 도구를 활용하여 자신의 모습 알아가기
5. 새롭게 알게된 자신의 모습 활용하기

참고 이론(문헌)

목표의 진화 모델
- 대응적 목표(reactive goal)를 성찰 및 맥락화 과정을 통해 조정된 목표(adapted goal)로 전환

『코칭 심리 워크북』, 이희경, 34p 참조

전문적 안내(professional guidance)
- 코치가 피코치의 탐색을 촉진할 수 있는 구조적인 틀을 제공하든지, 적절한 답을 찾을 수 있도록 정보를 제공하는 것

『코칭 심리 워크북』, 이희경, 58p 참조

확장 및 축적 이론(broaden and build theory)
- 긍정 정서의 경험 ⇒ 일시적 사고, 행동 목록의 확장 ⇒ 지속적인 개인적 자원 축적 ⇒ 개인적 변화 및 상향적 발전(Fredrickson, 2002)

02 성취했던 경험을 재활용하자

자신감이 바닥난 사람 사례

　코칭을 처음 만나는 표 팀장의 얼굴은 그리 밝아 보이지 않았다. 얼굴에 웃음기도 별로 없었고 어깨는 처져 있었다. 마치 숙제를 하지 못해 불안한 마음으로 선생님 앞에 선 학생과 같은 모습이었다. 얼굴 표정과 신체에 나타나는 무언의 메시지는 상대의 현재 상황을 짐작하는데 주요한 요소이다. 그래서 피코치와 처음 대면할 때 여러 가지 정보들을 입수하게 된다. 코칭 룸에 들어오는 모습, 걸음걸이, 의자에 앉는 자세, 얼굴 표정 및 전체적으로 풍기는 분위기, 준비해 오는 수첩이나 필기구의 유무 등 어느 것 하나 피코치의 정보와 무관한 것은 없다.
　확인해 보니 짐작했던 대로 표 팀장의 코칭 주제는 밝은 것이 아니었다. 과거로부터 벗어나고 싶다는 것과 장래 삶에 대한 자신감을 늘리고 싶다는 것이 그가 다루고 싶은 내용이었다. 앞으로 코칭 진행 과정에서 좀 더 깊이 들어가면 어떤 이유에서 이 주제를 내 놓았는지 알 수 있겠지만, 그냥 처음 들어도 '과거로부터 벗어나고 싶다'는 것에는 많은 사연이 내포되어 있을 것만 같았다. 직장 생활에 대한 경험이 쌓여 갈수록 자신감이 늘어가야 할 텐데, 오히려 자신감은 줄어들고 있다고 했다. 그러다보니 사람을 만나는 것이나, 주어진 일을 처리하는 것을 힘들어 했다. 예전 같으면 별것 아닌 것들이 이제는 별것이 되어 자신을 짓누르고 있는 느낌을 받고 있었다.
　표 팀장과 달리 다른 사례에서 만난 사람은 얼굴이 어둡지는 않았지만 전형적으로 내향적인 성격의 소유자처럼 보였다. 목소리 톤이 낮아 조용조용 얘기했고, 말의 속도도 느린 편이었다. 질문에 곧바로 답하는 대신, 허공을 응시하거나 위를 쳐다보는 등 한참 생각한 다음에 말했다. 무엇인가 자기주장을 당당하게 펼치기 보다는 대체로 상대 주장을 수용해 줄 것 같은 분위기였다. 이 직원이 다루고 싶은 주제 또한 자신감 증진이었다.

주제를 명확히하자 대안 탐색

코칭 주제에서 목표와 대안을 찾아내기 위해서는 내놓은 주제를 명료화하는 것이 중요하다. 소위 피코치가 이야기한 주제의 실체를 잡아가는 과정이 주제 명료화 작업이다.

우리가 사용하는 언어는 세 단계를 거쳐 상대에게 전달된다. 첫째, 송신자가 자신의 생각을 언어로 기호화한다. 말하고자 하는 어떤 것을 생각하고, 이것을 어떤 말로 표현할 것인지 기호(단어)를 선택한다는 것이다. 여기서 단어는 우리가 서로 학습과 경험을 통해 공유하기로 한 일반적인 단어를 사용한다고 유추해 볼 수 있다.

둘째, 송신자가 수신자에게 전달한다. 선택된 기호(단어)를 활용하여 말하는 과정이다. 셋째, 수신자가 전달받은 기호를 해석하는 과정을 거친다. 상대가 지금 사용한 언어 기호를 자신이 지닌 언어 능력으로 해석하는 것이다.

이런 세 단계를 거치는 중에 오류가 발생할 가능성은 얼마든지 있다. 송신자, 즉 처음 말을 하고자 하는 사람이 자신의 생각에 온전히 부합된 적절한 말을 찾아내는 데 실패했을 수 있다. 두 번째 단계에서 잘못 전달될 수도 있고, 세 번째 단계에서 수신자가 송신자의 원래 의도와 달리 다른 해석을 할 수도 있다. 그런데 우리가 나누는 일상생활에서 이런 커뮤니케이션의 오류는 상당히 많다. 그도 그럴 것이 송신자와 수신자가 그동안 겪었던 경험과 배워왔던 학습 등의 생각이 똑같을 수 없기 때문이다. 비록 우리는 약속

된 언어 규칙을 가지고 대화하지만, 그 와중에서 크고 작은 오류가 발생할 가능성은 얼마든지 있다. 그러므로 어떤 말을 들었을 때, 자신의 해석으로 짐작하는 것은 맞을 수도 있고 틀릴 수도 있다는 생각을 꼭 해야 한다. 이런 점에서 내놓은 주제를 명확하게 하는 작업은 코치와 피코치의 생각을 일치시키기 위한 필수 불가결한 과정이다.

가장 간단한 방법은 피코치가 표현한 주제가 구체적으로 무엇을 이야기하는 지 좀 더 자세하게 설명해 달라고 요청하는 것이다.

💬 과거로부터 벗어나고 싶다고 이야기했는데, 이것은 어떤 뜻인가요?

라고 질문하는 것이다. 이 질문에 그는,

💬 직장과 가정에서 전에 받았던 스트레스로부터 자유하고 싶다.

고 이야기했다.
동어 반복 같지만, 하는 수 없이 한 번 더 요청했다.

💬 어떤 스트레스인데요?

그러자 스트레스 상황에 대해 자세하게 설명하기 시작했다. 인간관계와 업무 수행 과정에서 겪었던 여러 가지 실패와 상실의 경험 등을 비교적 낱낱이 털어놨다.

충분히 들어준 다음, 정리하고자 하는 마음으로

💬 이 같은 과거의 일에서 배운 것이 있다면 무엇이 있는지요?

라고 물었다.

💬 반성하는 마음이 생겼습니다. '나는 열심히 한다고 했지만, 결과적으로 다른 사람에게는 피해를 줄 수도 있겠구나' 하는 생각이 들었습니다.

라고 스스로 배운 교훈을 정리했다. 우리는 책이나 강의를 통해서 배우기도 하지만, 표 팀장과 같이 삶의 현장에서 경험으로 배운 것은 더욱 생생하고 오래간다.

자신감 증진 방법 - 주관적 몰입

두 번째로 자신감 고취에 대해 진행하였다. 자신감을 가지고 싶다고 해서 자신감이 생길 수 있다면 얼마나 좋으랴. 스스로 자신을 세뇌하듯이 '나는 할 수 있다'라고 자신을 격려하는 것도 하지 않는 것보다는 낫겠지만 지속적으로 효과가 있다고 보기에는 의문이 든다. 그리고 그냥 이렇게 하면 좋을 것 같다는 감으로 하는 것 같아 근거 기반 코칭하고는 거리가 있다. 그래서 현재 자신감이 떨어져 있는 피코치에게 "자신감을 가지세요, 잘 할 수 있잖아요."라는 식으로 해결할 수는 없었다.

NLP 코칭에서 '주관적 몰입(association)과 앵커링(anchoring) 방법'을 적용하는 것이 좋겠다는 생각이 들었다. 주관적 몰입은 과거에 자신이 크게 성취했거나 행복한 순간을 떠올려 보고, 그 순간에 온전히 몰입해 보는 것이다. 오감을 모두 활용하여 보고, 듣고, 느껴 보는 것이다.

앵커링은 그 느낌을 신체의 특정 동작에 배가 닻을 내려 고정시키듯이 느낌과 동작을 서로 연결시키는 것이다. 이같이 주관적 몰입 및 앵커링은 성취와 행복했던 순간을 자신의 내적 자원으로 만들어 놓은 다음, 미래의 상황에서 도구로 활용한다는 개념이다. 간단하게 소개를 마치자 그는 자신에게도 적용해보고 싶다고 했다.

💬 그럼, 먼저 편안한 자세를 취하고 지금까지 살아오면서 가장 성취감을 느꼈던 때는 언제였는지 생각해 보세요.

라고 주관적 몰입을 시작했다. 이때 더 빠른 몰입을 위해 눈을 감게 할 수도 있다. 그러나 때론 눈을 감는 것에 대해 불편을 호소하는 사람도 있으므로 본인이 편한 방법을 선택하게 하는 것이 좋다. 그리고 성취한 구체적인 것을 말하고 싶으면 해도 되고, 굳이 표현하지 않고 본인만 음미하고 싶다면 또한 그렇게 해도 무방하다. 이 또한 피코치가 선택할 수 있도록 한다. 대신 충분히 떠올렸다는 것을 코치가 알 수 있도록, 고개를 끄덕이던지 손을 들던지 무엇인가 표현을 해달라고 요청하면 된다.

피코치로부터 성취했던 순간을 떠올렸다는 표시를 받으면, 잠시 그 순간에 머물도록 한 다음 구체적인 감각을 느끼도록 해준다.

💬 그 순간을 떠올리면 어떤 소리가 들리세요?

라면서 청각을 느끼도록 도와준다. 아마 누군가 축하하는 소리, 박수 소리, 격려하는 소리 등등이 들릴 것이다. 다음에는

💬 그럼 이번에는 어떤 장면이 보이나요?

라면서 시각으로 초청한다. 가능한 그 장면을 생생하게 보도록 한다. 웃는 모습, 들뜬 표정으로 밝게 악수하는 모습, 혹은 선물이나 꽃다발을 받는 모습들이 떠오르지 않을까? 마지막으로

💬 그 순간의 소리를 듣고, 장면을 보니, 이제 몸에 어떤 느낌이 드나요?

하면서 체각을 느껴보도록 한다.

앵커링은 먼저 피코치가 선호하는 어떤 동작을 정하게 한다. 손을 맞잡는 것, 주먹을 쥐는 것, 머리를 만지는 것, 팔을 접는 것 등등 어떤 것이든 좋다. 동작이 결정되면, 다시 한 번 주관적 몰입을 통해 성취했던 순간의 느낌을 충분히 느끼는 순간에 미리 정한 신체 동작을 취하도록 해서 느낌과 동작을 서로 연결시켜 준다. 그런 다음에는 동작된 자세를 취하면서 이제는

반대로 성취했던 순간의 느낌이 저절로 올라오게 하는 것이다. 물론 처음에는 그 연결 고리가 약해 잘 안되겠지만, 의식적으로 반복하다보면 점점 생생하게 느껴지는 것을 경험할 수 있다.

주관적 몰입과 앵커링 방법은 내 자신이 자주 활용해 본 경험이 있다. 나는 바라던 책이 출판되어 나왔을 때의 순간(성취감)을 기억하면서 주먹을 쥐면서 팔을 안으로 굽히는 동작에 앵커링을 해 두었다. 길거리를 갈 때나, 사무실에 있을 때 의식적으로 이 동작을 취한다. 그러면 앵커링 해 두었던 그 순간의 느낌이 내 안에서 올라온다. 괜히 기분이 울적해지고, 힘이 빠질 때 이 동작을 취하면 다시금 에너지가 생성되는 느낌을 받는다. 나의 경험을 잠깐 들려주면서 지금 취한 동작을 자주 해볼 것을 권했다.

앵커링은 다만 단순히 성취감을 느끼는 것에 머물지 않는다. 그렇다면 자원이 되지 못한다. 미래에 활용할 수 있어야 자원이 될 수 있다. 그러기 위해서는 미래 보정하기가 필요하다.

💬 앞으로 자신감을 찾고 싶을 때 앵커링 자세를 취하면 도움이 될까요? 그렇다면 어떤 일을 할 때 앵커링을 적용해 볼 수 있을까요?

라고 묻고 스스로 정리하게 하는 것이다.

수시로 앵커링을 해서 하루빨리 자신의 것으로 만들어 보고 싶다고 했다. 사람과의 관계 속에서 자신감이 떨어진 것을 회복하기 위해, 사람들을 만나러 가기 전에 연습 동작 하듯이 앵커링을 하겠다고 했다. '이만한 성취 경험이 있는데, 전에 했듯이 지금 이것도 충분히 해낼 수 있다'라는 마음이 든다고도 했다. 그냥 자신감을 가져야지 하고 말하는 것보다, 훨씬 더 생생하고 분명한 자신감의 근거를 찾아서 좋다고 했다.

💬 그렇죠. 우리 팀장님은 이미 팀장님의 내면에 자신감이라는 자원이 충분히 있습니다. 지금까지는 그것이 있는 줄도 모르고, 어떻게 활용할 줄도 몰랐는데 이제 아셨으니 묵혀두지 마시고 마음껏 활용하시기 바랍니다.

새로운 방법 찾기

　표 팀장과 달리 내향성이 강한 직원이 찾아낸 자신감 증진 방안은 과감하게 행동하기, 사전 준비 철저, 스스로 인정하고 다음 단계로 나가기 등 보다 실제적인 것이었다. 과감하게 행동하고자 한 배경은 상대방의 생각을 직접 물어보기 전에는 정확히 알 수 없고, 단지 혼자서 짐작만 하는 것인데, 그 짐작의 울타리에 갇혀서 행동하지 못하는 경우가 많다는 것이었다. 상대에 대한 배려가 많아서 그럴 수도 있을 것이다. 혹, 내가 이 말을 하면 기분이 나쁘지 않을까, 이런 행동을 하면 무례하다고 보지 않을까, 하는 지레짐작으로 행동하지 못하는 자신의 모습을 본 것이었다. 상대에 대한 배려가 순기능으로 작용하는 것을 넘어, 지나치게 상대의 눈치까지 보는 단계까지 이른 것이었다.

　사전 준비 철저는 맡고 있는 업무에 대한 준비를 이야기하고 있었다. 어떤 주제에 대해 어느 누구하고 토론하여도 밀리지 않을 정도로 이해하는 것을 의미했다. 주변에 보면 연구 주제를 발굴하고, 토론을 아주 설득력 있게 이끌어 가는 사람이 있는데, 바로 이런 사람을 모델로 삼고 있다고 했다. 스스로 인정하고 다음 단계로 나가기는 자신 안에 있는 일종의 완벽주의 성향으로 인해, 완벽하지 못하면 다음 단계로 진행이 되지 않는 상황에서 나온 해결책이었다.

　과감하게 행동하기, 사전 준비 철저, 수용하고 다음 단계로 나가기 등 세 가지 방법을 듣는 중에 두 가지 생각이 떠올랐다. 하나는 이 방법은 이미 지금도 적용해 보고 있는 것은 아닌가 하는 것이었고, 다른 하나는 이미 시도해 보고 있는 것이라면 앞으로 얼마나 더 해볼 수 있는 지를 확인해 주는 것이 좋겠다는 생각이었다. 짐작한대로 완전히 새로운 방안은 아니었다. 코칭을 받기 전에도 자신감이 떨어진 자신을 보면서 어떻게 하면 여기서 벗어날 수 있을까 하고서 이미 궁리해 본 것들이었고 적용하면 효과도 있었다고 한다. 이미 적용하고 있는 방법이라고 해서 버릴 것은 아니었다. 잘하고 있고, 또 효과가 있는 것이라면 그것을 계속하는 것이 필요하다.

프로 야구 경기를 보다 보면 투수가 위기 상황에 처한 경우를 보게 된다. 이때 해설자는 지금 상황에서는 직구든 커브든, 투수가 평소 가장 자신 있는 공을 던지는 것이 중요하다고 강조한다. 그래야만 그 상황을 벗어날 가능성이 높다. 타자를 속이기 위해 어설픈 공을 던졌다가는 오히려 위기를 더 키울 가능성이 높다. 우리가 만나는 상황도 마찬가지일 것이다. 잘 풀리지 않는 상황에서 우리는 평소 우리가 가장 잘하는 방법을 선택하는 것이 좋다. 대신 효과가 없는 방법은 하루라도 빨리 그만 두는 것이 좋다. 자꾸만 헛발질할수록 힘만 빠질 뿐이다. 해결 중심 단기 코칭에서도 '효과 있는 것은 계속하고, 효과가 없다면 다른 것을 찾으라'고 권하고 있다.

다만 그래도 더 큰 성장과 발전을 위해 코칭을 받고 있는 상황이므로 앞으로 더 나갈 수 있도록 도울 필요가 있었다.

💬 지금도 이 방법들을 적용해 보고 효과도 얻고 있는데, 앞으로 목표를 정해 본다면 지금보다 얼마나 더 해볼 수 있을까요?

라고 물었다. 피코치들은 예상치 못한 질문을 받으면, 대체로 한참 머뭇거린다. 코칭의 경험이 쌓여 갈수록 코칭에서 이런 장면이 많이 나와야 한다고 생각한다. 뻔히 예상되는 질문을 하고, 미리 준비하고 생각해 놓은 대답만 한다면 코칭의 맛도, 코칭의 효과도 떨어진다.

💬 지금보다 더 많이 하라고요? 그것은 생각해 보지 않았는데…

💬 네, 그래서 지금 이 자리에서 한 번 생각해 보시라고 질문한 것입니다.

내향적인데다 완벽주의 성향이 있는 만큼 대답에 신중을 기할 것이다. 그리고 자신이 대답한 것은 스스로 지키려고 노력할 것이다. 이런 믿음을 가지고 기다려 주었다. 고민 끝에 피코치 입에서 나온 말은 '지금보다 20% 더 하기'였다.

실행이 자신감을 가져왔다 실행 결과 및 피드백

성취감을 내적 자원으로 인식하여 장래에 자신감 증진의 재료로 사용하는 주관적 몰입 및 앵커링 방법은 아직 충분하지는 않았지만 순조롭게 진행되고 있다는 평가를 내릴 수 있었다. 1 ~ 2주 실행해 보고 나서 몸에 배었다고 말할 수 없다. 세간에서는 최소한 3개월 이상 매일 꾸준히 해야 습관이 형성될 수 있다고 권하고 있다. 아직 습관이 되지 않았지만, 해야 한다는 의무감에 의식적으로 앵커링 동작을 취했다고 한다. 코치가 지난주에 실천하기로 한 앵커링을 확인할 것이므로 이에 대답하기 위해서라도 실천이 필요했다고 항변 섞인 대답을 했다. 어쨌든 의식하고 실행한 것은 매우 훌륭한 태도라고, 격려를 아끼지 않으면서 실행 소감을 물어보았다.

💬 전에 코치님하고 이 자리에서 느꼈던 성취 경험이 온전히 살아나지는 않았지만, 그래도 '아, 내가 그런 기분 좋은 일이 있었지' 하는 마음은 들었습니다.

라고 좋아했다.

💬 그렇죠. 바로 그 기분을 매번 불러내어 느껴 보는 것이 중요합니다. 혹시 자신감을 충전해야 되겠다고 생각하는 상황에서 적용해 본 것은 없나요?

아직 그 자리까지는 나가지 않았지만, 성취 경험을 자꾸 떠올리다보니 자신감이 점점 올라가는 느낌이 든다고 했다. 이러다가 근자감(속칭 근거 없는 자신감)에 빠지는 것은 아닌가 하고 걱정 아닌 걱정을 했다. 자신감이 없는 것 보다야 근자감이라도 있는 것이 훨씬 낫다는 것에 서로 동의하면서 한바탕 호탕하게 웃었다.

이전에 하고 있던 행동을 20% 더하기로 한 피코치의 실행 결과도 좋았다.

💬 20% 더 하기로 한 것은 어떻게 했나요?

라고 묻자, 그는

💬 20%는요, 한 30%는 더 한 것 같은데요?

라고 대답했다.

💬 어떤 점에서 30%라고 말한 것인가요?

라고 스스로 높게 평가한 이유가 무엇인지 질문했다.

💬 사전에 준비하기를 20% 더 하기 위해서 무엇을 할까 고민하다가 읽어야 할 관련 자료를 평소보다 더 읽기로 했습니다. 그렇게 나름 목표를 정하고 하다 보니, 당초 생각했던 것보다 더 많이 했습니다. 과감하게 행동하기, 수용하고 다음 단계 넘어가기는 구체적으로 수치화하는 것이 쉽지 않았지만 이것도 전보다 나아진 것은 분명한 것 같습니다.

라고 자신 있게 말했다.

💬 지금 제게 말씀하신 모습 자체가 지난 주에 비해 자신감이 20% 이상 증진된 것으로 보입니다.

라고 피드백해 주었다.

코칭 요약

주제: 「자신감 증진」

대안

1. 주제 명료화 작업(내 놓은 주제의 명확한 의미 파악)
2. NLP 코칭의 주관적 몰입-앵커링 적용
   - 성취감을 느꼈을 때를 오감*으로 확인
     * 무엇이 보이는지(시각), 어떤 소리가 들리는지(청각), 몸의 감각은 어떤지(체각) 등
   - 신체 동작에 연결(앵커링)하여 내적 자원으로 활용
3. 기존에 잘하고 있는 행동 더하기
   - 과감하게 행동하기, 사전 준비하기, 수용 등을 20% 더하기

참고 이론(문헌)

목표의 명료화
- 코칭에 본격적으로 착수하기 전에 피코치가 자신의 목표가 달성되었다는 것을 보여주는 표시가 무엇인지를 명확히 하는 것이 필요

『해결 중심 단기 코칭』, 김인수, Peter Szabo 저, 32p 참조

주관적 몰입(Association)과 앵커링(Anchoring)
- 주관적 몰입은 피코치의 감정 상태가 자원이 풍부한 상태를 경험하도록 자기 자신을 시각, 청각, 체각을 활용하여 느껴보는 것
- 앵커링은 자신감이 차 있던 상태나 기쁨이 넘쳐있던 상태의 체험을 기억하고 언제든지 그것을 다시 사용할 수 있도록 하는 것

『NLP 전인 코칭』, 서우경 저, 연세대학교 출판부, 50p 및 53p 참조

03 감정 지수를 높이자

팀원들이 일하는 것을 보면 화가 나는 팀장　사례

　임 팀장은 오래도록 그리던 팀장 보직을 받았다. 원래 있던 팀에서 그대로 승진했다. 승진해서는 새로운 사람들과 새로운 마음으로 새롭게 출발하고 싶었는데 그러지 못했다. 팀의 몇 사람이 바뀌기는 했지만 거의 대부분 전부터 같이 근무하던 사람이었고, 하는 일도 같았다. 생각해 보면 승진해서 새롭게 시작하고 싶다는 것만 내려놓으면 오히려 같은 팀에서 일하게 된다는 것은 장점이 될 수 있었다. 지금까지 팀의 차석으로서 팀장을 보좌해 왔던 경력을 십분 발휘하면 빠른 시기에 더 좋은 성과를 낼 수 있는 가능성이 있기 때문이다. 그런데 장점으로 발휘될 것 같은 이 요소는 차장에서 팀장으로 승진한 후에는 반대로 발목을 잡고 있었다.

　팀장이 아닌 팀원으로 있을 때에는 주어진 자신의 일만 수행하면 되었다. 다른 팀원의 일은 팀장이 챙길 사항이었다. 그런데, 팀장이 되자 자신에게 주어진 역할이 달라졌다. 팀에 부여된 직무를 팀원에게 배분하고, 팀원을 적절하게 동기 강화시켜서 팀 전체 성과를 달성해 가는 팀장으로서의 리더십이 요구되었다. 팀장의 눈으로 팀원을 바라보니 같은 동료로서 바라볼 때와 딴판이었다. 업무 능력은 좀 부족해도 사람이 좋으면 괜찮구나 생각했는데, 팀장이 되고 보니 이제는 그 생각이 결코 만사는 아니었다.

　사실 팀원 중에서 어느 누구도 팀장만큼 팀의 업무를 아는 사람은 아무도 없었다. 팀의 업무를 쭉 꿰고 있는 임 팀장의 눈에 비친 팀원의 행동은 하나같이 굼뜨고, 업무 성과도 기대 이하였다. 게다가 그의 기질은 주도적이고 다혈질이었다. '도대체 이것을 일이라고 한 거야?', '언제까지 내가 저 일을 다 챙겨줘야 하나?', '아니, 다음 주에 행사가 잡혀있는데 왜 팀원들은 움직이지 않는 거야?'하는 생각이 계속 올라왔다. 이런 상황에 이르자 점차 화가 나는 것은 당연했다.

그나마 다행인 것은 이 팀장은 자신이 팀원에 대해 지금 화가 나 있다는 사실을 자각했다는 것이다. 이런 식으로 화를 내면 팀원은 물론 자신에게도 좋지 않겠다는 생각이 들었다. 직장에서 화가 난 상태로 퇴근하면 집에서 가족을 대할 때에도 화를 내는 경우가 많아졌다. 화가 점점 번져가고 있는 형국이었다. 이 문제를 어떻게 해결하면 좋을까?

목표는 바로 문제 속에 있다 `대안 탐색`

해결 중심 단기 코칭에서는 피코치가 가져오는 문제 속에서 간단하게 목표를 잡아가는 것에 대해 이렇게 설명하고 있다. 만일 피코치가

💬 저는 지금 A과장 때문에 정말 힘들어요.

이렇게 말하면, 코치가 이를 받아

💬 A과장과 관계를 개선하고 싶으시군요?

라면서 뒤집어 주면 된다.

이렇게 하면 'A 과장 때문에 힘들다'라는 문제가 즉석에서 'A 과장과의 관계 개선'이라는 목표로 전환된다. 지금 팀원 때문에 화가 난다는 것을 호소하는 임 팀장에게도 이것을 그대로 적용했다. 독자 여러분도 쉽게 문제를 목표로 환치할 수 있을 것이다. 화나는 문제가 분명한 만큼 목표도 명확했다. 화를 내는 것이 문제이므로 이것을 뒤집은 화를 내지 않기가 목표가 되

었다. 온전히 화를 내지 않을 수 없기 때문에 일단 '화내는 횟수 줄이기'를 목표로 잡았다.

지금 생각해 보니 당시 임 팀장이 잡았던 '화내는 횟수 줄이기'는 접근 목표가 아닌 회피 목표였다. 무엇인가를 하려고 하는 것이 접근 목표이고, 하지 않으려고 하는 것이 회피 목표다.

사람들의 행동을 연구하는 심리학에서는 사람들이 목표에 대해 에너지를 가지게 하려면 접근 목표가 더 낫다고 한다. 담배 피지 않기(회피 목표)보다는 건강한 몸 만들기(접근 목표)가 목표를 이룰 가능성이 더 높다는 것이다. 만일 그때 이 사실을 알았다면 접근 목표로 바꾸어볼 수도 있었을 텐데 그렇게 하지 못했다. 그러나 회피 목표를 세웠다 해서 이루지 못하는 것은 아니다. 일반적으로 말할 때 목표 달성도가 높다는 것을 이야기하는 것이다. 우리 주변에 회피 목표인 담배 끊기를 목표로 정하고서도 그것을 달성한 사람들을 얼마든지 볼 수 있다.

내가 하는 말을 관찰해 보자

화를 어떻게 하면 줄여 갈 수 있을까? 구체적인 실천 대안을 찾아보았다. 두 가지 대안을 생각해 냈다. 하나는 업무를 지시할 때 여지를 두고서 부드럽게 하는 것이었다. 팀 업무를 잘 알고 있으므로 지금까지는 아주 구체적으로 지시했다. 이런 상황에서 팀원은 아직 업무를 팀장만큼 모르므로 질책받는 느낌을 받을 수 있겠다고 생각한 끝에 나온 대안이었다. 때론 자신이 알아도 조금은 모르는 척 하는 것도 필요할 것 같다고 했다. 팀장이 시시콜콜 다 지시하다 보면 팀원이 자율적으로 처리할 부분이 없기 때문에, 팀원이 일할 의욕이 많이 떨어질 것 같다는 것이었다.

두 번째는 자신이 하는 말을 관찰해 보기로 했다. 코치로서 피코치가 이런 기발한 방법을 얘기하면 깜짝 놀란다. 역시 '모든 사람은 능력이 있고, 필요한 해답은 그 사람 내부에 있다'는 코칭의 전제가 틀리지 않는구나 하는 생각을 하게 된다. 아주 새로운 방법이면서도 뭔가 큰 변화를 가져올 수 있겠다는 생각이 들었다.

말은 말하는 순간 공중에서 사라지는 속성이 있다. 문제는 어떻게 관찰할 것인지를 찾는 것이 중요했다. 손쉽게 녹음을 생각할 수 있지만, 상대와 대화를 동의 없이 녹음하는 것은 허용된 것이 아니었다. 그리고 대화할 때 녹음한다는 것 자체가 자연스러운 대화를 방해할 수 있다. 이런저런 이유를 생각해 볼 때 녹음은 좋은 해결책이 아니었다.

어떤 방법이 있을까? 궁리 끝에 그래도 솔직하게 피드백을 해 줄 수 있는 가족에게 부탁하기로 했다. 괜찮은 방법이었다. 자신의 평소 대화를 듣고서 어떤 기분이 드는지, 귀에 거슬리는 말은 무엇인지, 혹시 바꾸었으면 하는 표현은 무엇인지 등을 이야기해 줄 것을 당부했다.

분노에 대한 인식을 전환하자

분노에 대한 본인의 인식을 전환하는 방법도 대안 중의 하나였다. 화가 날 상황에서 이 정도는 괜찮다고 받아들이는 모습을 갖자는 것이었다. 그러기 위해서는 팀원의 업무 수행 결과에 대한 기대 수준을 낮추는 것이 필요했다. 자신의 관점에서 바라볼 것이 아니라 팀원의 관점에서 보기로 했다. 자신은 이 팀에 오래 근무한 경험으로 인해 누구보다 팀의 업무에 대해 잘 알고 있다. 또 팀장이라는 위치에 서다 보니, 더 큰 책임감이 생겼다. 이에 비해 팀원의 입장은 어떠한가? 경험이 짧아 아직 업무에 익숙하지 못하고, 책임감이 있다고는 하나 팀장만큼은 아니다. 팀 전체를 바라보는 시각이 팀장과 다를 수밖에 없다. 팀원은 주어진 자신의 일을 처리하면 내 할 일은 충분히 했다고 생각한다. 팀장과 팀원의 관점을 차분하게 분석해 보니, 기대 수준을 낮출 합당한 이유가 발견되었다. 분노에 대한 인식 전환은 무턱대고 화부터 내고 보는 것을 미연에 방지하는 효과가 있었다.

감정 지수를 높이자

　감정 조절은 비단 임 팀장에게만 국한된 것이 아니라 흔히 겪는 일이었다. 그러다 보니 여러 코칭 사례에 감정을 다룬 경험이 있다. 그때 찾았던 대안도 여기 함께 소개하는 것이 유익하겠다.

　첫째, 감성 지수(Emotional Quotient: EQ)를 높이자는 방법이 있었다. 감성 지수는 심리학 저술가인 대니얼 골먼에 의해 대중에 소개된 개념이다. 그는 자신의 감정이 어떠한지를 아는 능력, 감정적 충동을 억제하고 조절할 수 있는 능력, 타인의 감정에 공감할 수 있는 능력 등이 주요 감정 능력이라고 주장했다. 즉, EQ는 한마디로 타인과 자신의 감정을 이해하고, 풍요로운 삶을 위해 감정을 통제할 줄 아는 능력이라고 할 수 있다. 이런 감정 지수를 높이기 위해서는 먼저 자신의 감정을 인식하는 것이 중요하다. 자신의 마음속에서 일어나는 감정이 무엇인지 알아야, 과대한 정서의 파도에 휩쓸리지 않을 수 있고 또 그 다음 단계인 정서를 조절하는 데까지 나아갈 수 있다.

　감정을 인식하는 정도가 얼마나 되는지 간단하게 확인해 보는 법이 있다. "지난 일주일 동안 느꼈던 감정을 모두 적어 보세요."라고 말해 보는 것이다. 독자 여러분도 잠시 시간을 내어 이 질문에 한번 답해 보기를 권한다. 감정 단어를 몇 개 정도 적었는가? 대체로 7개 이상이면 인식 정도가 높다고 간주한다. 의외로 사람들이 적은 감정 단어를 보면 3~4개에 지나지 않는다. 물론 감정 단어를 많이 적었다고 해서 자신의 감정 인식이 높을 것이라고 바로 단정 짓는 것은 다소 무리가 있을 수 있다. 왜냐하면 단순히 단어를 아는 능력과 진짜 감정을 인식하는 능력은 다르기 때문이다. 그러나 안다는 것은 결국 언어로 표현될 수밖에 없다는 한계를 인정한다면 감정 단어를 적은 개수와 감정의 인식 정도의 상관관계가 높다고 할 수 있을 것이다. 여러분은 과연 지난 일주일 동안 느꼈던 감정을 몇 개나 적었는지 궁금하다.

자신의 현재 느끼는 감정에 '이름 붙이기' 방법이 감정 인식 능력을 높여주는 구체적인 기법이 될 수 있다. 어떤 기분의 변화를 느낄 때, 스스로에게 '지금 내가 느끼는 이 기분은 무엇이지?'라고 자문해 보는 것이다. 그러면서 그 기분에 이름을 붙여 준다. 기쁨, 즐거움, 슬픔, 불안, 사랑, 화, 부끄러움 등 단순한 감정 표현보다 풍성한 표현을 붙이면 더 좋겠다.

기쁨이라는 감정을 세분해 들어가면 아주 작지만 여러 감정의 모습들이 있음을 알 수 있다. 신나는, 재미있는, 뿌듯한, 흐뭇한, 짜릿한, 만족스러운, 설레는, 기대되는, 자랑스러운, 들뜬, 좋아하는, 멋진 등등 생각할수록 재미있고 신기한 단어들이 꼬리를 물고 나온다. 기쁨이라는 한 가지 단어로 뭉뚱그려서 대답한 사람과 앞서 열거한 단어를 적는 사람과의 감정 인식 능력은 차이가 있을 것이다. 그래서 혹자는 이름 붙이기 방법을 더 잘하기 위해, 감정을 나타내는 우리말 공부를 권유하기도 한다. 자신의 마음속에서 일어나는 미세한 기분의 변화에 적합한 단어를 고르기 위해서는 필요한 것이다. 신기하게도 어떤 상황에 가장 적합한 단어를 사용하면 그 단어의 의미가 더욱 생생하게 다가오는 것을 느낀다.

이름 붙이기 방법은 감정 인식 능력을 향상시켜 주는 것 외에 또 자신의 감정에 매몰되지 않고 한 발짝 물러서 볼 수 있는 힘을 길러준다. 사람은 동물과 달리 현재 자신이 무슨 생각을 하는지를 생각할 수 있는 소위 '메타 인지 능력'이 있다고 한다. 감정의 영역에서도 인지 영역과 마찬가지로 내가 현재 어떤 감정에 휩싸여 있는지를 알 수 있다는 것이다. 이렇게 알게 된 다음에 이를 조절할 수 있게 된다. 그리고 감정의 이름 붙이기 작업을 하는 순간 잠시 시간을 벌어주는 부수적인 효과도 있다. 화가 날 때 숨 돌릴 겨를도 없이 곧바로 화를 쏟아내기 십상인데, 이름을 붙이느라 단 몇 초라도 쉴 수 있다면 화를 누그러뜨릴 수 있다는 것이다. 심하게 화가 날 때면, "세 번 심호흡을 해 보세요."라고 권하기도 하는데 이름 붙이기 작업이 마치 이런 심호흡의 효과를 준다는 것이다.

두 번째는 '감정 읽어주기' 방법이었다. 이는 감정의 진행 과정을 의도적으로 빠르게 해서 감정이 빨리 사라지게 하자는 데 착안을 두고서 찾아낸 방법이었다. 감정은 생성, 발전, 소멸 과정을 거쳐 진행된다. 어떤 상황에서 일단 감정이 발생하면 영원히 지속되는 것이 아니고 일정 기간 우리 마음에 머물렀다가 사라진다. 이때 가만히 있지 않고 발생된 감정을 읽어주면 머물러 있는 시간을 단축시킬 수 있다. 일상에서 이런 경험을 해 봤을 것으로 짐작된다.

이를테면, 어제 상사에게 혼난 일로 인해 화가 난 상태에 있는 자신에게 입사 동기가 찾아와서, "너 어제 그 일로 인해 화가 많이 났구나?"하고서 자신의 감정을 읽어 주면 어느새 감정이 사라진 것 같은 경험 말이다. 이렇듯 감정을 읽어 주는 것은 더 큰 감정으로의 확산을 막고 빨리 소멸하도록 도와준다. 자신이 아닌 타인이 감정을 읽어 주면 공감 받고 있다는 느낌까지 더해져 더 빨리 없어지겠지만, 타인이 읽어 주지 않는다고 해서 방법이 없는 것은 아니다.

자신이 스스로 자기 감정을 읽어 주는 것이 그 방법이다. 말로 표현하거나 글을 쓰는 것 모두 괜찮다. 혼잣말로 '그래 어제 상사에게 혼이 나서 지금 화가 많이 났구나. 그래서 힘들겠구나'라고 자신에게 속삭이면 된다. 또는 일기를 쓰듯이 느낀 감정을 적어보는, 이른바 '감정 일기'를 쓰는 것도 좋다. 매일 쓰는 것이 어렵다면, 일주일에 한 번이라도 지난 한 주간 내가 겪었던 감정은 어떤 것이 있었는지 생각하면서 적어 보는 것이다. 감정 일기를 쓰다보면 처음에는 어떤 감정이 있었는지만을 쓰다가, 차츰차츰 그 감정을 겪게 된 이유와 나름의 해결 방안까지 생각할 수 있게 된다.

나도 잘 모르는 나의 언어 습관 〔실행 결과 및 피드백〕

사람은 자신의 행동에 대해 대체로 점수를 높게 주는 성향이 있다. 자신에게는 관대하고 남에게는 엄격하게 대하는 잣대가 있다고나 할까? 사람은 이런 성향이 있어서 그런지 성경은 우리에게 '남의 눈의 티를 뽑기 전에 자신의 눈에 들보를 빼라'고 가르치고 있다.

그래서 대체로 사람들은 자신의 언행을 적나라하게 피드백을 받으면 적잖이 놀란다. '아니 평소 나의 말이 이랬나?', '이렇게 행동하고 있는 모습이 진짜 나인가?'하는 생각이 들 정도이다. 자신의 말을 관찰해 보기로 한 임 팀장도 여기에서 크게 벗어나지 않았다. 막연하게 짐작하고 있었던 자신의 모습과 다른 피드백을 받았다.

자신의 말 속에 감정이 담긴 언어를 많이 사용하고 있다는 것을 발견했다. 그것도 긍정 감정이 아닌 부정 감정을 유발하는 말이었다. '형편없다, 마음에 안 든다, 누가 좋아 하겠느냐'와 같은 말들이었다. 그리고 또 '매번, 항상, 늘'과 같은 빈도 부사를 자주 사용하는 것도 볼 수 있었다. 부정 감정을 유발하는 말에 빈도 부사까지 덧붙였으니 듣는 사람은 더욱 심하게 질책받는 기분이 들었을 것이다. 목소리가 크고 빠르다는 지적도 받았다고 한다. 화가 나면 당연히 그럴 수 있겠지만, 평소 말하는 것이 그렇다면 조절할 필요가 있었다.

💬 상당히 구체적인 피드백을 받았는데, 이런 것을 듣고 나니 어떤 느낌이 들었나요?

라고 위로와 공감을 표하고자 기분을 물었다. 그러자 그는 짐작했던 대로,

💬 제 평소 말이 이렇게 부정적인 줄은 몰랐습니다. 가끔 화를 낼 때면, 험한 말이 나가겠구나 하고 생각했었는데 화가 나 있지 않을 때, 특히 가족들과 대화할 때에도 상대방 기분을 상하게 하는 말을 많이 한다는 것에 놀랐습니다.

라고 당혹감을 감추지 못했다. 자신의 말 습관을 관찰하고자 한 효과가 기대 이상으로 나왔다. 스스로 변화의 필요성을 느끼고 있으니, 이제는 실제 변화할 수 있도록 살짝 밀어줄 차례였다.

💬 자신의 말하는 평소 습관을 보셨으니, 무엇을 어떻게 고쳐 나갈지 방향이 잡혔겠네요?

라고 질문하는 것이 그 방법이다. 이 질문에 어떤 대답이 나왔을지는 여러분도 충분히 짐작할 수 있을 것이다.

나의 감정이 무엇인지 찾기만 해도 편안해진다

자신의 감정이 무엇인지 찾아서 이름 붙이기를 해본 소감은 대체로 마음이 차분해지고 편안해짐을 느꼈다고 했다. 감정의 변화가 일어날 때, '지금 내 안에 일어나는 이 감정은 무엇인가? 어떤 이름을 붙일 수 있는가?'라고 생각하는 것 자체로 한 템포 쉬어갈 수 있었다고 했다. 그런데 작은 감정의 변화가 아닌 격한 소용돌이가 일어날 때 이런 작업을 할 수 있을지 의문이 들었다고 한다. 정말 이 방법이 요긴할 때는 작은 화가 아니라 진짜 화가 났을 때였을 텐데, 그때 이런 생각을 하고 있을 수 있겠는가? 충분히 그럴 수 있겠다는 생각이 들었다.

우선 공감을 표한 다음,

💬 어떻게 하면 지금 지적한 문제를 풀 수 있겠는지?

하면서 문제를 제기한 당사자에게 해결책도 생각해 보도록 되돌려 주었다. 이에 피코치의 대답은

💬 평소에 감정에 이름 붙이기 연습을 되도록 많이 해서 몸에 배어 있다면, 진짜 필요한 때에 그 효과가 나오지 않을까요?

였다. 결국 꾸준한 실천이 답이라는 것에 결론을 맺고, 차분해지고 편안해지는 느낌을 더 많이 가져보기로 했다.

💡 코칭 요약

주제: 감정 조절하기(분노 관리)

대안

1. 평소 내가 하는 말 관찰하기
   - 가족으로부터 솔직한 피드백 받기
2. 분노에 대한 본인의 인식 전환
3. 감성 지수 높이기
   - 감정 인식 능력: 나의 감정 찾아보기, 감정에 이름 붙이기
   - 감정 표현 능력: 감정 읽어주기(혼잣말하기, 감정 일기 쓰기)

참고 이론(문헌)

불평(문제)을 목표 협상으로 전환하기
- 피코치가 털어놓은 불평(또는 문제)을 바로 목표 협상으로 전환, 즉 문제 중심적 대화에서 해결 중심적 대화로 바꾸어줌.

『해결 중심 단기 코칭』, 김인수, Peter Szabo, 26p 참조

감성 지수(Emotional Quotient)
- 인간의 정신 작용을 정서적으로 파악한 지수로, 자신은 물론 다른 사람의 감정을 이해하는 능력과 삶을 풍요롭게 하는 방향으로 감정을 통제할 줄 아는 능력인 감성 지능의 수준을 보여주는 지표

『EQ 감성 지능』, 다니엘 골먼

메타 인지 능력
- 자신의 인지적 활동에 대한 지식과 조절을 의미하는 것으로 내가 무엇을 알고 모르는지에 대해 아는 것을 메타 인지라고 함.
- 메타 인지 능력을 응용하여 감정을 자각하는 데에도 활용

04 일과 사랑의 균형을 이루자

일도 잘하고 사랑도 잘하고 싶다 사례

직장에서 일과 개인적인 삶의 균형은 중요하다. 일에 치우쳐 개인적인 삶을 팽개치는 사람을 보고 우리는 과연 잘 산다고 할 수 있을까? 반대로 일은 내팽개쳐 놓고 자신만을 돌보고 있다면, 이 또한 올바른 삶이라고 볼 수 없을 것이다. 일찍이 무의식을 발견하여 정신 분석을 창시한 프로이드는 삶의 목표로 일과 사랑을 말했고, 이 두 가지가 균형을 잡아가는 것이 필요하다고 했다.

그런데 우리가 만나는 사람들은 과연 얼마나 일과 사랑의 균형을 잡아가고 있을까? 이 둘 사이에 끼여서 혹 이러지도 저러지도 못하는 경우는 없을까? 이 같은 고민에 빠져있는 봉 차장을 만났다. 그가 내놓은 코칭 이슈는 직장과 개인 생활에 대한 균형이었다.

10년이 넘게 직장 생활을 해 오면서 현재 본인의 모습이 어떤 상태인지 알고 싶어 했다. 직장에서의 자신의 모습은 물론 개인 측면에서의 자아 정체감도 발견하고 싶어 했다. 일례로 밖에서 친구들을 만나면 예전과 달리 그들의 대화 소재가 자녀 이야기, 주식이나 부동산 이야기, 조금 더 나가면 정치나 연예인 이야기를 하고 있다는 것이다.

그래도 전에는 '어떻게 사는 것이 잘사는 것인지? 꿈을 이루기 위해 오늘 나는 무엇을 했는지? 오늘 나는 무엇을 배우고 또 실행했는지?' 등을 나누곤 했는데 지금은 친구들과의 대화 속에서 그런 흔적은 도무지 찾아볼 수가 없다는 것이었다. 그러면서 친구들의 모습이 현실적으로 이해가 되면서도, 과연 이렇게 변해 가는 것이 괜찮은 것인지 생각해 보게 되었다고 한다.

그러면서 그는 개인적으로 자기 개발을 위해 아침 일찍 외국어 학원도 다니고, 전공 관련 책과 논문도 늘 손에서 놓고 있지는 않지만 뭔가가 부족한 느낌이 든다고 했다. 때론 '이 정도면 괜찮은 것 아닌가' 하는 생각이 들다가도, 때론 '아니야 더 열심히 해야 돼' 하면서 조급한 마음이 들어 여유가 없다고 했다. 한 번 마음이 무너지면 한 동안 직장의 일도 손에 잘 잡히지 않았고, 그러다 보니 나오는 성과물도 좋지 않다고 하였다.

균형 잡힌 삶은 어떤 삶인가 `대안 탐색`

'균형 잡힌 삶'이라는 주제는 매우 광범위했다. 한 사람의 인생에 관한 모든 것을 다 다루어야 할 만큼 넓었다. 그래서 조금 주제를 좁힐 필요가 있었다. '직장에서 업무 수행 계획 수립'과 '개인 생활에서의 중장기 계획 수립'으로 나누어서 각 부분을 살펴보고, 최종적으로 이 두 부분을 조화롭게 합치자는 것에 동의했다.

그 출발점으로 개인적인 삶의 영역을 먼저 다루고 싶어 했다. 목표를 잡기 위해 어떤 모습으로 살고 싶은지, 즉 개인적인 삶의 최종 도달점이 어디인지를 질문했다. '건강한 삶과 사회에 기여하는 삶'이 그가 도달해야 할 목표였다. 그러면서 건강한 삶이란 육체적인 건강뿐만 아니라 정신적인 면에서도 건전함과 여유도 함께 추구하는 것이라고 강조했다. 사회에 기여하는 삶은 본인이 가지고 있는 재능을 사회에 돌려주는 것 등 약한 자를 도와주는 삶이라고 규정지었다. 대학 재학 때 봉사 단체에 잠깐 소속되어 남을 도와준 경험이 있는데, 그 때의 삶이 보람되었다고 회상하였다.

'균형 잡힌 삶'이라는 큰 주제에서 '개인 생활에서 중장기 계획 수립'이라는 중간 주제, 그리고 또 거기에서 '건강한 삶(육체와 정신 모두)'이라는 소주제가 도출되었다. 마치 인형 안에서 똑 같은 인형이 계속 나오는 러시아 인형 '마트료시카(Matryoshka)'와 같은 형태였다. 처음의 가장 큰 인형(첫 주제)을 벗기니, 같은 모양의 중간 인형(중간 주제)이 나오고, 그것을 벗기니 또 같은 모양의 더 작은 인형(소주제)가 나오는 모양이었다. 목표를 정하는 과정은 이같이 인형을 벗겨가는 식으로 접근하고, 목표를 이루어 가는 과정은 반대로 작은 인형부터 점차 덧씌워 가는 식으로 한다. 즉 건강한 삶이라는 가장 작은 소주제를 달성하면 이를 통해서 개인 생활의 중장기 계획 수립, 그리고 결국에는 균형 잡힌 삶도 이룰 수 있다고 보는 것이다.

현재 삶은 어떤 모습인가

목표에 대비한 현재 모습을 살펴보았다. 짐작대로 원하는 대로 살지 못하고 있었다. 직장에서 주어진 업무를 수행하다보니 정작 자신이 추구하고자 하는 개인적인 영역에서 하고 싶은 것은 하지 못하고 있었다. 현재 모습과 목표에 대한 보다 구체적인 정보가 있었으면 좋겠다는 생각에서, '현재의 어떤 모습을 어떻게 바꾸고 싶은지?'를 물어보았다.

가끔 화와 짜증과 같은 부정적 감정에 지배받을 때가 있는데, 이런 감정에 동요되지 않는 생활을 하고 싶다고 했다. 또한 스마트 폰 사용, 음주 등의 습관과 건강적인 측면에서 절제도 필요하다고 했다. 가만히 들어보니 지금 이야기한 감정 조절, 습관의 절제 등은 기존에도 스스로 시도해 보았을 법한 것들이었다. 그렇다면 실행의 문제가 아니라 정도의 차이겠구나 하는 생각이 들었다. 실행에 대한 정도를 보다 명확히 해 주는 것이 좋겠다는 생각이 들었다.

그래서 척도 질문(scaling questions)을 사용하기로 했다. '척도 질문은 피코치가 주관적으로 자신의 삶을 어떻게 인식하는지 반영할 수 있다. 그러므로 피코치가 때로는 말로써 개인적인 경험을 측정하는데 한계가 있기 때문에 말 대신 척도를 사용하는 것이 바람직하다.'고 설명하고 있다(『해결 중심 단기 코칭』, 김인수, 75p).

현재 모습과 목표 모습에 대해 스스로 척도를 부여해 보는 방식이다. 이렇게 숫자로 명기된 척도를 확인하면 본인 스스로 어느 지점에 서 있는지가 확실하게 보인다. 척도 질문의 사용은 이렇게 하면 된다.

💬 스스로 생각하기에 완전하게 행동하는 모습이 10점이고, 거의 행동하지 않을 때가 1점이라고 가정한다면 현재 본인의 모습은 몇 점에 해당된다고 생각하세요?

💬 10점 만점에 5~6점이라고 생각합니다.

라고 대답했다.

척도 질문에 대답하는 형태를 보고서도 피코치의 성향을 짐작해 볼 수 있다. 어떤 피코치는 5.5라고 굳이 소수점 이하까지 말하는 사람도 있고, 5점이라고 딱 끊어서 얘기하는 사람도 있고, 또 이 봉 차장과 같이 5~6점이라고 얘기하는 사람도 있다. 이 대답 한 가지만 들어도 대략 그 피코치가 어떤 성격인지 짐작이 될 것이다. 그렇다. 지금 여러분이 짐작한대로 소수점까지 말한 사람은 뭔가 세밀하고 꼼꼼한 성격, 5~6점이라고 말한 사람은 조금은 두루뭉술한 성격이라고 생각해도 별로 틀리지 않을 것이다.

그 다음에는 자연스럽게 목표 점수를 물어보면 된다.

💬 그렇다면 앞으로는 몇 점이 되면 좋겠습니까?

💬 네, 7~8점, 또는 9점이 되었으면 좋겠습니다.

역시나 처음에 대답한 스타일대로 목표도 7~9점까지 넓게 잡고 있었다. 척도 질문이 좋은 점은 불분명한 사항을 숫자로 명확하게 표시해 준다는 것과, 그 숫자에 담긴 의미를 역으로 확인해 볼 수 있다는 것이다.

현재 모습이 5~6점이라고 한 것에 대해, 지금 현재 모습도 그렇게 낮은 수준은 아닌 것 같다고 공감해주면서

💬 어떤 근거에서 자신에게 5~6점을 주었나요?

라고 질문하게 되면 현재 모습에 대한 구체적인 내용들이 더 자세하게 나온다. 이 질문에 피코치는

💬 삶의 균형이 깨진 상태는 아니고, 만족하지는 않지만 그런대로 유지되고 있습니다.

라고 점수를 댄 나름의 이유를 제시했다. 개괄적인 설명을 뒷받침할 행동들은 어떤 것이 있는지 궁금했다. 뜻밖에도 그는 이미 자기를 돌아보는 시간을 가지고 있었다. 주로 지하철 출근 시간을 이용하여 자신의 삶을 반추해 본다고 했다. 아주 훌륭한 자기 성찰 습관을 지니고 있었다.

목표 점수에 도달하기 위한 방법은

큰 주제(균형 잡힌 삶)에서 구체적인 소주제(건강한 삶)를 정하고, 소주제에 대한 현재 모습과 목표 모습을 명확하게(현재 5~6점에서 8점 정도) 잡았다. 그러므로 이제 목표 모습을 달성하기 위한 방법을 찾을 시간이 되었다. 그 질문은,

💬 8점을 달성하고 싶다고 했잖아요. 8점에 도달한 봉 차장님은 어떤 행동들을 하고 있을까요?

척도 질문으로 제시한 목표점의 숫자를 구체적인 행동으로 표현해 보도

록 요청한 것이다. 코칭 현장에서 간혹 이 방법을 사용하곤 하는데, 피코치의 성향이 두루뭉술하거나 혹은 다루고 있는 주제가 추상적일 때 도움이 된다. 지금 상황에서도 딱 들어맞는 케이스였다.

앞서 이야기한 부정적인 감정에 동요되지 않고 절제된 생활을 하고 있을 것이라고 말했다. 짜증이나 화와 같은 감정이 일어날 때면 가끔 운동으로 풀고 있는데, 그럼에도 불구하고 원천적인 문제는 그대로 남아 있다고 했다. 겉으로 드러나는 외면적인 감정뿐만 아니라 내면의 감정까지 스스로 통제할 수 있는 모습이 바로 8점에 해당되는 것이라고 했다. 한마디로 겉과 속이 일치된 형태로 감정의 절제를 얘기하고 있었다. 순간 이 사람이 원하는 수준은 일반적인 사람들이 바라는 것보다 훨씬 크구나 하는 생각이 들었다.

근본적인 가치관을 변화시키거나, 우리 모두는 불완전한 인간이라는 생각으로 궁휼의 마음을 가지는 것 등 결론적인 지향은 옳다고 생각되나 현실적으로 달성하기는 어려워 보였다. 아니 어렵다기 보다는 어쩌면 이것은 코칭 영역을 벗어나는 것이기도 했다. 고차원이 아닌 '조금 낮은 단계'에서 해볼 수 있는 방안을 찾는 것이 필요했다.

감정이 순간적으로 올라올 때 한 템포 늦추기 방법이 좋겠다고 했다. 'Yes-But' 화법처럼 상대의 의견을 일단 'Yes'하고 수용해준 다음, 적절한 시기에(대체로 조금 시간이 지난 다음에) 'But'하면서 자신의 생각을 전달하는 것이다. 이렇게 하면 자신의 감정이 한 번 순화될 수 있는 시간이 있어, 부정적인 감정이 조절될 수 있겠다고 했다. 좋은 방법으로 바로 실천해 보기로 했다.

내면의 감정 변화에 도움이 될 만한 '생각 바꾸기' 방법이 생각나서 피코치에게 소개했다.

💬 사람은 어떤 사건을 겪으면 분노, 우울, 불안과 같은 감정이 올라옵니다.

그래서 대체적으로 방금 올라오는 감정에 불편함을 느끼고 어떻게 하면 이런 감정을 좀 겪지 않을 수 없을까 하고 생각합니다. 그런데 조금만 주의를 집중해서 살펴보면 사건과 감정 사이에는 생각이라는 연결고리가 있습니다. 이 생각은 거의 의식하지 못할 정도로 빠르고, 또 자동적으로 일어나므로 자동적 사고(automatic thinking)라고 합니다. 어떤 사건을 보고, 우리는 우리 나름의 경험에 의존해서 자동적 사고를 바탕으로 한 어떤 해석을 내리는데, 그 해석의 결과에 따라 감정이 생기는 것입니다.

조금은 장황한 설명에 이해가 될 듯 말 듯 한 표정이었다.

💬 예를 하나 들어보겠습니다. 지하철에 아빠와 아들로 보이는 부자가 탔습니다. 아이가 지하철 안에서 장난을 칩니다. 아빠는 그런 아이를 제지하지 않고 그냥 놔둡니다. 자, 이것은 바로 눈앞에 벌어지는 사건입니다. 이를 보자 슬슬 짜증이 올라왔습니다. 시간이 지나도 이런 행동이 계속되자 짜증은 점차 분노로 바뀌어 가고 있었습니다.
더 이상 참으면 안 되겠다 싶어 한마디 하려고 할 즈음, 마침 애 아빠가 말했습니다. 사실은 방금 교통사고로 죽은 아내를 화장하고 오는 길입니다. 엄마 잃은 아들의 기를 꺾고 싶지 않아서 좀 무례한 것 같지만 이 녀석의 장난을 두고 보았습니다. 그 말을 듣자 치밀어 올라오던 분노가 한 순간에 사라졌습니다.
지금 이 사람에게 어떤 생각이 일어났는지 살펴보죠. 처음에는 공공장소(지하철)에서 아이들을 저렇게 장난치도록 놔두는 것은 매우 예의 없는 행동이지 하는 생각이 들었습니다. 그래서 화가 난 거죠. 그런데 아빠의 이야기를 듣고 난 이후에는 그런 큰일을 당했는데 사람이 그럴 수도 있지 하는 생각으로 처음과 다른 해석을 내린 것입니다. 그래서 화가 나지 않고 오히려 연민의 마음으로 그 아이를 바라볼 수 있었던 것입니다. 지금 이 경우에 상황은 그대로 있었고, 그 상황을 바라보는 사람의 해석, 즉 생각이 바뀌니까 감정도 달라지는 것입니다. 어떠세요? 이해가 되는지요?

💬 사건을 바라보는 제 생각을 바꾸면 된다는 것이네요.

라고 정확하게 이해하였다. 이어서

💬 그런데 그 원리는 이해하겠는데 어떻게 제 생각을 바꿀 수 있나요?

라고 실행적인 방법을 물었다. 이렇게 물어본다는 것은 생각 바꾸기에 관심이 있으며, 실천하고 싶다는 반증이었다.

반가운 마음에

💬 그럼, 앞으로 일주일 동안 생활하는 중에 감정의 동요가 일어나는 사건이 생기면 그것을 가지고 [사건 - 생각 - 감정]을 기록해 보는 것입니다. 즉, 사건과 감정을 먼저 기록하고 자신의 내면에 어떤 생각들이 일어났는지를 찬찬히 살펴서 찾아보는 것입니다.

이것은 심리학자 엘리스가 주장한 인지 행동 치료 방법으로 선행 사건(Activating event)에서 신념 체계(생각) (Belief system)를 거쳐 일어난 감정의 결과(Consequence)를 찾아보자는 ABC 방법(영문자의 첫 글자를 따서 이름 지은)이었다. 평소에 사건에서 바로 파생되는 감정을 겪고서 지나치고 마는데, 이번에는 잠시 멈춰 서서 자신의 내면에 어떤 생각, 어떤 신념, 또는 해석이 있는지 살펴보자는 것이었다.

무엇인가를 바꾸기 위해서는 먼저 바뀌어야 할 대상이 무엇인지 정확하게 알 필요가 있었다. 그래서 그 자동적 사고가 무엇인지를 찾아내는 작업이 필요한 것이다. 그는 이렇게 하면 뭔가 새로운 길이 열릴 것 같다는 표정으로 ABC 방법으로 자신의 자동적 사고를 찾아보겠다고 했다.

육체적인 활동도 빠뜨리지 말자

건강한 삶을 영위하기 위해서는 내면의 감정 조절과 함께 육체적인 건강

활동도 중요했다. 신체적 건강하면 운동을 빠뜨릴 수 없다. 이는 누구나 다 아는 사실이다. 물론 봉 차장도 운동의 중요성을 알고 있고, 지금도 수시로 하고 있었다. 문제는 운동 습관이 몸에 배게 하는 것이었다. 하다가 말다가 하는 현재 모습에서 꾸준히 실천하는 모습, 그리고 자신의 눈으로 자신이 건강해진 모습을 보고 싶은 것이었다. 이런 피코치의 마음이 짐작되어

💬 지금 하고 있는 운동에서 무엇을 얼마나 더 하면 스스로 만족할 수 있을까요?

라고 물었다.
일주일에 두 번, 30분 달리기로 정했다.

💬 그렇다면 이것을 일주일 중 어느 시간에 하면 가장 잘 할 수 있나요?

소망적 목표에서 실행 계획이 되도록 한 번 더 피코치의 등을 떼밀었다. 왜냐하면 대개 사람들은 '어떤 상황이 이루어지면 좋겠네'하는 바람(소망적 목표)만 지니고 있을 뿐 실제 행동하지 않는 경우가 많기 때문이다. 코치가 이렇게까지 물어볼 줄을 미처 몰랐다는 표정이 잠깐 얼굴에 스치는 것 같았다. 이때 코치는 피코치의 이런 마음에 물러서지 않고 버텨 주어야 한다. 저항할 것 같은 피코치의 마음이 읽혀져서, 스스로 "그럼 일주일에 두 번, 30분 달리기 잘 하기 바랍니다." 라는 식으로 성급하게 마무리하면 안 된다. 이런 대응은 초보 코치 시절에 자주 범했던 미흡한 점이었다. 하고 싶은 바람은 있으나 실행하지 못하는 것을 대비하여 스스로 실천하지 않으면 안 되도록 여러 가지 장치를 만들어 놓을 필요가 있는 것이다. 그 장치로 언제, 어디서, 어떻게 할 것인지 까지 확인하는 것이 좋다. 한참 생각한 뒤, 수요일과 금요일 이른 아침에 하겠다고 했다.

💬 그럼, 달리기는 어디서 할 생각인데요?

어디서가 빠져서 확인했다. 마침 살고 있는 집 뒤편에 산책로가 있는데 거기서 달리면 된다고 하였다.

이후에 진행된 코칭에서는 건강한 삶이라는 목표 달성을 위해 현재 모습과 미래 목표가 달성된 모습에 대해 척도 질문을 통해 명료화하고, 그 달성하고자 하는 점수에 해당되는 구체적인 행동들을 찾아보고, 소망적 목표가 아닌 실행 계획으로 당장 실천할 수 있도록 도와주었던 방식대로 다음 주제인 '사회에 기여하는 삶'도 살펴보았다.

독자 여러분도 짐작할 수 있듯이 이 주제에서는 주변의 봉사 단체를 파악해 보고, 자신의 현실 상황에 맞는 봉사 프로그램을 선택한 뒤, 용기를 내어 연락하고, 직접 봉사 활동에 참여하는 것으로 진행되었다.

이것으로 개인 생활에서 중장기 계획 수립은 원하는 수준만큼 달성되었고, 직장에서의 업무 계획 수립을 갖추면 말 그대로 일과 사랑의 조화를 이룬 '균형 잡힌 생활'의 마지막 퍼즐이 맞춰지는 셈이었다. 직장에서의 업무 계획은 이후 이 책에서 소개하고 있는 업무 태도, 성과 향상, 리더십 발휘 등 다른 사례와 유사하게 겹치는 부분이 있어서 여기서 자세한 설명은 생략한다.

실행하면 반드시 얻는 것이 있다 　실행 결과 및 피드백

피코치가 스스로 선택한 대안을 직접 현장에서 실행해 본 결과를 들어보고, 코치가 피드백해 주는 과정은 피코치의 성장과 변화를 목표로 하는 코칭의 목표에 필수 불가결한 요소이다. 이 사례에서 자세하게 설명했듯이 피코치의 실행력을 키워주기 위해 여러 가지 노력을 했음에도, 결국 실행하는 당사자는 피코치 본인이다. 아무리 자신에게 가장 알맞은 맞춤형 대안을 백 번 강구한다 해도 실행이 뒷받침 되지 않으면 원하는 성장과 변화는 결코 손에 넣을 수 없다. 그러므로 코치는 코칭 세션에서 찾은 실행 방안을 어떻게 실천했는지, 그 결과 어떤 생각이 들었는지, 잘된 점은 무엇이고 미흡한 점은 무엇인지, 앞으로는 또 어떻게 해 나갈 것인지 등에 대해 반드시 확인하고 피드백해 주어야 한다. 이런 과정이 빠지면, 코칭은 말만 무성한 잔치로 전락될지도 모른다.

봉 차장은 건강한 삶을 위해 찾은 대안을 실천해 본 결과, 자신 안에 완벽하고 이상적인 신념 체계가 있다는 사실을 알게 된 것이 가장 큰 소득이라고 했다. 전에는 자신의 마음에 거슬리는 사건 앞에서 분노와 우울 같은 부정적 감정이 올라오는 현상에만 집중하고 말았는데, ABC 생각 바꾸기 작업을 해본 결과 자신 안에 '사람이라면 이 정도 예의를 지키는 것은 기본이야.' '국장이라면, 팀장이라면 이런 정도는 당연히 해 주어야 되는 것 아니냐.' 등의 기준이 있다는 것을 발견하게 되었다는 것이었다. 그리고 두 번째는, 자신 안에 있는 이런 인식을 바꾸어야겠다는 필요성을 크게 자각하게 되었다고 했다.

일주일에 두 번 30분씩 달리기 효과에 대해서도 스스로 보고하였다.

💬 전에는 하다 말다 했는데, 코치님하고 약속한 것이 있어서 숙제하는 기분으로 처음에는 했는데, 하다 보니까 몸은 물론 마음도 좋아져서 이제는 누가 시키지 않아도 저절로 하게 됩니다.

순간 나는 피코치가 말한 이 짤막한 소감에는 누군가 보고 있으면 더 잘하고 싶다는 '관찰자 효과'와 운동이 우리 뇌에 미치는 긍정적 영향에 대해 말하고 있음을 캐치할 수 있었다. 기회가 되면 이것을 언급해서 봉 차장의 행동을 더욱 강화시켜 주어야겠다고 생각했다.

코칭 요약

주제: 「균형 잡힌 삶」

대안

1. 감정이 올라올 때 한 템포 늦추기
2. 생각 바꾸기 방법 적용
   - 내면의 자동적 사고 찾아보기
   - 자동적 사고가 맞는지 알아보기
3. 육체적인 행동 찾아서 하기
   - 조깅

참고 이론(문헌)

척도 질문(Scaling Question)
- 어떤 상황이나 목표에 대한 피코치의 주관적인 평가를 척도로 환산하여 질문하는 것
- 보통 10점 만점 기준으로 현재 몇 점인지? 달성하고 싶은 목표는 몇 점인지?

『해결 중심 단기 코칭』, 김인수, Peter Szabo, 73p 참조

인지 행동 치료(Cognitive Behavior Therapy; CBT)
- 내담자로 하여금 선행 사건에서 비롯되는 감정의 중간에 자동적 사고가 있다는 것을 인식하게 하고, 자동적 사고의 변화를 통해 불편함을 호소하는 감정의 치유를 도모함.

『인지 행동 치료』, J. H. Wright 외 2명 공저, 학지사, 23p~26p 참조

05 의미 있는 일을 찾아보자

행복한 미래를 꿈꾸는 사람들 `사례`

코칭에서 만나는 대부분 사람의 최종 목표는 어쩌면 '행복하고 의미 있는 삶'이었다. 당장 눈앞에 있는 어떤 문제를 해결하고, 또 원하는 것을 이루고자 하는 이유를 물어보면 대체로 '행복'이라는 단어가 튀어 나왔다. 사람은 모두 행복을 위해 살아가는 존재인가 하는 생각이 들 정도다.

사람들이 보편적으로 추구하는 행복한 삶에 대한 이 코칭 사례는 한 사람의 것이 아니라 여러 사람의 사례가 혼합된 것이다. 코칭을 진행하는 중에 처음에 내놓은 주제가 달성된 경우 다음 주제로 행복을 다루었거나, 진행하고 있는 주제 속에 근본적으로 담겨진 행복을 찾아가는 방식이었다. 때론 지극히 개인적이고 자신에게 맞는 맞춤형으로 코칭이 진행되는 것을 보면서 피코치가 더 진지한 주제를 다루고 싶다면서 행복을 요청하는 경우도 있다.

💬 어떤 주제에 대해 탐색하고 싶은데요?

라고 물으면, 피코치는

💬 지금 직장에서 업무를 잘하는 것도 결국은 행복해지기 위한 것인데, 진짜 중요한 행복에 대해 알아봐야 되지 않을까요?

라고 대답하였다.

진 차장은 미래에 대한 자신의 삶을 미리 대비하고 싶었다. 그는 세상이 참 빨리 변한다고 느꼈다. 핸드폰과 인터넷이 진화하는 속도를 보면 내심 겁이 나고, 그 변화의 와중에서 어떻게 살아가야 하는지 잘 모르겠다고 했다. 그러면서 그는 또 시간이 경과함에 따라 경제적인 변화는 물론 자녀의 성장, 자신의 신체의 변화 등도 예상되는 데 준비가 필요하지 않겠냐고 했다. 최선의 해답은 아닐지라도 어떤 태도를 가지고 무엇을 하는 것이 의미 있는 삶인지를 찾고 싶어 했다.

도 팀장은 행복에 대한 바람이 더욱 직선적이었다. 에둘러 표현하는 대신 곧 바로 '행복하고 의미 있는 삶'을 살고 싶다고 했다. 직장에서 승진, 원하는 부서의 배치, 팀원들과의 원활한 관계 유지도 다 따지고 보면 자신이 행복해지기 위한 방편이라는 것이었다. 그리고 범위를 확대하여 가족이나 친구와의 관계 개선, 개인적인 영역에서 취미 생활도 결국은 이 행복과 연결된 것이라고 생각했다.

내 자신을 아는 것이 필요하다 대안 탐색

진 차장이 찾은 대안은 크게 자기 이해, 삶에 대한 태도, 의미 있는 일 찾기 등이었다. 자기 이해에 관한 부분은 앞선 사례에서 자세하게 설명했기 때문에 여기서는 생략한다.

물론 진 차장도 자기 이해를 돕기 위해 자신의 성찰과 TCI(기질 및 성격 검사)를 사용하였다. 자기가 어떤 사람인지 알아야, 그것을 출발점으로 해서 자신에게 맞는 태도의 변화, 하고 싶은 일을 발견할 수 있기 때문이다. 새로운 것을 보면 흥미가 유발되는 자극 추구와 근면, 끈기, 성취에 대한 야망과 같은 인내심이 매우 높게 나왔다. 자극 추구가 높다는 것에, 그는

💬 저는 책을 읽을 때에도 이 책, 저 책을 동시에 읽습니다.

라고 말했다. 책을 잡으면 끝까지 다 읽고서 다른 책으로 넘어가는 것이 아니라, 호기심이 많아서 읽다 말고 금세 다른 책에 손이 간다는 것이었다.

읽고 있는 책의 종류도 경제, 심리, 역사, 소설 등 다양했다. 흔히 볼 수 있는 상황이 아니라서,

💬 그렇게 동시에 여러 책을 읽으면 서로 내용이 중첩되어 헷갈리지 않나요?

라고 되물었다. 이는 항상 책이란 처음부터 끝까지 차례대로 읽어가야 한다는 나름의 기준이 정해져 있는 나와 같은 사람이 갖는 의문이었다. 이에 대해 그는,

💬 헷갈리기는요, 더 재미있어요. 그래서 제 책상에 가면 여러 책이 동시에 펼쳐져 있습니다.

라며 즐거움을 강조했다.

내 삶의 태도는

삶에 대한 태도는 본인 스스로 관점이 바뀌어야 한다고 생각하고 있었다. 전에는 부정적인 시각이 많았는데, 이제는 수용하고 이해하는 긍정적인 시각으로 변화할 필요성이 있다고 했다. 전에는 부정적인 시각이 많았다는 말이 마음에 걸렸다. 무엇인가 있을 것 같다는 직관이 발동한 것이다. 그래서

💬 어떤 이유에서 이런 생각을 하게 되었는지 궁금합니다.

라면서 스스로 자신의 얘기를 꺼내 놓을 수 있는 자리를 마련해 주었다. 그러자 그는 잠시 머뭇거리다가 자신의 형 이야기를 했다. 지금까지 경제적으로 심적으로 여러 차례 도움을 주었지만, 아직도 제 몫을 다하지 못하는 형을 볼 때면 마음이 좋지 않다고 했다.

한 번 말문이 터지자 어렸을 때 자라온 배경도 자연스럽게 이야기하였다.

지금의 사오십 대가 어린 시절을 보냈을 1960~70년대에 우리 사회의 부모들은 아이들을 살뜰하게 보살필 여유가 없었다. 사회 전체적으로 먹을 것이 늘 부족했고, 입고 싶은 옷이나 가지고 싶은 것을 맘껏 누리지 못하는 결핍 시대였다. 비록 물질은 풍요롭지 못하더라도 부모가 줄 수 있는 사랑과 애정을 충분히 주었다면 이야기는 달라졌을 것인데 생활의 무게에 짓눌린 당시 우리 부모들은 자녀에게 따뜻한 사랑도 주지 못했다. 이렇게 된 데는 우리 사회가 부모의 적극적인 역할, 어린 시절의 애정 충족이 한 사람의 인생에 얼마나 중요한 역할을 미치는지에 대한 인식이 아직 충분히 형성되어 있지 않았기 때문일 것이다. 어디까지나 지금은 코칭을 하는 자리로 당시 우리 사회 현상에 대한 비판적인 토론을 하는 시간이 아닌 만큼, 같은 시대를 살아온 사람으로서 공감을 표하는 정도로 언급하고 넘어갔다.

짐작한대로 사랑과 물질이 결핍된 어린 시절의 경험은 세상에 대한 부정적인 태도를 심어주었다. 어릴 적 형성된 우리의 태도, 즉 세상을 바라보는 우리의 눈은 의식의 아주 깊숙한 곳에 자리를 잡는다. 그런 다음 마치 안경처럼, 세상을 바라볼 때마다 그 눈으로 보고서 판단하고 해석한다. 일종의 세상에 대한 핵심 믿음, 또는 인지 도식이 형성되는 것이다. 아동 심리학자인 피아제는 이것을 '스키마(Schema)'라고 불렀다. 그는 스키마는 아동의 지적 발달에 기여하는 것으로 영아기부터 성인기까지 구체적인 사물들로부터 형성된다고 주장했다.

스키마의 형성 과정과 인생에 미치는 영향은 이렇게 설명할 수 있을 것이다. "한 아이가 태어났다. 배가 고프고, 오줌에 젖은 기저귀가 불편한 아이가 이를 해결하고자 울었다. 그러자 엄마가 바로 나타나, 따뜻하고 애정 어린 손길과 시선으로 자신의 필요를 알고 젖을 주고, 또 젖은 기저귀를 갈아주었다. 자라면서 이런 유사한 상황이 반복되었다. 이 아이의 의식 깊숙한 곳에는 '세상은 참 따뜻하고 안정되어 있으며, 살만한 곳이구나'하는 인지 도식, 즉 스키마가 자리 잡는다. 이런 사람이 성장하여 세상 사람들과 관계를 맺으며 살아갈 때 그는 매사 일단 신뢰를 바탕으로 바라볼 것이다. 때론 너무 사람을 믿어서 손해를 보게 되면, 세상에 대한 자신의 시각을 바꾸어야 하나 하고 고민도 하겠지만 일단 기본적인 시각은 긍정적이다.

이에 비해 배가 고파서 울어도 기다렸던 젖은 오지 않고, 젖은 기저귀가 싫어서 소리쳐도 불편함이 계속된다면… 이런 양육 환경에 지속적으로 노출된 이 아이의 의식에는 '아, 세상은 소리치고 울어도 내가 원하는 것을 얻기가 결코 쉽지 않은 곳이겠구나'하는 생각이 자리 잡게 된다. 이 아이가 성인이 되어 세상을 바라보는 눈은 어떨까? 경쟁, 의심, 불신과 같은 부정적 시각으로 바라볼 것이다."

지금 진 차장은 이렇게 자신도 모르게 자신의 성장 배경을 통해 자신에게 형성되어 있는 부정적 시각을 긍정으로 바꿔보려고 하는 것이다. 일평생 자신이 어떤 시각으로 세상을 살아가는지 깨닫지 못하고, 자신의 생활 방식에 매몰되어 살아가는 경우가 허다한데, 자신의 시각이 잘못되어 있음을 자각하고 고치려고 하는 것은 매우 훌륭한 태도이다. 이왕에 바꾸기로 한 이상, 변화에 힘을 받고 지속적으로 바꾸어 갈 수 있도록, 진 차장의 개별적인 사건에서 앞서 언급된 스키마 형성 과정과 영향에 대해 설명해 주었다. 그러자 그는 자신의 생각에 아주 의미 있는 이론적 근거와 이유를 발견하였다면서 좋아했다.

💬 그렇습니다. 무엇인가를 할 때, 그냥 이것이 좋을 것 같다는 생각을 가지고 하는 것도 물론 좋지만, 어떤 근거와 이유 때문에 하는지를 정확하게 안다면 흔들림 없이 추진해 나갈 수 있겠죠.

라고 덧붙임으로 이 대안에 대한 설명을 마무리하였다.

의미 있는 일을 찾아보자

이제 '의미 있는 일'이 무엇인지 찾아볼 차례였다. 그는 구상만하고 실행에 옮기지 못한 책 쓰기를 일 순위로 꼽았다. 망설임 없이 이야기하는 것으로 짐작해볼 때 책 쓰기는 늘 마음에 품고 있는 숙원 사업 같았다. 목표가 구체적인 만큼 실천 계획을 짜는 것은 그리 어렵지 않았다. 지금까지 책 출판과 관련되어 진행된 것이 얼마나 되었으며, 언제까지 출판할 계획인지 등을 확인해 준다면 충분히 진행될 수 있는 사안이었다. 무엇을 쓸 것인지, 어떻게 쓸 것인지, 책 출판 방향에 대한 나름 구상은 상당히 진전되어 있었다. 대략 2년 전부터 책을 구상하고 준비해 온 덕분이었다. 관련 자료도 많이 모아 놓았고, 글 소재에 대한 아이디어도 제법 정리되어 있다고 했다.

그렇다면

💬 언제까지 책을 출판하고 싶나요?

라고 시간 계획을 물어보는 것이 가장 확실한 처방이었다. 코칭을 하다 보면, '언제'를 물어보는 이 시간 계획 앞에서 자신의 진짜 속마음이 들어나는 경우가 종종 있다. 코칭 강의 때 들었던 재미있는 사례가 있다. 어떤 내담자가 와서 남편의 이런 저런 행동 때문에 못살겠다고 한참 불평을 털어 놓았다. 그런 끝에 이혼하고 싶다고 했다. 이 말 끝에 상담자가 '그러시군요. 언제 이혼하고 싶으세요?'라고 물었다고 한다. 그러자 이 내담자는 갑자기 정신이 퍼뜩 들었다는 듯, '아니, 이혼을 하겠다는 것은 아니고요. 지금 상황이 힘들다는 것이에요'라고 자신의 말(이혼)을 재빨리 거두어 들였다고 한다. 이렇듯 무엇인가를 하고 싶다고 말할 때 그것을 언제하고 싶은지를 질문하여 실행 시점을 생각하게 하면, 실행력을 높이는데 좋다.

그는

💬 늦어도 1년 뒤에는 책을 출간하고 싶습니다.

라며, 의욕을 나타냈다. 1년 뒤를 최종 시한으로 정하고, 그때를 기점으로 역산하여 언제까지 무엇을 해야 할지를 정했다. 대강의 차례 정하기, 글 얼개 짜기, 소제목별 글쓰기, 책 제목 정하고 교정 및 교열 보기, 출판사 알아보기 등 출판에 관한 로드맵을 그려 나갔다. 계획을 구체적으로 수립해 나가자, 마치 눈앞에 그리던 책이 출판되어 나타나기라도 한 듯 얼굴이 밝아졌다. 그러면서 그는 지금까지 혼자서 책을 내고 싶다는 생각만 가지고 있었을 때는 도무지 이렇게 진행할 방법도 몰랐고, 또 어디서부터 어떻게 시작해야 하는지 잘 몰랐는데 코칭을 통해 코치와 함께 생각해 나가니 길이 보인다고 했다.

💬 원하던 책이 출판되어 나왔다고 한 번 상상해 보세요.

라고 목표가 달성되었을 때 기분을 느껴보도록 했다.

💬 네, 그럼 정말 기분이 좋겠죠. 의미 있는 일을 했구나 하는 성취감에 크게 만족하고, 밥을 먹지 않아도 배부를 것 같습니다.

라고 대답했다.

💬 이왕이면, 지금 잠깐 눈을 감고, 미래의 그때를 상상하면서 느껴보시죠.

라고 권했다. 언어로 표현되는 의미와 성취, 만족 등도 좋지만, 때론 그냥 신체 감각으로 느끼는 것이 언어를 뛰어넘는 경우도 있다. 좋은 감정을 오감으로 느끼게 한 다음, 책 출판 계획을 실행해 나갈 때 지금 느꼈던 이 기분을 가능한 잊지 말 것을 당부했다. 실행 과정에서 예상치 못한 장애를 만나거나, 글쓰기에 대한 의욕이 떨어질 때면 지금의 이 느낌을 생각하면서 극복해 나가기를 바랐다.

이것은 신경 언어 프로그램(Neuro Linguistic Programming)이라고 불리는 NLP 코칭 기법을 적용한 것이다. 사람의 신경 체계에 영향을 주는 오감 즉 시각, 청각, 미각, 촉각, 후각 등을 활용하여 사람의 사고와 행동에 긍정적인 영향을 미치도록 하는 방법이다.

내가 찾는 행복이란

도 팀장이 찾아본 행복하고 의미 있는 생활은 다음과 같았다. 행복의 개념은 추상적이고 관념적이다. 행복은 자칫 우리의 생각에만 머물러 있는 잡힐 듯 잡히지 않는 무지개와 같은 것일지도 모른다. 이렇게 해서는 행복한 생활에 대한 구체적인 그림을 그리기가 쉽지 않다. 그러므로 행복에 대한 나름의 정의를 확인하는 것이 필요했다. 자신이 생각하는 행복의 정의가 분명할수록 그 행복을 추구해가기가 쉬울 것이다. 그래서 '행복이 무엇이라고 생각하세요?'라고 질문할까 하다가 너무 광범위한 질문이겠다 싶어,

💬 평소 소중하게 생각하는 것은 무엇이세요?

라고 축소하여 질문했다. 소중하게 여기는 것이 곧 행복과 연결되어 있을 것이므로 여기서부터 찾아가는 것이 더 낫겠다고 생각한 것이다. 가족, 배움과 성장, 직장에서의 인정과 좋은 평판 등을 귀하게 여긴다고 했다.

다음으로 세 가지(가족, 성장, 인정) 중에서 자신의 행복과 가장 연결되어 있는 것을 선택하게 하자, 그는 성장을 꼽았다. 일과 후, 학원에 등록하여 외국어를 공부하고, 주말이면 카페에 들려 책을 읽는 등 개인 시간을 활용해 배움과 성장을 이루어가는 것이 행복하다고 했다. 그런데 마음 한편에서는 그냥 여유를 즐기는 것도 괜찮지 않느냐는 생각도 있었다.

전형적인 양가 감정을 보이고 있었다. 성장에 대한 욕구와 편안하게 쉬고 싶다는 욕구, 두 가지를 동시에 가지고 있었다. 양가 감정을 가지고 있는 것에 대해 스스로 뭔가 잘못된 것은 아닌지 걱정하는 눈치였다.

💬 이것도 하고 싶고, 저것도 하고 싶은 이런 양가 감정은 누구에게나 있는 것입니다. 중국집에 가면 자장면도 먹고 싶고, 짬뽕도 먹고 싶지 않나요? 그래서 <u>자장면과 짬뽕을 반반 섞은 새로운 메뉴가 나왔겠지요. 그리고 또 치킨도 양념과 일반을 섞는 반반이 있고요. 이것들은 대부분의 사람들에게는 이 같은 양가 감정이 있다는 좋은 증거</u>일 것입니다.

사람들은 어떤 심리가 혹시 자신에게만 있는 특별한 것은 아닌가 하고 걱정하는데, 일반적으로 다른 사람에게도 있다는 것을 알게 되면 편안해 한다.

양가 감정에 대해 편안한 마음으로 바라볼 수 있는 것만도 행복감 증진에 도움이 되겠지만 문제 해결과는 다소 거리가 있었다. '결정의 저울' 방법이 양가 감정을 해결하는데 도움이 될 수 있다. 서로 양립되어 있는 사항에 대한 장단점을 찾아보는 것이다. 성장을 위해 외국어 공부를 하고 독서하는 것과, 쉼을 위해 편안하게 지내는 것의 장점과 단점을 비교해 보는 것이다.

그런데 여기서 동전의 양면과 같이 어느 한쪽의 장점은 다른 쪽의 단점으로 나타나 어느 쪽이 더 나은지 찾아도 분별이 안 될 때가 있다. 이를테면 학원에 다니는 것은 장점으로 '외국어 배운다'이고 단점은 '자유 시간이 없다'인데, 이를 뒤집어 편히 쉬는 것의 장점은 '자유 시간을 누린다'이고 단점은 '외국어를 배우지 못한다'로 나타난다. 이렇게 되면 아무리 많은 장단점을 찾아도 여전히 저울추가 어느 쪽으로 기우는지 판단하기가 쉽지 않다. 이럴 때 찾은 장단점에 가중치를 부여하면 이 문제를 해결할 수 있다. 예를 들어 '외국어를 배운다'는 항목에 100점 만점에 70점이라는 가중치를 부여하고, '자유 시간을 누린다'에 50점을 준다면 동일한 개수의 장단점이라 해도 어떤 것이 더 좋은지 판가름이 난다. 이 결정의 저울 방법을 통해 결론을 내 보기로 했다.

행복에 대한 관점 새롭게 하기

 행복에 대한 관점을 새롭게 정리한 것도 행복한 삶을 사는데 도움이 되었다. 사람들이 원하는 것, 즉 승진, 시험 합격, 로또 당첨 등을 손에 잡으면 과연 행복해 지는가? 당장은 행복하다는 마음을 가지겠지만 시간이 지나고 나면, 원하는 것을 가진 사람이나 그렇지 못한 사람이나 별로 다르지 않다는 것이다. 사람은 워낙 환경에 적응하는 기술이 뛰어나다. 그래야만 생존을 유지해 나갈 수 있기 때문이다. 그렇기 때문에 행복이라는 쾌감도 시간의 흐름에 비춰보면 그리 오래가지 못한다. 한번 승진한 것으로 행복감이 계속 유지된다면, 다음 승진을 위해 노력하지 않을 것이다. 승진으로 인한 행복은 불행인지 다행인지 길어야 몇 개월이 지나면 다 사라지고 만다. 그래서 또 다시 더 높은 직급으로의 승진이나 더 좋은 성과 향상을 위해 다시 느슨해진 우리의 허리띠를 졸라매게 되는 것이다.

 아리스토텔레스가 말한 철학적인 의미에서 행복을 목적으로 삼는 것이 아니라, 살아가기 위한 도구로서 행복을 이야기하는 관점을 가져 보자는 것이다. 잡힐 듯 잡히지 않는 무지개를 좇아가는 것이 아니라 오늘 바로 여기에서 행복한 감정을 느껴 보자는 것이다. 쉽게 표현하면 평생 이루지 못할 근사하고 멋진 어떤 것을 인생의 목표로 정하고 그것만 바라보지 말고, 지금 당장 나를 즐겁게 해 주는 무언가를 하자는 것이다. 오랜 인류의 역사에서 입증되었듯이 쾌락은 인간의 생존과 직결되어 있다. 음식을 먹고, 짝짓기를 하고, 사람을 만나는 것(공동체 형성)은 사람에게 쾌락이라는 행복감을 가져다준다는 인생의 도구로서 행복에 접근해 보는 것이다. 그러면 의외로 행복이 쉽게 손에 잡힌다.

 『행복의 기원』, 서은국]에서는 이런 관점에서 '행복은 강도가 아니라 빈도가 중요하다'고 강조하고 있다. 아주 큰 것, 한 번으로 우리는 결코 행복해질 수 없으며 작은 것들을 자주 접하는 것이 더 행복한 삶이 된다는 것이다. 그러면서 '행복은 아이스크림과 같다'고 한다. 아이스크림은 달콤하고 맛있다. 그런데 오래 두고 먹을 수 없다. 녹아 버리기 때문이다. 바로 먹어야 한다. 한 번 먹고 나면, 달콤함이 영원히 간직되는 것이 아니라 또 먹고 싶어진다. 행복이 마치 이와 같다는 것이다. 작지만 나를 즐겁게 해 주는 것에 자주 노출시키는 것이 행복에 이르는 지름길인 셈이다.

행복에 관한 관점을 정리하자, 구체적인 행동 대안은 금세 도출되었다. 직장이나 가정에서 지금 하는 일에 충실하자는 것이었다. 외국어 공부를 해서 뭔가를 이루겠다는 생각에서 그냥 외국어를 공부하는 순간을 재미있게 즐기자는 것이었다. 카페에서 책을 읽고 운동을 할 때에도, 독서와 운동이 주는 쾌감을 있는 그대로 느껴보는 것이다. 장래에 언젠가 이룰지 모르는 막연한 것을 담보로 오늘 이 자리에서 바로 먹을 수 있는 아이스크림의 달콤함을 미루지 말자는 것이 그가 찾은 행동 대안이었다.

피드백은 할 수 있는 한 긍정적으로 실행 결과 및 피드백

진 차장은 책을 출판하는 일을 실행하기 위해 자신만의 서재를 만들었다. 퇴근하면 그 공간에서 글 쓰는 일에 몰두하고 있다고 했다. 순간 한 가지 생각이 떠올랐다. 서재의 이름을 지으면 어떨까? 보통 명사로 존재하는 서재에 들어가는 것보다, 고유한 이름이 있는 고유 명사로 존재하는 서재가 들어가는 맛이 더 좋을 것 같아서 제안했다. 그러자 그는 정말 괜찮은 아이디어라면서 근사한 이름을 지어서 서재 입구에 붙이겠다고 했다. 고유한 이름이 있는 그 서재에서 글을 쓰면, 글이 술술 잘 써지겠다면서 좋아했.

실행 결과를 확인하면 항상 좋은 결과만 있는 것은 아니다. 실행하지 못한 사례도 종종 있다. 코칭 경험이 쌓이다 보면, 일주일에 한 번 만나는 피코치의 얼굴 표정만 봐도 지난 일주일의 삶이 어떠했을지 짐작이 간다. 자신이 찾은 대안을 실행하면서 긍정적인 효과를 본 일주일이라면 표정이 밝다. 어딘지 어두운 면이 있다면 생활이 마음처럼 되지 않았다는 증거다. 실천하지 못했을 때 더욱 신중하게 접근해야 한다. 피코치 스스로도 맥이 빠져있는 상황인데, 거기에다가 코치가 부정적인 피드백으로 찬물을 끼얹으면 좋지 않다. 피코치가 미처 발견하지 못한 긍정적인 면을 가능한 찾아서 되돌려줄 필요가 있다. 비록 실천하지는 못했지만 무엇을 할 것인지 기억만 하고 있었어도 괜찮다고 해주는 것이 그 예다.

💬 이렇게 기억하고 있다는 것은 다음 주에는 꼭 하겠다는 것으로 보이는데요.

라는 식으로 피코치의 떨어진 실행 에너지를 높여줄 수 있다.
서재를 만든 외형적인 환경은 잘 만들었는데, 일주일에 쓸 분량은 어떻게 되었느냐는 질문에는 대답이 시원치 않았다. 소주제에 대한 대강의 얼개를 구상하고 몇 줄 썼지만, 양도 부족하고 또 글 수준도 맘에 들지 않는다고 했다.

💬 그래도 제가 보기에는 코칭을 받기 전과 달리 코칭을 받으면서 지난주에 달라진 것이 있는 것 같은데요.

무엇이나 스스로 찾아 자신의 입으로 말하는 것이 효과적이기에 내가 정리해 주는 대신 질문을 던져 스스로 정리하게 했다.

💬 네, 생각해 보니까 제법 있네요. 서재를 만든 것, 글의 얼개를 짠 것, 몇 줄 안 되지만 직접 글을 쓴 것.

스스로 정리하게 한 다음, 소감을 물었다.

💬 그렇죠. 제법 많지요. 달라진 점을 확인하고 나니 어떠세요?

그러자 그는

💬 다음 주에는 더 잘할 수 있겠다는 자신감이 듭니다.

라면서 실행 의지를 높게 잡았다. 바로 이것이 어떤 상황에서도 긍정적인 것을 찾아 피드백해 준 묘미이다.

> 💡 **코칭 요약**
>
> 주제: 「행복하고 의미 있는 삶」
> 대안
> 1. 자신을 이해하기
>   - TCI 심리 검사 활용
>   - 삶에 대한 태도(스키마 이해)
> 2. 의미 있는 일 찾기
>   - 책 출판 계획
> 3. 내가 찾은 나의 행복 요소: 성장
>   - 성장과 관련된 일 찾아서 하기
> 4. 행복에 대한 관점 새롭게 하기
>   - 목적으로서 행복이 아니라 도구로서 행복

> **참고 이론(문헌)**
>
> **스키마**
> - 자동적 사고의 기초가 되는 정보 처리의 기본적인 틀 혹은 규칙들
> - 스키마는 아동기 초기에 형성되기 시작하는 사고의 원리들로 부모의 가르침과 모델링, 또래 경험, 외상, 성공 등을 포함한 다양한 경험들에 의해 영향을 받음.
>
> 『인지 행동 치료』, J. H. Wright 외 2명 공저, 학지사, 30p 참조
>
> **양가 감정과 결정의 저울**
> - 원하기도 하면서 한편 원하지 않는 등 두 가지 감정을 동시에 갖는 것
> - 따라서 변화를 유도하기 위해서는 양가 감정은 해결해야 할 이슈임.
> - 결정의 저울은 변화의 이득과 손실을 저울에 달아 보는 것
>
> 『동기 강화 상담』, William R. Miller, Stephen Rollnick 저, 시그마프레스, 19p~23p 참조

06 내면의 성숙은 행동으로 표현된다

자신의 생각에 갇혀 있는 사람들 사례

코칭 룸에 들어서는 곽 팀장은 넥타이를 매고, 싱글 양복 상의까지 갖춰 입고 있었다. 손에는 진한 회색빛 커버의 제법 두툼한 다이어리가 들려 있었다. 신고 있는 구두는 끈이 없이 매끈한 것이었고, 반짝거릴 정도로 깨끗하게 닦여 있었다. 곽 팀장의 얼굴은 네모난 형이었고, 각진 모습이었다. 말도 간결하게 끊어서 하는 편이었으며, 입술은 한일자로 닫혀 있었다. 웃기만 한다면 호감을 줄 수 있겠는데, 얘기하는 중에 웃음 띤 얼굴을 거의 발견할 수 없었다. 그의 모습에서 읽히는 분위기는 '나는 원칙과 기준을 중시하는 사람이다.'라는 것이었다.

곽 팀장은 사람들이 왜 저렇게 행동하는지 도무지 이해하지 못하겠다고 했다. 조직에서 각 직급에 부여된 역할이 있는데, 그것을 제대로 수행하지 못하는 것을 보면 부아가 치민다고 했다. 업무 능력이 부족한 것도 성에 차지 않지만, 능력보다 업무에 임하는 태도가 자신의 정한 기준에 맞지 않으면 좀처럼 참기 힘들다고 했다. 그러면서 최근에 있었던 자신의 마음에 들지 않았던 사례를 묻기도 전에 털어 놓았다.

조직이 아닌 다른 관계에서 만나는 사람들에 대한 생각도 비슷했다. 동호회나 친구 모임에서 버릇없이 행하는 사람들은 만나고 싶지 않다고 했다. 여기 버릇없다는 것은 자신이 정한 원칙과 기준에 못 미치는 것으로, 이를테면 '약속시간을 지키는 것은 기본이다.' '사람이 얼굴을 보면 인사를 해야 한다.' '자기가 앉았던 자리는 자기가 치워야 한다.'는 것이었다.

젊었을 때에는 이렇듯 자신의 마음이 내키는 대로 살았는데, 40대 중반이 넘어가자 점차 '내가 지금 생각하고 있는 기준과 원칙이 항상 옳은지, 이렇게 기준과 원칙을 중시하는 삶이 좋은 것인지'라는 생각이 고개를 들기 시작했다고 한다.

한 팀장은 자신 안에 있는 열등감이 싫었다. 그는 누가 뭐라고 지적하는 것도 아닌데, 스스로 자신을 질책하면서 괴로워하였다. 한 팀장도 곽 팀장과 비슷한 기준과 원칙을 가지고 있었다. 그런데 한 팀장은 그 기준을 자신에게 적용하는 타입이었고, 곽 팀장은 타인에게 적용하는 타입이었다. 한 팀장에게 있는 열등감은 대인 관계에서 부담으로 작용했다. 사람들이 모이는 회의석상이나, 회식하는 자리에서 잠시 이야기가 끊어지고 침묵이 흐를 때가 있다. 그러면 한 팀장은 그 상황이 자신의 책임인 양 괴로워했다. 자신이 나서서 빨리 이 상황을 해결해야 되지 않을까 하는 생각에 분위기에 맞지 않는 말들을 했다고 한다. 내면에 있는 열등감을 떨쳐버리기 위해, 밖으로 드러나는 행동이 과장되어 나타난 것이었다.

시각을 달리해서 보자 `대안 탐색`

💬 곽 팀장께서는 내면 성장을 이루고 싶어 하는데, 어떻게 하면 할 수 있을까요?

조금은 막연하지만 바로 대안 탐색을 위한 질문을 던졌다.

💬 글쎄요? 어떤 방법이 있을까요?

선뜻 대안이 떠오르지 않는지 다시 코치에게 질문을 되돌렸다. 질문에 대한 답이 잘 떠오르지 않을 때 그 질문을 상대에게 다시 묻는 방법은 주로 코치가 피코치에게 활용하는 방법인데, 피코치가 코치에게 묻고 있었다. 질문을 상대에게 되돌려 주는 것은 당사자에게 한 번 더 생각해 볼 수 있는 기회를 준다는 것(때론 사람들은 자신이 어떤 생각을 가지고 있으면서 먼저 말하는 대신 질문으로 던지는 경우도 있기 때문에)과 잠시 그 질문에 대해 함께 생각할 수 있는 시간을 벌 수 있다는 점에서 유용하다.

대안을 금방 찾아내면서 앞으로 쑥쑥 진행해 가면 좋겠지만, 항상 바람대로 진행되는 것은 아니다.

💬 내면 성장을 이루는 방법을 찾기가 쉽지는 않지만, 우리 함께 찾아보지요?

하면서 협력 작업을 제안했다. 코칭은 코치와 피코치가 서로 파트너십을 이룬다는 것을 전제로 하고 있다는 점이 생각나서 한 것이었다.

대안이 직접적인 방법으로 잘 찾아지지 않을 때에는 여유를 가지고 다른 시각으로 접근하는 것이 필요하다. 사물의 실체를 온전히 이해하기 위해서는 한 방향이 아닌 여러 방향에서 바라보듯이 다양한 시각이 필요하다. 지금 우리 앞에 컵이 있다고 하자. 컵을 온전히 인식하기 위해서는 컵을 옆에서만 볼 것이 아니라, 위에서도 보고, 또 컵을 들어 아래에서 쳐다보는 것도 필요하다. 때때로 시각만이 아니라 손으로 만져보고, 냄새도 맡아보는 등 다른 감각도 이용한다면 그 실체에 더 가까이 다가갈 수 있을 것이다. 이렇듯 우리가 만나는 어떤 상황도 자신이 늘 가지고 있는 고정적인 시각으로만 보지 말고 다양한 시각으로 접근해 보아야 한다. 우리는 자신도 모르게 늘 자신이 선호하는 방향에 있기 때문이다.

💬 대안이 언뜻 떠오르지 않는데, 그렇다면 우리 한 번 이렇게 생각해 보지요. 무엇을 보면 내면의 성장이 이루어졌다는 것을 알 수 있을까요?

이 같은 우회 질문에 그는 내면 성장의 결과로 이루어진 모습을 비교적 쉽게 찾을 수 있었다.

💬 그거야 그 사람의 행동으로 나타나지 않을까요?

그랬다. 내면의 성장 여부는 결국 그 사람의 외형적인 모습으로 판단할 수 있었다.

💬 그렇다면 우리가 지금 우리 눈에 보이지 않는 내면의 성숙을 다루려고 하니까 어려운 것 같습니다. 방금 말한 것처럼 눈에 보이는 행동에서 방법을 찾아가면 어떨까요?

내면 성장에 대한 시각을 달리하자. 대안이 보였다. 자신의 행동 개선 대상으로 웃음, 터치, 대화 등 세 가지를 꼽았다. 그러면서 더 자주 웃고, 더 자주 스킨십을 하고, 더 자주 대화를 나누기로 했다. 세 가지 영역에서 지금 하고 있는 수준을 살펴보고 목표치를 잡았다.

💬 '더 하겠다'는 것을 구체적인 숫자로 얘기하면 얼마를 이야기하는 것인가요?

세부적인 목표 수준을 묻는 질문에 그는

💬 일주일 동안 지금보다 3번 더 웃기, 주위 사람과 3번 더 스킨십하기, 3번 더 먼저 이야기하기.

라고 대답했다. 내면 성숙과 사람의 행동은 불가분의 관계에 있을 수밖에 없다고 본 시각의 전환이 의외로 좋은 결과를 만들어 냈다.

좋은 대안을 찾아낸 소감과 함께 실행력도 높여줄 요량으로,

💬 이렇게 목표를 정하고 나니 어떤 기분이 드세요?

라고 물어보았다. 그러자 그는,

💬 이 목표를 세운 것만으로도 벌써 내면 성장이 이루어진 기분입니다.

라면서 목표 달성에 대한 설레는 마음을 표현했다. 오랫동안 풀지 못했던 숙제의 해결책을 찾아가는 기쁨이 이런 것이 아닐까 싶다.

행동에 인지를 더하면

행동적인 측면 외에 인지적인 측면에서의 성장도 이룰 수 있다면 더욱 균형이 잡히겠다는 생각이 들었다. 인지적인 면에서 성장은 피코치로 하여금 대안을 찾도록 하는 것보다는 코치가 알고 있는 것을 바로 설명해 주는 방법이 나을 것 같았다. 왜냐하면 인식의 바탕이 없는 데서 대안을 찾기가 쉽지 않기 때문이다.

💬 내면 성장에 대해 제가 생각한 것이 있는데, 한 번 들어 보시겠어요?

라고 설명을 위해 사전에 피코치의 의향을 물어 보았다.
들어 보겠다는 마음을 확인한 뒤 간단하게 다음과 같이 설명했다.

💬 사람의 인지와 행동을 치료하는 방법으로 수용 전념 치료(ACT, Acceptance and Commitment Therapy)가 있습니다. 이 수용 전념 치료에 나오는 수용의 개념을 활용해 보는 것입니다. 즉, 개인 사건에 대한 경험을 회피하지 않고 있는 그대로 받아들이는 것입니다. 소극적으로 외면하는 것이 아니라 적극적으로 수용하는 자세를 갖는 것입니다. 수용은 행동과 환경 등 통제할 수 있는 것은 물론 우리 내면에 떠오른 생각과 정서 등 우리 스스로 통제할 수 없는 것도 받아들이는 것을 포함하는 것입니다. 자신이 겪은 과거 경험을 수용하는 것에서 상대의 행동을 수용하는 것까지 확대해 보자는 것입니다.

비록 상대의 언행이 이해되지 않는다 할지라도, 그럴 수도 있겠구나 하는 마음으로 받아들일 수 있다면 상대를 대하는 행동이 훨씬 좋아질 것이다. 앞서 피코치가 찾았던 웃음, 터치, 대화의 외형적인 행동에 인지적인 측면에서의 수용 개념이 합쳐질 수 있다면 내면과 외면이 함께 균형 잡힌 성숙을 이룰 수 있을 것이다. 내면의 성숙이 없는 상태에서도 상대를 위해 웃을 수 있겠지만, 이 웃음에 진짜 수용의 마음까지 담아서 웃어 준다면 얼마나 좋겠는가?

사람은 영적인 동물이다. 그러므로 처음 한 두 번은 눈치 채지 못하고 넘어갈 수 있겠지만, 진정성이 빠진 웃음은 오래가지 못한다. 이를 방지하기 위한 차원에서도 행동에 인지를 첨가한 대안은 나름 훌륭한 처방이라고 생각되었다. 다행히 피코치는 좋은 생각이라며 자신이 하고자 하는 행동에 마음으로 받아들이는 수용 개념도 포함시키기로 했다. 수용하는 마음으로 하면 행동을 자신이 더 자연스럽게 할 수 있고, 상대방도 진정성을 느낄 수 있기 때문에 '누이 좋고 매부 좋은 방법'이 되겠다고 했다.

열등감 조절하기

한 팀장의 내면 성장은 열등감에서 벗어나고 싶다는 것이 일 순위였다. 열등감에서 해방되기 위해서는 먼저 열등감에 대한 기본적인 이해부터 하는 것이 필요해 보였다.

💬 열등감은 무엇이라고 생각하세요?

라는 질문을 시작으로 대안 탐색을 시작했다. 사람들은 평소 자신이 사용하는 말에 대해 구체적인 의미를 물으면 주춤할 때가 있다. 물론 의미를 정확히 알고 있지만 그 아는 것을 어떻게 표현해야 할지 몰라서 주춤할 수 있다. 그러나 대부분 이것보다는 정확한 의미를 모르고 사용하다가 누군가 물어왔을 때에야, '그래 진짜 그 의미가 무엇이지?' 하면서 되돌아보게 된다. 한 팀장은 후자에 해당되었다.

💬 열등감이요, 그거 그냥 열등감이 아닌가요?

라면서 쉽사리 설명하지 못했다.

열등감은 어떻게 해서 생기는지, 열등감은 누가 가지고 있는지, 열등감이 우리 행동에 어떤 영향을 미치는지 등에 대해 알 필요가 있었다. 열등감은 크든 작든 사람에게는 누구에게나 있는 것이다. 있고 없고의 문제가 아니라 정도의 문제인 것이다. 이런 열등감은 유아기와 유년기를 걸치면서 형성된다. 사람은 태어나서 성인이 되기까지 생존에 필요한 도움을 부모로부터 받아야만 한다. 이 과정에서 어떤 양육 환경에서 자랐느냐에 따라 열등감의 정도가 달라진다.

그리고 결정적인 것은 이런 열등감은 객관적인 사실이 아니라 주관적인 해석이라는 것이다. 실제로 160 센티미터의 키는 평균보다 작지만, 그 키를 자신이 어떻게 해석하느냐에 따라 이것이 열등감으로 작용될 수도 있고 그렇지 않을 수도 있다. 이렇게 심리학자 아들러가 정리한 열등감에 대한 여러 이야기를 간단하게 설명해 주었다.

💬 열등감에 대한 기본적인 것을 살펴봤는데, 이렇게 설명을 듣고 나니 어떤 생각이 드나요?

라고 혹 열등감에 대한 생각의 변화가 있는지 물어보았다. 그러자 그는, 열등감은 내게만 있는 것이 아니라 누구에게나 보편적으로 있다는 것과 주관적인 해석으로 인해 생긴다는 것을 새롭게 알게 되었다고 했다. 인식이 새로워지면 관점이 새롭게 바뀌고, 관점이 바뀌면 행동의 변화를 가져올 수 있다.

'열등감이 내게만 있는 것이 아니구나' 하는 생각은 일단 사람의 마음을 편하게 해준다. 동병상련의 효과가 일어나는 것이다. 어떤 문제를 나만 지니고 있다는 것은 그 문제 자체가 주는 고통에다가 나 혼자 뿐이라는 지독한 외로움의 고통까지 더해진다. 그런데 다른 사람들도 말로 표현은 하지 않지만 대체로 지니고 있다고 생각하면 금세 마음이 한결 가벼워진다. 무거운 짐을 서로 나누어진다는 느낌이랄까? 아무튼 사람의 심리에는 이런 동류의식이 뿌리 깊이 자리 잡고 있는 것 같다.

  열등감이 객관적인 사실에 기인하기 보다는 주관적 해석에 따른다는 관점은 매우 의미 있는 변화를 가져다 줄 수 있다. 피코치에게 관점의 변화가 일어난 좋은 기회를 놓쳐서는 안 된다.

💬 열등감은 주관적인 해석에 따라 달라진다는 것을 새롭게 알았는데, 이것을 어떻게 적용해 볼 수 있을까요?

  관점 변화를 행동 변화로 이끌어주는 질문을 던졌다. 이 질문에 그는 자신을 열등한 존재로 바라볼 것이 아니라 스스로 소중한 존재로 바라보겠다고 했다. 180도 전환을 해 보겠다는 것이었다. 자신이 객관적으로 가지고 있는 외모, 자질, 성격 등을 긍정적인 눈으로 바라보겠다는 것이었다. 자신의 내면에서 일어난 관점의 변화에 힘을 실어주기 위해 작지만 눈에 보이는 변화도 포함시키겠다고 했다. 소중한 존재라면 입고 있는 옷이나, 신고 있는 구두도 다르지 않겠느냐는 것이었다. 옷을 단정하게 입고, 머리를 손질하고, 구두를 반짝 반짝 빛나게 닦아서 신겠다고 했다. 사소한 행동이었지만 괜찮은 아이디어 같았다. 깨끗하게 손질된 신발을 신고서 걸음걸이를 바르게 했을 때 마음에서 느끼는 자부심이 어떠할지 상상이 되었다.

  회의석상에서 아무도 얘기하지 않을 때, 그 분위기를 참지 못하고 나서는 자신의 성향도 이왕이면 긍정적으로 바라볼 것을 권유했다. 자신의 행동을 부정적으로 해석하고 있는 것을 긍정적 해석으로 바꿔주면 되는 일이었다.

책임감으로 나서는 것이 아니라 적극적인 성향 때문에 나서는 것으로 본다면 어떨까?

대안 탐색을 위해 한참 탄력을 받아 달리고 있는 말에 채찍을 더 하듯이,

💬 열등감 관리에 더 필요한 방법은 무엇이 있을까요?

라고 앞으로 더 나갈 것을 요구했다.

💬 지금 하는 수준의 60~70%만 해도 충분하다고 생각하는 것입니다.

라고 했다. 완벽주의 성향을 가진 사람은 자신이 세운 기준이 높아서 괴롭다. 자신이 세운 기준인 만큼 이를 완화시키는 것 또한 자신이 해결할 수밖에 없다. 묶었던 자가 다시 풀어내는 결자해지의 방법이 최선인 것이다. 기대 수준을 낮추어야 할 대상은 어느 한 영역에만 국한된 것이 아니라 업무 및 개인 생활 등 전체 영역에 해당되었다.

자신에 대한 수준을 낮추는 것은 열등감 해소에도 도움을 줄 것이다. 우리는 우리의 행동이 기대에 미칠 때보다는 부족한 경우가 더 많을 것이라는 것은 쉽게 짐작할 수 있다. 그러므로 완벽한 수준에 이르렀을 때에는 성취감을 느끼겠지만, 그렇게 하지 못함으로 인해 열등감을 느낄 때가 더 많을 것이다. 그런데 만일 우리 스스로 수준을 낮출 수만 있다면 저절로 열등감의 정도도 낮아질 것이다. 덤으로 얻는 효과지만 꽤나 비중 있는 것이다.

행동하면 감정도 바뀐다 실행 결과 및 피드백

웃음, 터치, 대화를 일주일에 3번 더 하기로 한 곽 팀장은 원칙과 기준을 중시한 사람답게 자신이 세운 스스로의 실행 계획을 충실하게 실천했다. 행동 실천과 더불어 인지적인 측면에서 수용을 확대하기로 한 내면의 성장이

어떻게 되었는지가 더 궁금하였다.

그런데 뜻밖에도 웃음, 터치, 대화 행동을 더 많이 실행하자, 수용하고자 하는 마음의 변화는 별도로 노력하지 않아도 절로 이루어지는 것 같다고 했다. 이전보다 사람을 만날 때 더 많이 웃으니까, 진짜로 웃을 만한 일이 생긴 듯 기분이 좋아졌다고 했다. 좋은 일이 있어서 웃는 것이 아니라, 먼저 웃고 나니 기분이 좋아졌다는 것이었다. 지금은 사라진 고전 TV 프로그램 '웃으면 복이 와요'가 생각나는 대목이었다.

마침 이 같은 현상을 이론적으로 뒷받침 해주는 정서 심리학자 제임스-랑게 이론이 생각났다. 이 이론에 따르면 '사람들은 일반적으로 어떤 사건을 겪으면 느낌을 받고 그 후에 행동을 한다고 생각하는데(사건 → 느낌 → 행동) 제임스 랑게는 사건에 대한 행동이 먼저 일어나고 그 후에 느낌이 온다(사건 → 생리적 변화와 행동 → 느낌)고 설명했다. 이를테면 우리가 곰을 만나면 무서워서 도망가는 것이 아니라, 곰의 목격 자체가 우리로 하여금 도망가도록 만들고 도망가기 때문에 우리가 공포를 느낀다는 것이다.' [『정서 심리학』 14p 참조]

이것을 곽 팀장이 느낀 것에 적용하면 그대로 맞아 떨어진다. 일부러라도 더 웃다 보니까(행동), 내면에 기분 좋음(느낌)이 생긴 것이다. 자신의 행동과 느낌에 대한 이론적으로 설명되는 피드백을 받자 훨씬 상기된 표정이었다.

💬 이런 이론적 뒷받침 있다면 더 큰 확신을 가지고 실천해야겠네요.

코칭 요약

주제: 내면의 성장

대안

1. 행동적인 측면
   - 웃음, 터치, 대화 더 하기
2. 인지적인 측면
   - 수용하기
3. 열등감 조절
   - 열등감에 대한 이해, 정의
   - 열등감 관리하기

참고 이론(문헌)

수용 전념 치료(Acceptance and Commitment Therapy; ACT)
- 인지 행동 치료 내에서 '제3의 동향'(Hayes, 2004)이라고 일컫는 흐름의 일부로서, 과학적 토대를 지닌 새로운 심리 치료 모델임.
- 마음 챙김과 수용 과정(수용, 인지적 탈융합, 맥락적 자기)과 전념과 행동화 과정(현재에 존재하기, 가치 있는 방향 정하기, 전념 행동)이 핵심 치료 과정임.

『수용 전념 치료 배우기』, Jason B. Luoma 외 2명 공저, 학지사, 42P~50p 참조

정서 이론: James-Lange 이론
- 정서란 우리가 특정 상황에 대해 신체가 반응하는 방식에 붙이는 이름으로, '흥분을 일으키게 하는 사실을 지각하면 곧바로 신체 변화가 따르고, 그 신체 변화에 대한 느낌이 정서라는 것이다.'
- "사건 ⇒ 인지/평가 ⇒ 생리적 변화와 행동 ⇒ 느낌"순으로 일어남

『정서 심리학』, Michelle N. Shiota, James W. Kalat 저, 센게이지 러닝코리아, 14p 참조

07 재미있으면서 잘하는 것을 찾자

100세 시대, 정년 후의 삶 사례

요즘은 100세 시대라고 한다. 우리 사회의 식량 문제가 해결되고, 위생이 좋아지고, 의료 수준이 향상됨에 따라 평균 수명이 몰라보게 늘어났다. 인구 통계를 보면 1970년대 우리나라 평균 수명은 대체로 60세 내외였는데, 최근에는 80세를 넘어섰다. 채 두 세대가 지나지 않은 사이에 20여 년이 증가한 것이다. 평균 수명이 60세 내외였을 때에는 정년하면 이제 일을 놓고 쉬는 시기라고 생각했었다. 젊었을 때 열심히 수고했으니 정년 후에는 충분히 그럴 자격이 있고, 나이도 인생을 정리하는 시기에 이르렀다고 생각했다.

그런데 요즘은 정년을 하고 난 뒤에도 아직 젊다고 생각한다. 평균 수명이 80세를 넘어선 시점에서 바라보는 50~60대는 아직 한참 젊은 것이다. 실제로 과거와 달리 정년 후의 삶이 족히 20~30년은 되는 셈이다. 이러다 보니 정년 후에 바로 일손을 놓고 쉰다는 것은 생각하기 어렵게 되었다.

이런 상황을 반영하여 우리 사회에 정년 후에 제2의 인생을 준비하자는 이야기가 여러 곳에 나오고 있다. 정년 후의 삶을 어떻게 준비하는 것이 바람직한지를 상담해 주는 은퇴 컨설팅을 시작하여 은퇴 설계에 필요한 내용을 알려주는 교육, 그리고 은퇴 설계에 도움이 되는 각종 정보 제공 등이 있다. 은퇴 후에 어떻게 살 것인지 조금만 관심을 가지고 살펴보면 필요한 정보는 얼마든지 얻을 수 있다.

그럼에도 불구하고 문제는 대부분의 사람들이 은퇴 후의 삶에 대해 제대로 준비하지 못하고 있다. 당장 눈앞에 일어난 실제적인 일이 아니라서 막연하게 생각하는 경향이 있는 것 같다. 마치 죽음과 마찬가지로. 시간이 흐르면 정년도 오고, 죽음도 부지불식간에 찾아올 것이 확실하다는 것을 알면서도 왠지 자신에게서만은 아직 먼 남의 얘기로 돌려 버리는 우를 범하는 것이다.

윤 부국장은 사람들이 흔히 빠지는 이런 오류를 범하고 싶지 않았다. 정년 후의 삶을 미리 생각해 보고 싶어 했다. 아직 정년이 많이 남았지만, 미리 생각할수록 도움이 되겠다고 여겼다. 윤 부국장은 또 자신의 태도를 객관화하여 볼 수 있는 시각이 있었다. 이런 것이었다.

'정년이라는 것이 분명 자신에게도 올 것인데, 아직 시간이 있으니까 정년 후의 계획은 나중에 생각해도 되겠지' 하는 마음이 있다는 것이었다. 이를테면 그것이 중요한 것인 줄은 알지만 오늘 당장 처리하지 않아도 아무 문제가 없는 긴급한 일이 아니기에 자꾸 미루고 있다는 것이었다. 이런 식으로 한 달을 보내고 또 일 년을 보내면 달라지는 것은 아무것도 없이 시간만 보내는 꼴이 되고 말 것 같다고 했다. 그래서 그는 혼자서는 잘 안 되는 정년 후의 계획을 이번 코칭을 통해 세워보고 싶다고 했다.

'정년 후 계획'의 구체적 포괄 범위는 대안 탐색

'정년 후의 삶의 계획'에는 많은 것이 담길 수 있다. 시기만 정년 후로 국한 했을 뿐 사람이 살아가는 데 필요한 모든 것이 포함된 계획이라고 해도 과언이 아닐 것이다. 정년 후에 무엇을 하며 지낼 것인지, 생활에 필요한 재정은 어떻게 충당할 것이지, 건강은 어떻게 유지하며 관리해 나갈 것인지, 또 누구를 만나며 어떤 관계를 맺으며 살 것인지 등등. 한마디로 정년 후의 인생 종합 계획이라 할 수 있을 것이다.

코칭에서 이 모든 것을 다루기는 시간적으로 부족하다. 또한 피코치에 따라 삶의 여러 분야 중 관심 있는 것이 따로 있을 것이다. 이를테면 먹고 사는데 지장이 없을 만큼 재정을 이미 갖춘 사람이라면 재정 문제 보다는 무엇을 하며 지낼 것인가에 대해 관심이 갈 것이다. 반대로 재정이 충분치 못한 사람이라면 정년 후에도 어떻게 소득을 올릴 것인가에 관심을 쏟을 수밖에 없을 것이다.

코칭에서 다룰 포괄 범위를 줄이고자,

💬 윤 부국장님이 말씀하신 정년 후의 삶의 계획은 구체적으로 어떤 것을 염두에 두고 있는 것인가요?

라고 질문했다.

💬 저는 정년 후에 무슨 일을 할 것인지를 정하는 것이 첫 번째 관심 사항입니다. 최근에 은퇴한 선배들을 보면 대개 처음 한두 달은 등산도 다니고, 낚시도 하면서 평소 하고 싶었으나 하지 못했던 취미 활동을 하면서 소일하지만, 이것도 잠시뿐 계속하는 것은 어렵다는 것을 느꼈습니다. 마냥 놀기만 하는 것도 한계가 있어서 무엇인가 지속적으로 할 수 있는 일을 찾고 싶습니다.

그러면서 그는 지금까지는 소득이 주된 요인이었다면 이제는 하고 싶은 것을 첫 번째로 보고, 그에 따른 소득은 종속된 것으로 보고 싶다고 했다. 다시 표현하자면 젊었을 때에는 내가 하기 싫은 일이라도 돈을 많이 벌기 위해 마지못해 일했지만, 은퇴 후에는 돈과 상관없이 내가 하고 싶은 일을 하고 싶다고 했다.

정년 후의 삶은 제2의 인생이니만큼 하고 싶은 일에 초점을 맞추고 싶다는 것이었다. 사람들은 자신이 좋아하고 잘하는 분야를 찾아서 일하라고 권한다. 그래야 일의 재미도 느끼고 능력도 발휘할 수 있다고 한다. 그런데 말은 쉽지만 현실은 어디 그런가? 진짜 자신이 좋아하고 잘하는 것이 무엇인지 모르는 경우도 있고, 설령 그것을 인지하고 있다 해도, 돈에 따라 혹은 사회의 바람에 따라 휩쓸려 가는 경우가 허다하다. 윤 부국장도 여기에서 크게 벗어나지 않는 모습이었다. 그래서 은퇴 후에라도 다시 후회 없는 인생을 위해 자신의 입맛에 맞는 일을 고르고 싶다고 했다.

좋아 하는 일을 어떻게 찾을 것인가

💬 그럼, 윤 부국장님이 좋아하고, 잘할 수 있는 것이 무엇인지를 찾는 것이 먼저 필요하겠네요.

정년 후에 그리는 삶의 모습이 구체화되었으니, 그 계획을 세우기 위한 첫걸음을 시작하였다. 먼저 그동안 이야기한 것의 핵심을 요약 정리한 다음 이렇게 질문했다.

💬 그럼, 윤 부국장님은 무엇을 좋아하세요?

평소에는 이렇게 밑도 끝도 없이 단도직입적으로 질문하는 방식을 좋아하지는 않으나 일단 생각의 물꼬를 트는 차원에서 물어보았다. 좋아하는 것을 생각하면 일보다는 취미나 여가 활동이 떠오른다고 했다. 다음으로 질문한 '잘할 수 있는 것은 무엇인지'에 대한 대답은 신통한 것이 더 없었다. 지금까지 자신이 잘할 수 있는 것이 무엇인지 한 번도 생각해 보지 않았고, 또 지금 생각해 보아도 떠오르는 것이 없다고 했다.

"그래도 천천히 한 번 더 찾아보세요. 분명히 있을 것입니다."라고 한 번 더 촉구해 줄 수도 있었겠지만 머리만 아프게 할뿐 별 도움이 되지 않을 것 같아 철회하였다.

💬 좋아하고 잘하는 것을 하려면 일단 그것이 무엇인지 찾는 것이 중요하다는 생각에는 공감이 되지요. 그렇다면 이번에는 어떻게 그것을 찾아갈 것인가에

대한 방법론을 생각해 보면 어떨까요?

대상을 바로 찾을 수 있으면 좋겠지만, 그것이 여의치 않으니 찾아가는 방법을 먼저 찾아보자고 제안한 것이었다. 자신을 알아가는 방법에는 세 가지가 있다. 스스로 자신이 어떤 사람인지 생각해 보는 것, 다른 사람은 자신을 어떻게 보고 있는지 알아보는 것, 각종 심리 검사를 통해 자신의 성향을 아는 것이 바로 그 방법이다. 좋아하는 것과 잘하는 것이 무엇인지 물어보는 질문을 통해 스스로 자신을 알아보는 방법은 코칭에서 이미 실행해 보았다. 남은 것은 다른 사람에게 물어보는 것과 심리 검사를 이용하는 것이었다. 윤 부국장은 확실한 결과를 볼 수 있는 심리 검사를 이용해 보는 방법을 선택했다.

심리 검사로 흥미, 적성, 가치를 알아보자

그가 알고자 하는 자신의 모습은 진로에 관한 특성이었다. 그러므로 윤 부국장에게는 성격을 알아보는 '기질 및 성격 검사(TCI)'나 성격 유형 검사인 MBTI 보다는 적성과 흥미를 알아보는 심리 검사를 하는 것이 필요했다. 어떤 검사를 하는 것이 좋을까 고민하다가 무료로 누구에게나 공개되고 있는 워크넷(www.work.go.kr)의 성인용 심리 검사를 활용하기로 했다.

무엇을 좋아하는지, 즉 흥미가 무엇인지를 알아보는 '직업 선호도 검사', 잘하는 것은 무엇인지를 알아보는 '직업 적성 검사', 그리고 무엇을 소중하게 여기는 지를 알아보는 '직업 가치관 검사'를 해보기로 했다.

이 세 가지 검사를 하게 되면 각각의 검사에서 윤 부국장의 흥미와 적성, 가치를 알 수 있을 것이다. 이렇게 각각 도출된 흥미와 적성, 가치에서 서로 겹치는 부분을 찾는다면 바로 이것이 최상의 조합이 될 것이다. 좋아하면서(흥미), 잘 할 수 있고(적성), 소중하게 여기는 가치까지 겸하게 되어

지속적으로 실천할 수 있게 된다.

각각의 검사를 간략하게 소개하면 다음과 같다. 직업 선호도 검사는 관심과 흥미를 측정하여 적합한 직업을 안내하는 검사이다. 이 검사는 홀랜드(Holland)의 현실형(R), 탐구형(I), 예술형(A), 사회형(S), 진취형(E), 관습형(C) 등 6가지 흥미 유형 분류에 근거하여 흥미 유형에 적합한 직업을 제시하고 있다.

직업 적성 검사는 능력을 파악하는 검사로 다른 검사와 달리 시간 제약이 있다. 언어력, 수리력, 공간 지각력, 협응 능력 등 11개 적성 요인에 대한 피검사자의 능력 수준을 보여준다. 그리고 적성 점수에 알맞은 적합 직업군에 대해 안내하고 있는 검사이다.

직업 가치관 검사는 직업을 선택할 때 중요하게 생각하는 가치가 무엇인지를 확인해 보는 검사이다. 성취, 봉사, 직업 안정, 지식 추구, 금전적 보상 등 13개의 가치 요인을 파악하고, 이를 바탕으로 직업 가치관에 적합한 직업 분야를 안내하고 있다[워크넷의 직업 심리 검사 결과 예시 참조].

심리 검사 결과를 활용할 때에는 이 검사 결과가 절대적인 것이 아니라 단지 참고용이라는 점에 유의해야 한다. 이 책의 앞에서도 언급했듯이 심리 검사가 만들어진 단계에서부터 오류가 없이 완전하게 만들어질 수 없고, 또 심리 검사를 하는 당사자가 검사를 하는 과정에서 오류(현재 모습보다는 바라는 것을 체크하는 등)를 범할 수 있기 때문이다. 그러므로 코치는 심리 검사의 효용과 한계점을 분명히 인식한 가운데 활용해야 한다.

심리 검사 결과에 대한 당사자의 생각을 물어보는 것이 꼭 필요하다.

💬 검사 결과를 본 부국장님의 생각은 어떤가요?

그는 평소 자신이 생각하고 있었던 것과 대체로 유사하게 나왔다고 했다. 검사 결과를 수용하는 태도였다. 그러나 간혹 검사 결과가 자신의 평소 모습과 다르다고 생각하는 사람도 있는데, 이럴 때에는 무엇이 다른지, 다른 이유가 무엇인지 등을 면밀하게 살펴볼 필요가 있다. 이런 작업을 거친 뒤 검사 결과와 비교하여 본인의 생각과 검사 결과 중 어떤 것을 최종적으로 수용할 것인지 검사 당사자에게 맡기는 것이 좋다.

심리 검사는 막연하게 짐작하고 있던 것을 명확하게 보여준다는 장점이 있다. 구체적으로 흥미에서는 어떤 것이 높은지, 적성은 또 무엇이 높은지, 가치는 무엇을 소중하게 여기는지를 알 수 있다.

세 가지 검사 결과를 하나로 묶어보자

각 검사 결과에 대해 대체로 수용하는 태도를 확인한 다음에는 서로 통합하는 과정을 밟았다.

💬 직업 선호도 검사(흥미)에서 제시하고 있는 적합 직업군과 직업 적성 검사(능력)에서 보여주는 적합 직업군이 일치하는 부분을 먼저 찾아보지요.

이것은 교집합을 찾아가는 과정이므로 당초의 직업군보다 줄어든다. 그래도 다행히 흥미와 능력에서 일치된 영역의 직업군이 몇 개 나왔다. 이 대목에서 다시 한 번 당사자의 느낌을 물어볼 차례였다.

💬 보시는 바와 같이 부국장님의 흥미와 능력이 모두 맞는 직업군이 이렇게 나왔는데, 이 직업들을 보니까 어떤 느낌이 드세요?

이 질문에 그는 지금 나온 이 직업군에서 일한다면 지금보다 재미있게 일할 수 있겠다고 했다. 현실과 상황이 허락하지 않아서 이 일을 못할 뿐, 할 수만 있다면 좋겠다고 했다. 어쩌면 제2의 인생 계획으로는 괜찮은 플랜 같다고 말했다.

이제 마지막으로 흥미와 적성에 가치를 통합할 차례였다.

💬 지금 이 직업에서 일하는 것을 부국장님이 소중하게 여기는 가치에 비추어 보면 어떤 마음인지 궁금합니다.

가치 중에서 높게 나온 2~3개를 직업과 대비해 본 뒤, 그는 특별히 어긋나지 않아서 괜찮을 것 같다고 했다. 가치 부분까지 확인하고 나자 전체적으로 은퇴 후의 진로 계획이 잘 그려졌다는 느낌이 들었다.

순간 기적 질문을 활용해서 피코치의 에너지를 올려주면 좋겠다는 생각이 들었다. 기적 질문은 마치 기적이 일어나서 원하는 것을 이루었을 때를 상상해 보게 하는 질문이다.

💬 윤 부국장님, 한 번 부국장님께서 은퇴 후에 지금 우리가 찾는 직업에 일하고 있는 모습을 상상해 보시죠. 10년 뒤의 바라는 삶의 모습을 그려 보는 것입니다. 어떤 느낌이 드는지? 충분히 느껴 보시는 것이 중요하고, 굳이 그 느낌을 표현하지 않아도 됩니다.

장밋빛 그림을 그려 보고, 그 모습에 충분히 잠겨 볼 수 있도록 안내했다. 편안한 자세를 취하고 원하면 눈을 감고 상상해 보아도 좋다고 했다. 한참 뒤 그의 얼굴에는 미소가 감돌았다. 눈동자를 반짝거리며,

💬 이렇게만 할 수 있다면 정말 좋겠습니다.

라고 그의 기분을 한마디로 표현했다.

정년 대비 로드맵을 마련하자

마냥 장밋빛 그림만 그리고 그 기분에 취해 있을 수만은 없었다. 이는 단지 이 목표를 향해 나갈 동기를 강화하는 데 목적이 있다. 이제는 소망하는 이 목표를 이루어가는 현실적인 계단을 만드는 것이 필요했다.

💬 10년 뒤에 바라는 꿈이 이루어지는 모습을 그려 보니까 좋지요. 그럼 이제 이것을 달성하기 위한 구체적인 계획을 세워 보겠습니다. 10년 뒤에 그 모습에 달성하기 위해서는 5년 뒤에는 무엇을 하고 있을까요?

마침 5년 뒤에는 윤 부국장의 정년과 맞물리는 시점이었다. 지금 찾아본 직업의 일자리를 구해서 막 시작하고 있겠다고 했다. 사회 초년병 시절에 가졌던 열정이 살아날 것 같다고 했다. 게다가 진짜 자신이 좋아하고 잘하는 일을 시작하는 만큼 기대와 설렘이 가득할 것 같다고도 했다.

💬 그럼 한 번 더 시간을 쪼개서 5년 뒤에 그 일을 시작하기 위해서 3년 뒤에는 그리고 1년 뒤에는 무엇을 하고 있으면 5년 뒤에 삶과 연결될 수 있을까요?

정년 후에 원하는 삶을 살기 위한 구체적인 계획 수립 단계에 이르렀다. 나의 이 제안에 그는 1년 계획은 초기 계획으로 3년 뒤의 모습은 중기 계획으로 구분하여 만들어 보겠다고 했다. 일종의 단계별 로드맵을 짜는 셈이었다. 구체적인 계획은 실행 과제로 받아 차분히 시간을 가지고 스스로 수립해서 수행하기로 했다.

언제, 무엇을, 어떻게 할 것인가 실행 결과 및 피드백

윤 부국장의 실행 과제는 다른 피코치와 달리 직접 행동하는 것이 아니었다. 일종의 로드맵인 정년 대비 계획을 마련하는 것이었다.

그는 5년여 남은 정년을 지금부터 1~2년의 초기 계획을 정년 준비 단계로, 3~5년을 실행 단계로 구분하였다. 처음 내가 제시한 제안보다 훨씬 진보된 계획이었다. 역시 언제나 피코치는 지혜롭다는 말이 여기에서도 한 번 더 입증되었다.

아무튼 그가 세운 정년 준비 단계에는 최종적으로 가고자 하는 그 일에 대한 시장 조사, 관련 정보 탐색, 은퇴 선배 탐방 등이 담겨 있었다. 그리고 그 일을 하는데 자신이 갖춰야 할 것이 무엇인지를 알아보는 것도 포함되어 있었다. 나름 고심해서 만든 흔적이 보였다. 그럼에도 실행력이 높은 계획 마련을 위해,

💬 지금 마련한 것에 어떤 요소를 넣으면 실행하는데 더 좋을까요?

라고 질문하였다. 2년이라는 시간 계획에 실행 항목만 들어 있어서 물어 본 것이었다. 시장 조사, 정보 탐색 등을 하겠다는 것도 좋지만, 시장 조사는 어디를 대상으로 언제까지 하겠다는 것이 계획에 포함된다면 더 좋겠다고 피드백했다. 언제까지 하겠다는 마감 시한이 있을 때 사람은 비로소 움직이게 된다는 사람의 속성에 대한 설명도 덧붙였다.

3~5년차 계획에는 준비 단계에서 얻는 각종 정보를 토대로 실제 움직이는 것들이 담겨 있었다. 눈에 띄는 것은 자신의 구비해야 할 지식과 자격을 갖추기 위한 학원 등록이 있었다. 그리고 일을 하는데 건강이 뒷받침되지 않으면 그 일은 단지 꿈에 지나지 않을 뿐 현실화되지는 않을 것이라는 생각에서 건강 관리 계획도 포함되어 있었다. 이를 본 순간 나는 그가 마련한 계획을 지지하는 것이 최선이라고 생각했다.

다만, 윤 부국장은 지금의 이 계획을 정년 때까지 꾸준히 실행하여야만 원하는 것을 이룰 수 있는 비교적 장기 플랜이라는 점을 감안하여 상호 책임 시스템을 만들 필요가 있을 것 같았다. 그래서

💬 부국장님, 멋진 정년 대비 계획을 마련했는데요. 제가 어떻게 도우면 코칭 이후에도 이 계획대로 실행해 나갈 수 있을까요?

라고 질문했다. 그러자 그는 분기에 한 번 꼴로 자신이 계획대로 잘해 나가고 있는지 확인 겸 격려 차원의 전화나 문자를 해주면 좋겠다고 했다.

💬 네, 좋습니다. 그 정도는 얼마든지 할 수 있지요.

벌써 윤 부국장의 정년 후의 멋진 삶이 내 눈앞에서도 펼쳐지는 것 같았다.

코칭 요약

주제: 정년 후의 삶의 계획

대안

1. '정년 후 삶의 계획'에 대한 구체적 포괄 범위 정하기
   - 하고 싶은 일 찾아서 하기
2. 좋아 하는 일 찾는 방법 선택
   - 심리 검사 활용하기
3. 워크넷 심리 검사로 흥미, 적성, 가치 파악하기
   - 흥미: 직업 선호도 검사
   - 적성: 직업 적성 검사
   - 가치: 직업 가치관 검사
4. 심리 검사 결과 통합하기
   - 흥미, 적성, 가치가 모두 겹치는 직업 파악
5. 그 일을 하기 위한 로드맵 작성 및 실천
   - 준비 단계(1~2년차 초기 계획): 시장 조사 및 관련 정보 탐색
   - 실행 단계(3~5년차 중기 계획): 자격 갖추기 등

 참고 이론(문헌)

홀랜드의 흥미 검사
- 흥미 검사는 홀랜드의 개인 및 환경간 적합성 모형을 토대로 하여 개발된 것이다. 이 이론에 따르면 각 유형의 사람들은 성격이나 자신에 대한 평가, 선호하는 활동, 적성, 가치관 등 많은 분야에서 서로 독특함을 보인다.
- 홀랜드는 이를 이용해서 평소 활동, 선호하는 직업이나 분야, 일반적 성향 등의 영역해서 개인이 나타내는 6가지 유형 각각의 상대적 우열을 구분해 냄으로써 개인의 흥미 구조를 밝힐 수 있다고 주장하였다.
- 현장형(Realistic) 탐구형(Investigative) 예술형(Artistic) 사회형(Social) 진취형(Enterprising) 사무형(Conventional) 등 6 가지 유형이 있음 (6가지 유형의 영어 첫 문자를 따서 'RIASEC'이라고 표현하기도 함).

에필로그

나는 여유가 있을 때면 종종 한강 변을 산책하곤 한다. 자연 속을 거닐면 평소와 다른 감각을 느낀다. 눈에 보이는 것, 귀에 들리는 소리, 살갗에 와 닿은 바람 등등. 자연에 있으면 몸과 마음이 상큼해지고 이런 신체에서 떠올리는 생각도 그만큼 신선해 진다. 그래서 현자들은 우리에게 자연과 가까이하라고 권하는가 보다.

책 원고를 마무리 할 즈음에도 역시 나는 한강 변을 거닐고 있었다. 여러 가지 생각의 파편들이 떠올랐다가 지고, 다시 떠오르는 상황이 반복되었다. 그 중 유독 나의 관심을 끄는 생각은 '무엇 때문에 이 책을 쓰고 있는가?'라는 것이었다.

아직 온전히 영글지 않았지만, 그래도 글을 쓰는 내내 내 곁에 머문 생각은 이것이었다. "사람들이 지금보다는 더 나은 삶을 사는 데 이 책이 조금이라도 도움을 주었으면 좋겠다."

책을 마무리 하는 시점에 이르러 다시금 이 생각에 비추어 돌이켜 본다. 생각이 바뀌면 태도가 바뀌고, 태도가 바뀌면 인생이 바뀐다고 한다. 이 말은 우리에게 변화의 시작은 생각이라는 것을 깨우쳐주고 있다. 좀처럼 바뀌기 힘든 인생도 생각을 바꿔줌으로써 변화가 가능하다는 것이다. 이처럼 생각은 우리 삶에 지대한 영향을 미친다.

그렇다면 오늘 나는 "무슨 생각을 하는가?"라고 자문해 본다. 과연 내 인생에 도움이 되는 생각을 하고 있는지, 변화를 꿈꾼다면 어제와 다른 생각을 하고는 있는지…

여러 가지 해결하고 싶은 이슈를 가지고 오는 피코치들에게 자주 하는 질문도 생각에 관한 것이다. "그것에 대해 어떻게 생각하세요?, 왜 그렇게 생각하세요? 다른 생각을 해 본다면 무엇이 있을까요?" 등등.

이슈나 상황을 바라보는 우리의 생각이 바뀌면 해결책은 쉽게 따라온다. 코칭 중에 만났던 피코치가 "나를 알게 되니, 새로운 세계가 열린 것 같습니다."라고 말했던 것처럼 새로운 것을 보게 되면(생각의 변화가 일어나면) 신세계가 펼쳐지는 것이다.

골치 아픈 문제에 치이고, 상황에 눌려서 살아가는 사람들이 이 책을 통해 거기서 벗어날 수 있기를 기대해 본다. 비슷한 문제로 고민했던 사람들이 남들이 찾아낸 해결책을 보면서, '아하, 나도 할 수 있겠구나' 하는 자신감을 가진다면 이보다 더한 보람은 없을 것 같다. 모쪼록 이 책을 읽는 사람들 모두가 건강한 인격체로 거듭나 자신에게 주어진 삶을 멋있게 그려 나갔으면 좋겠다.

참고 문헌

- 『경영자 코칭 심리학』, Bruce Peltier 저, 김정근·김귀원·박응호·배진실·이상욱 공역, 학지사
- 『긍정 심리학(Positive Psychology)』, 권석만, 학지사
- 『긍정 코칭』, Robert Dilts 저, 박정길 역, 아카데미북
- 『동기 강화 상담(Motivational Interviewing)』, William R. Miller·Stephen Rollnick 공저, 신성만·권정옥·손명자 공역, 시그마프레스
- 『남자가 겪는 인생의 사계절』, Daniel J. Levinson 저, 김애순 역, 이화여자대학교 출판부
- 『리더십 이론과 실제(Leadership Theory and Practice, 제5판)』, Peter G. Northouse 저, 김남현 역, 경문사
- 『리더십 & 팔로워십(Leadership & Followership)』, 요시다 덴세 저, 구현숙 역, 멘토르
- 『리더 역할 훈련(Leader Effectiveness Training)』, Thomas Gordon 저, 장승현 역, 양철북
- 『메타 인지 치료』, Peter Fisher·Adrian Wells 공저, 정지현 역, 학지사
- 『발달 심리학(Developmental Psychology)』, 신명희·서은희·송수지·김은경·원영실·노원경·김정민·강소연·임호영 공저, 학지사
- 『부모 역할 훈련(Parent Effectiveness Training)』, Thomas Gordon 저, 이훈구 역, 양철북
- 『부모 코칭 프로그램 적극적인 부모역할(Active Parenting Now : Parent's Guide)』, Michael H. Popkin 저, 홍경자·노안영·차영희·최태산 공역, 학지사
- 『비폭력 대화(Non Violent Communication)』, Marshall B. Rosenberg 저, 캐서린 한 역, 바오
- 『사람 중심 상담』, Carl R. Rogers 저, 오제은 역, 학지사
- 『사회 심리학의 이해(Social Psychology)』, 한규석 저, 학지사
- 『성과 향상을 위한 코칭 리더십(Coaching for Performance)』, John Whitmore 저, 김영순 역, 김영사
- 『성격 심리학(Personality Psychology)』, Marianne Miserandino 저, 정영숙·조옥귀·조현주·장문선 공역, 시그마프레스

- 『성장 심리학(Growth Psychology)』, Duane Schultz 저, 이혜성 역, 이화여자대학교 출판부
- 『수용 전념 치료 배우기(Learning ACT)』, Jason B. Luoma·Steven C. Hayes·Robyn D. Walser 공저, 최영희·유은승·최지환 공역, 학지사
- 『심리 도식 치료』, Jeffrey E. Young·Janet S. Klosko·Marjorie E. Weisher 공저, 권석만·김진숙·서수균·주리애·유성진·이지영 공역, 학지사
- 『심리학 개론』, David G. Myers 저, 신현정·김비아 공역, 시그마프레스
- 『NLP(Neuro Linguistic Programming) 교과서』, 마에다 다다시 저, 이찬우 역, 매일경제신문사
- 『NLP 전인(全人) 코칭』, 서우경 저, 연세대학교 출판부
- 『아들러의 인간 이해』, Alfred Adler 저, 홍혜경 역, 을유문화사
- 『인간 관계 심리학(Psychology of Human Relationships)』, 이태연 저, 신정
- 『인지 행동 치료(Learning Cognitive-Behavior Therapy)』, J. H. Wright·M. R. Basco·M. E. Thase 공저, 김정민 역, 학지사
- 『인지 행동 치료 이론과 실제(제2판)』, Judith S. Beck 저, 최영희·최상유·이정흠·김지원 공역, 도서출판 하나의학사
- 『자기 혁신 프로그램(Changing for Good)』, James O. Prochaska·John C. Norcross·Carlo C. Diclemente 공저, 강수정 역, 에코리브르
- 『정서 심리학(제2판)』, Michelle N. shiota·James W. kalat 공저, 민경환·이옥경·이주일·김민희·장승민·김명철 공역, CENCAGE Learning
- 『진화 심리학』, David Buss 저, 이종호 역, 웅진지식하우스
- 『코칭 리더십(Coaching Leadership)』, 엘리자베트 하버라이트너 외 저, 이영희 역, 국일증권 경제연구소
- 『코칭 바이블』, 게리콜린스 저, 양형주·이규창 공역, Ivp
- 『코칭 심리』, Ho Law·Sara Ireland·Zulfi Hussain 공저, 탁진국·이희경·김은정·이상희 공역, 학지사
- 『코칭 심리 워크북(Coaching Psychology Workbook)』, 이희경 저, 학지사
- 『코칭의 심리학(The Psychology of Coaching)』, 김은정 저, 학지사
- 『피드백 이야기』, Richard Williams, 이민주 역, 토네이도
- 『학습 심리학』, James E. Mazur, 이영애·이나경·이현주 공역, 시그마프세스
- 『해결 중심 단기 코칭(Brief Coaching for Lasting Solutions)』, 김인수·Peter Szabo 공저, 김윤주·노혜련·최인숙 공역, 시그마프레스
- 『행복의 기원』, 서은국 저, 21세기북스

코칭 내 모든 어려움 한 방에 날리기

2018년 3월 25일 초판 인쇄
2018년 3월 30일 초판 발행

지은이　박유찬
펴낸이　양진오
펴낸곳　㈜교학사
편집　김덕영, 장재현

등록　제 18-7호(1962년 6월 26일)
주소　서울특별시 금천구 가산디지털1로 42(공장)
　　　　서울특별시 마포구 마포대로 14길 4(사무소)
전화　편집부 (02)706-5033, 영업부 (02)707-5155
FAX　(02)707-5250
홈페이지　www.kyohak.co.kr

ISBN 978-89-09-20640-2 73320

이 도서의 국립중앙도서관 출판예정도서목록(CIP)은 서지정보유통지원시스템
홈페이지(http://seoji.nl.go.kr)와 국가자료 공동목록시스템(http://www.nl.go.kr/kolissnet)에서
이용하실 수 있습니다.(CIP 제어번호: CIP 2018008154)